FUGA DA TERRA DAS NEVES

A fuga do jovem Dalai Lama para a liberdade

Stephan Talty

Fuga da Terra das Neves

A fuga do jovem Dalai Lama para a liberdade

Tradução
Lúcia Brito

São Paulo
2012

© 2011, Escape from the Land of Snows by Stephan Talty
1ª Edição, Editora Gaia, São Paulo 2012

Diretor Editorial
JEFFERSON L. ALVES

Diretor de Marketing
RICHARD A. ALVES

Gerente de Produção
FLÁVIO SAMUEL

Coordenadora Editorial
ARLETE ZEBBER

Preparação
ELISA ANDRADE BUZZO

Revisão
TATIANA Y. TANAKA

Projeto Gráfico
RODRIGO MOTA

Capa
EVELYN RODRIGUES DO PRADO

Foto de capa
ARSGERA / SHUTTERSTOCK

CIP-BRASIL. Catalogação na fonte
Sindicato Nacional dos Editores de Livros, RJ

T153f

Talty, Stephan
  Fuga da terra das neves : a fuga do jovem Dalai Lama para a liberdade / Stephan Talty ; [tradução de Lúcia Brito] – São Paulo : Gaia, 2012.
  264p.

  Tradução de: Escape from the Land of Snows
  ISBN 978-85-7555-305-3

  1. Dalai Lama, 1935- – Infância e juventude. 2. Dalai Lama, 1935- – Biografia. 3. Budismo – Tibete (China). I. Título.

12-3771.
CDD: 922.943
CDU: 929:294.3

Direitos Reservados
EDITORA GAIA LTDA.
(pertence ao grupo Global Editora
e Distribuidora Ltda.)

Rua Pirapitingui, 111-A – Liberdade
CEP 01508-020 – São Paulo – SP
Tel.: (11) 3277-7999 – Fax: (11) 3277-8141
e-mail: gaia@editoragaia.com.br
www.editoragaia.com.br

Obra atualizada
conforme o
**Novo Acordo
Ortográfico da
Língua
Portuguesa**

Colabore com a produção científica e cultural.
Proibida a reprodução total ou parcial desta obra
sem a autorização do editor.

Nº DE CATÁLOGO: **3274**

Para Karen e Suraiya

No cerne da paciência está o Paraíso.
– Provérbio tibetano

Sumário

Personagens-chave 11

Introdução 15

Um
Um exame de memórias anteriores 19

Dois
Rumo a Lhasa 31

Três
Através do Rio Fantasma 45

Quatro
Fogueiras a leste 57

Cinco
Um boato 67

Seis
Irmãos estrangeiros 89

Sete
Através do Kyichu 101

Oito
Escapada 113

Nove
O Norbulingka 119

Dez
Operação imediata 135

Onze
"Vermelhos ateus *versus* um deus vivo" 141

Doze
O Jokhang 151

Treze
Lhuntse Dzong 163

Catorze
Nas prisões tibetanas 173

Quinze
A última fronteira 179

Dezesseis
Encontro com um poeta 191

Epílogo
Fogueiras 207

Glossário 219

Bibliografia 221

Notas 227

Agradecimentos 241

Índice remissivo 243

Personagens-chave

Eis aqui uma lista das pessoas apresentadas nas páginas que seguem. Também são usadas umas poucas palavras e expressões tibetanas neste livro. Se em algum momento você tiver dúvidas sobre esses termos, por favor consulte o glossário na página 219.

Athar: Athar Norbu (também conhecido como Lithang Athar), guerrilheiro khampa treinado pela CIA e reinserido no Tibete como elo de comunicação com a resistência.

Barshi: Barshi Ngawang Tenkyong, oficial subalterno do Norbulingka que em 9 de março de 1959 espalhou rumores de ameaças contra o Dalai Lama.

Choegyal: Tendzin Choegyal, irmão mais moço do Dalai Lama, reconhecido como o eminente lama Ngari Rinpoche.

Choekyong Tsering: pai do Dalai Lama.

Diki Tsering: mãe do Dalai Lama.

Gadong: o segundo oráculo mais importante do Tibete, atrás do Nechung.

Gyalo: Gyalo Thondup, o segundo irmão mais velho do Dalai Lama; fugiu do Tibete em 1952 e mais tarde atuou como elo de comunicação do governo norte-americano.

Heinrich Harrer: membro da SS austríaca e soldado do exército alemão na Segunda Guerra Mundial; escapou de um campo colonial britânico de prisioneiros na Índia e fugiu para o Tibete. Autor de *Sete anos no Tibete*.

John Greaney: subchefe da Força-Tarefa Tibetana da CIA em 1959.

Ken Knaus: membro da Força-Tarefa Tibetana da CIA. Mais tarde, autor de *Orphans of the Cold War:* America and the Tibetan Struggle for Survival.

Ketsing Rinpoche: abade e líder do grupo de busca do 14º Dalai Lama em Amdo.

Lhamo Thondup: primeiro nome do 14º Dalai Lama.

Lhotse: guerrilheiro khampa treinado pela CIA. Parceiro de Athar na vigilância e relatórios sobre a resistência.

Lobsang Samden: um dos irmãos mais velhos do Dalai Lama.

Mao Zedong: presidente do Partido Comunista Chinês e líder da República Popular da China, 1949-76.

Narkyid: Ngawang Thondup Narkyid, monge e oficial do Conselho de Lhasa. Mais tarde, biógrafo em idioma tibetano do 13º Dalai Lama.

Nechung: oráculo estatal do Tibete.

Ngabö: Ngawang Jigme, *kalön* progressista que serviu como governador-geral do Tibete durante a invasão chinesa de 1950 e depois atuou no governo pós-1959.

Noel Barber: correspondente estrangeiro do *Daily Mail* de Londres em 1959.

Personagens-chave

Norbu: Thubten Jigme Norbu, o irmão mais velho do Dalai Lama.

George Patterson: médico escocês, buscador religioso e ativista tibetano que trabalhou como correspondente para o *Daily Telegraph* de Londres.

Panchen Lama: o segundo lama, ou autoridade religiosa, mais importante no Tibete depois do Dalai Lama. Em 1959, o Panchen Lama era Lobsang Trinley (1938-89).

Phala: camareiro-mor do Dalai Lama, que controlava todo o acesso a Sua Santidade.

Reting Rinpoche: primeiro regente do Dalai Lama, 1933-41. Morreu na prisão sob circunstâncias misteriosas depois de tentar sem sucesso reaver o poder em 1944-45.

Shan Chao: diarista chinês em Lhasa em 1959 que manteve um registro do levante.

Soepa: Tenpa Soepa, funcionário subalterno no Norbulingka em 1959.

Yonten: Lobsang Yonten, jovem de uma proeminente família nacionalista e manifestante durante a rebelião de 1959. Mais tarde, membro da equipe de segurança do governo tibetano no exílio.

Zhou Enlai: primeiro *premier* da República Popular da China, servindo de 1949 a 1976.

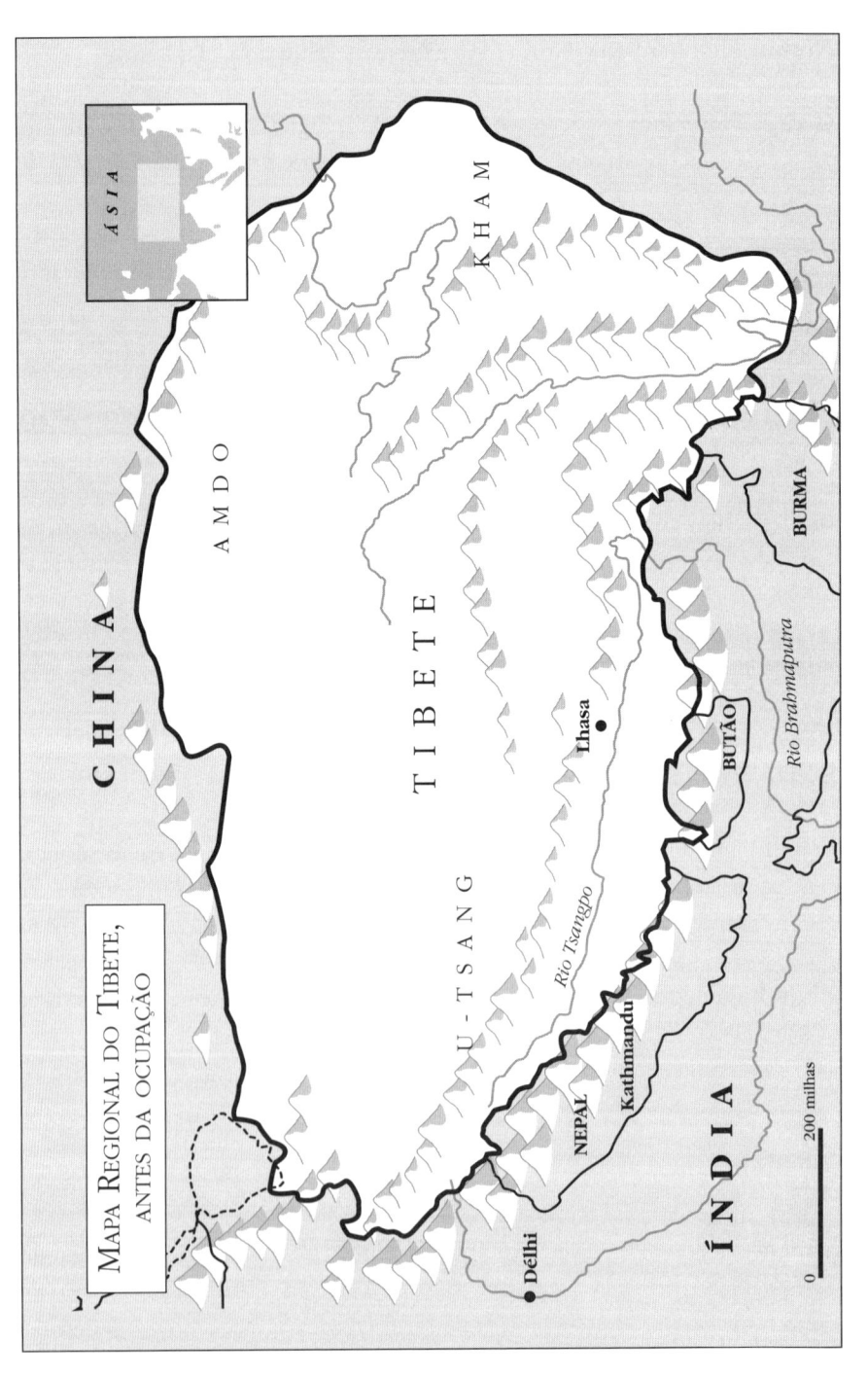

Introdução

No começo de certa manhã de março de 1959, Sua Santidade o 14º Dalai Lama percorreu lentamente uma trilha de seixos que partia de sua pequena morada no Norbulingka, seu amado palácio de verão. O ar do clarear do dia ainda tinha um toque de frio proveniente dos Himalaias, e o sol estava apenas começando a aquecer a brisa. Aquele era seu horário favorito para caminhar pelo terreno, após levantar-se às cinco da manhã para preces e desjejum, quando tudo ainda estava quieto. Contra um céu que começava a clarear, as folhas das árvores do palácio – álamos e salgueiros na maioria – vibravam auspiciosamente verdes. Era a cor da sorte do Dalai Lama.

Ele estava absorto em pensamentos, e então absorto no esforço para evitar pensar. Ao erguer a cabeça, podia avistar tordos e felosas musicais e até mesmo um martim-pescador inglês a voltar pelos galhos e depois transpor os dois muros espessos que cercavam os 160 acres do palácio. O Norbulingka, a cinco quilômetros da capital, Lhasa, era o lugar onde o Dalai Lama sentia-se mais em casa.

Enquanto caminhava, o Dalai Lama podia ouvir os gritos de seu macaco de estimação, amarrado a um poste em outra parte do Parque da Joia. Com sorte, ele vislumbraria o almiscareiro que vagava pelo terreno junto com grous, um camelo mongol e pavões altivos. Também podia ouvir o disparo ocasional de tiros que ecoavam do outro lado dos muros. Lá fora, milhares de seus compatriotas tibetanos estavam acampados, em guarda contra o que julgavam conspirações para matá-lo ou abduzi-lo. O Dalai Lama estava convencido de que não havia conspirações, mas isso não mudava o poder ou rumo da revolta que se formava nas ruas de Lhasa. A multidão não o deixaria partir, e sua simples presença estava incitando os chineses, que haviam ocupado o país – ou o retomado de uma elite corrupta e intriguista, caso se perguntasse a eles.

Os últimos dias, desde o começo da insurreição, haviam passado voando em um "borrão estonteante, amedrontador". O Norbulingka não poderia parecer mais tranquilo enquanto revestia-se de nova folhagem, mas parecia que o futuro do Tibete rodopiava fora de controle do lado de fora de seus muros. O Dalai Lama sentia-se preso "entre dois vulcões". Mas na realidade havia mais que dois lados; os próprios tibetanos estavam divididos. Assim como ele mesmo, particularmente a respeito do que fazer agora: ficar em Lhasa ou fugir para um refúgio seguro ao sul, ou mesmo para a Índia?

Enquanto caminhava devagar pela trilha, o monge esguio, de apenas 23 anos de idade, em geral radiante de energia, evitava com sucesso voltar a seu pequeno palácio caiado, em especial ao Salão de Audiências, onde realizava seus encontros. (O salão estava até mobiliado com cadeiras e mesas em vez das almofadas tibetanas, como um sinal otimista para diplomatas estrangeiros que ele esperava recepcionar, mas os chineses permitiam poucos visitantes.) Naqueles dias só chegavam notícias ruins. O oficial chinês Tan Guansan, uma das lideranças da influente Comissão de Trabalho do Tibete, fizera questão de ir vê-lo nos últimos meses, e os confrontos haviam se tornado cada vez mais sérios. E durante meses o Dalai Lama recebera mensageiros vindos de Lhasa e além com histórias de atrocidades contra seu povo – decapitações, estripações, relatos de mosteiros incendiados com monges em seu interior – tão bizarramente brutais que ele tinha que admitir para si mesmo que não acreditava em nada daquilo. "Era quase além da minha capacidade de imaginação", recorda o Dalai Lama. Simplesmente não era possível que seres humanos tratassem uns aos outros daquele jeito. Agora novos relatórios chegavam diariamente pelos portões do Norbulingka, observados não só por seus guarda-costas e soldados do exército tibetano, mas também por representantes do "comitê popular", um conceito desconcertante no Tibete, que durante séculos fora governado por aristocratas e abades sob a autoridade do Dalai Lama. Esses boletins informavam-no de que os chineses estavam trazendo artilharia e reforços para Lhasa e instalando atiradores de elite nos telhados de sua cidade rebelde. Às vezes ele podia sentir a trepidação dos motores dos tanques a diesel enquanto avançavam pelas ruas estreitas.

O que o Dalai Lama tentava evitar pensar enquanto caminhava era no sonho que tivera no ano passado. Ele havia visto massacres em sua mente –

Introdução

homens, mulheres e crianças tibetanos abatidos a tiros e mortos por tropas chinesas, e seu adorável Norbulingka transformado em um "campo de matança". Ele guardou isso para si. (Mas alguns de seus súditos mais tarde contariam ter tido o mesmo sonho na mesmíssima época.) Ele sabia que, caso se deixasse que tais cenas se desenrolassem em Lhasa, elas seriam o prelúdio de algo muito maior. "Temi uma represália maciça, violenta, que acabaria destruindo a nação inteira", disse o Dalai Lama.

Lhasa (cujo nome significa "lugar dos deuses") surgira-lhe pela primeira vez como a cidade das maravilhas. Quase vinte anos antes, ele entrara na capital em um palanquim dourado composto de uma caixa cortinada montada sobre varas e carregado por grupos de rapazes, com enormes multidões saudando sua chegada e se curvando para ele com os *katas*, ou echarpes brancas cerimoniais, nas mãos. "Havia um aroma inesquecível de flores silvestres", recorda o Dalai Lama. "Eu podia ouvir [as pessoas] gritando: 'O dia de nossa felicidade chegou'." Mas não havia chegado. De fato, durante seu reinado, houve um desastre atrás do outro. Os homens no leste do país agora eram "levados à barbárie", forçados a lutar contra os chineses e morrendo nas batalhas, o que lhes garantia um renascimento como animais inferiores e demônios. E Lhasa também estava cada vez mais instável.

O sol subia pelas pequenas montanhas a leste. Logo o Dalai Lama teria que voltar para o palácio.

Talvez o mais chocante a respeito do que havia ocorrido nos últimos dias fosse que a ideia de fugir não era inteiramente repugnante a Sua Santidade. Seria devastador para seu povo, para quem ele era Kundun, a Presença, o espírito do próprio Tibete. Seria igualmente devastador para a nação, para a ideia de um Tibete independente, e cortava seu coração contemplar o que significaria para o futuro. Mas não seria necessariamente devastador para *ele*. A noção de fugir sempre atraíra o Dalai Lama, desde menino nas colinas de Amdo, antes do grupo que buscava a próxima encarnação de Chenrizi – a deidade que se manifestava sucessivamente em cada Dalai Lama – bater na porta de seus pais. Quando tinha apenas 2 anos, ele fazia uma trouxinha, amarrava-a a uma vara e dizia à mãe que estava indo para Lhasa. Ele sempre fora um menino incomum, mas aqueles momentos a espantavam. E vinte anos depois, a ideia de partir ainda intrigava o Dalai Lama. Ele sabia que a liberdade do tipo que havia experimentado apenas brevemente em sua vida era impossível no Tibete. Mesmo sem a ocupação, para o jovem Dalai Lama Lhasa com frequência era uma passagem escura e sufocante.

Ele não desejava partir, nem sequer estava claro que pudesse caso quisesse. Uns 40 mil soldados chineses estavam estacionados em Lhasa e ao redor, e ele teria que passar pelas patrulhas sem ser visto. E, se ele escapulisse, de certo modo o Tibete desapareceria do Tibete. Ele era central para a noção de vida de todo tibetano de uma forma que nenhum outro líder, nem mesmo Mao na China – Mao, que enfim estava se revelando naqueles dias horríveis –, poderia igualar. Ele era o depósito do Dharma budista, um tema que em certa época entediara-o profundamente, mas que agora animava cada pensamento seu. Seria possível que aquilo também pudesse desaparecer de seu país, da própria terra?

O Dalai Lama pegou o caminho de volta e rumou para sua casa nos domínios de Norbulingka. Ele podia ouvir a multidão agitada lá fora. Os cânticos começariam logo. Ele não se apressou.

UM

Um exame de memórias anteriores

Pouco mais de 25 anos antes, na manhã de 12 de dezembro de 1933, centenas de monges exaltados haviam se juntado em um dos átrios abertos, com piso de pedra, do enorme palácio de inverno, o Potala; sua respiração era visível no ar rarefeito a 3,6 mil metros. Eles estavam lá para a audiência anual com o 13º Dalai Lama, o rijo e visionário predecessor do 14º.

Mas, quando os monges de manto castanho-avermelhado entraram na sala de reuniões, em vez da pessoa sagrada do 13º Dalai Lama, de seu corpo compacto e olhar duro, viram um manto vazio ajeitado no trono dourado. Acontece que Sua Santidade estava doente demais para comparecer à audiência, e a seus seguidores seria concedida apenas a oportunidade de partilhar de seus trajes, uma cerimônia que os tibetanos chamam de "convidar as roupas". Um monge começou a chorar. Os boatos de que o 13º Dalai Lama estava enfermo com uma espécie de gripe assolavam Lhasa há dias. O monge sentiu instintivamente que Sua Santidade não viveria por muito tempo.

Cinco dias depois seus temores tornaram-se realidade, e o Dalai Lama faleceu de causas naturais. O anúncio foi feito por dançarinos no telhado do Potala, batendo os tradicionais tambores *damaru* em um ritmo sombrio, e pela aparição de lamparinas de manteiga sendo colocadas do lado de fora, o que é um símbolo de morte no Tibete. A população foi tomada de pesar, chorando em público pelas ruas de Lhasa. Cada Dalai Lama cria uma impressão do que a instituição pode ser, e o 13º, que deteve o trono por 44 anos, havia estabelecido um padrão elevado. Ele havia sido um homem bonito de cabeça raspada, com um olhar intenso, penetrante, e um bigodinho. Longe de emitir a serenidade de um Buda, seus retratos oficiais revelam um príncipe tibetano, bem versado na política de medo e castigo. Mas ele presidiu o ingresso da nação em pelo menos uma espécie de independência, e era amado.

Um velho ditado diz que, sempre que dois tibetanos encontram-se, em breve, haverá dois partidos políticos. Os tibetanos são notórios apreciadores da intriga política, e no Potala havia lealdades rivais, lutas pelo poder e disputas internas que às vezes mostravam-se letais. Mas o 13º Dalai Lama havia singrado com destreza as águas turvas da vida política. Quando de sua ascensão ao trono em 1879, o regente invejoso havia tentado usar de magia oculta para se livrar dele, colocando um "mantra negro" em um par de sapatos finamente confeccionado, que na sequência foram dados a um lama poderoso, alardeando o poder mortífero do mantra. Tendo escapado da tentativa de assassinato, o 13º Dalai Lama ordenou que o regente ambicioso fosse afogado em um enorme tanque de cobre. Foi um exemplo de sua natureza frequentemente implacável, mas é fato também que era preciso ser muito rude para sobreviver no Palácio Potala.

A grande missão do 13º Dalai Lama em sua vida havia sido modernizar o país e conduzir o Tibete para a companhia de nações independentes. Ele acreditava que a velha ameaça da China, antiga adversária do Tibete, voltaria, mais poderosa que nunca, e que sua nação, atrasada e isolacionista ao extremo, mostraria-se presa fácil para a enorme vizinha. Mas, por ocasião de sua morte, era claro que ele havia falhado completamente na missão. Os líderes dos grandes mosteiros do Tibete pensavam que a abertura do país ao mundo implicaria no fim de seu domínio e do papel do Tibete como protetor do Dharma. Eles consideravam modernidade um sinônimo de ateísmo. Os ocidentais eram vistos como *tendra*, inimigos da fé, e inimigos dos homens e instituições que a apoiavam. Um monge lembrou que, em sua educação, foi ensinado que a Índia era o local mais sagrado da terra, mas que "todos os outros lugares eram de se temer". Era até mesmo permitido matar-se intrusos para não deixá-los contaminar o Tibete.

O 13º Dalai Lama aterrorizava-se com o que seu país tinha pela frente. Como parte de sua última vontade, ele deixou para a elite tibetana, e para seu eventual sucessor, o que alguns chamaram de profecia divina. Mas, ao se ler o testamento, esse mostra-se uma análise política implacável sobre a posição do Tibete na Ásia e um aviso severo quanto ao futuro. Revela a arguta mente política que o predecessor do 14º Dalai Lama possuía e o quão claramente ele viu o desastre aproximar-se:

> Devemos nos prevenir em especial contra os comunistas vermelhos bárbaros, que carregam consigo terror e destruição onde quer que vão. Eles são o pior do pior. Já consumiram muito da Mongólia. [...] Roubaram e destruíram os mosteiros, forçando os monges a entrar para seus exércitos, ou então matando-os. [...] Não vai demorar muito para depararmos com a violenta investida vermelha em nossa porta... e quando isso acontecer devemos estar prontos para nos defender. Do contrário nossas tradições espirituais e culturais serão completamente erradicadas. [...] Até mesmo os nomes do Dalai Lama e do Panchen Lama serão apagados. [...] Os mosteiros serão saqueados e destruídos, e os monges e monjas mortos ou escorraçados. [...] Seremos como escravos para nossos conquistadores... e os dias e noites se passarão lentamente, com grande sofrimento e terror. [...]
>
> Usem meios pacíficos onde esses forem apropriados, mas, onde nao forem, não hesitem em recorrer a meios mais vigorosos. [...] Pensem com cuidado sobre o que eu disse, pois o futuro está nas mãos de vocês.

Trata-se de um documento notável. Cópias surradas circularam por anos nas aldeias tibetanas, e o jovem 14º Dalai Lama estudaria o texto à noite para aprender as complexidades da gramática tibetana.

A morte de um Dalai Lama sempre foi um evento profundamente traumático para os tibetanos. O estado sempre fica muito vulnerável no período – que tradicionalmente estende-se de 9 a 24 meses – em que a procura da nova encarnação é levada a cabo e um sucessor é nomeado. (O espírito do Dalai Lama anterior não se incorpora de imediato em um novo corpo; de fato, o 14º Dalai Lama não havia sequer nascido quando seu predecessor faleceu.) A expectativa nervosa que todos os tibetanos sentem com a morte de seu Protetor Precioso emana em parte da história fatal e perturbadora dos Dalai Lamas. Do 9º ao 12º (de 1807 a 1875), todos morreram jovens, e acredita-se que tenham sido envenenados, ou por seus regentes, que desejavam manter-se no poder, ou por representantes do trono chinês, os *ambans*, que desejavam manter um regente maleável no poder e evitar a ascensão de um grande lama. Outros haviam morrido em pleno apogeu sob circunstâncias suspeitas, entre eles o rebelde Tsangyang Gyatso, o trágico sexto Dalai Lama. Ele era um farrista, um poeta e um hedonista bissexual que escreveu alguns dos versos mais lindos de toda a literatura tibetana. O mais adorável, citado com tanta frequência que hoje serve de epitáfio para seu autor, brada por algo que o 14º Dalai Lama viria a conhecer intimamente – o desejo de fugir:

Garça branca!
Empreste-me suas asas,
Eu não irei longe, apenas até Lithang,
E então voltarei.

No verão de 1935, quase dois anos depois da morte do 13º Dalai Lama, a busca por seu sucessor começou a sério. O corpo do 13º havia fornecido as primeiras pistas. Os monges preparam o corpo para jazer em exposição pública em um ataúde forrado de sal, vestido em seus mais finos trajes de brocado dourado, com o rosto voltado para o sul, a direção da vida longa. Na manhã seguinte, verificaram que a cabeça havia se voltado para o leste. Colocaram-na mais uma vez na posição original, mas no dia seguinte a mesma coisa aconteceu de novo. Foi um sinal de que o 14º Dalai Lama seria encontrado nas províncias da fronteira com a China.

Os líderes de aldeia e as autoridades de todo o Tibete procuraram sinais reveladores de que o espírito de Chenrizi houvesse reencarnado, de que o novo *bodhisattva* – um ser que atingiu a iluminação completa, mas adia o Nirvana para ajudar os outros a obter a liberação – estivesse entre eles. Finalmente, Reting Rinpoche, o regente que seria o chefe político do Tibete até que o próximo Dalai Lama pudesse ser encontrado, viajou 145 quilômetros a sudeste de Lhasa, até o lago místico conhecido como Lhamo Latso. Junto com um grupo de busca, ele escalou ao topo de uma montanha nas proximidades, montou acampamento, completou suas preces ao som de música ritual, e então fitou as límpidas águas alpinas abaixo. Alguns dos companheiros de busca de Reting Rinpoche nada viram a não ser a superfície turquesa do lago ondulando-se com a brisa. Mas o regente testemunhou uma sucessão de imagens surgindo das águas profundas e nelas desaparecendo: as letras tibetanas *Ah*, *Ka* e *Ma*, um mosteiro de três andares com telhado de ouro e jade verde, uma estrada branca levando para o leste, uma casinha rural com um incomum beiral azul-esverdeado e por fim um cão branco e marrom parado em um pátio. Quando o regente reportou a visão à Assembleia Nacional no ano seguinte, os membros consultaram o Oráculo de Nechung, o principal médium do Estado, e então decretaram que três grandes grupos de busca rumassem para o leste para conduzir uma procura minuciosa pelo 14º Dalai Lama criança. Em setembro de 1937, Ano do Rato de Fogo, os grupos de busca partiram de Lhasa: um rumou para o nordeste, na direção de Amdo (que começa com *Ah*, a primeira letra que o regente tinha visto no lago), o segundo viajou reto para o leste, para Kham, e o terceiro para o sudeste, na direção das regiões conhecidas como Takpo e Kongpo. Os grupos rumavam para territórios tão desolados em alguns locais quanto a superfície da lua.

O Tibete é profuso em superlativos. É o país mais alto da Terra e o mais montanhoso, com três quartos do território situando-se a 4,8 mil metros de altitude ou mais, ou seja, a 4,8 quilômetros acima do nível do mar. É circundado por cadeias de montanhas de nível mundial em três lados. Ao norte, a Cordilheira Altyn Tagh separa o Tibete da província chinesa de Xinjiang e do Deserto de Gobi. A oeste fica a formação Karakoram, ao longo da qual situam-se a Caxemira e o Paquistão. Ao sul ficam os quase impenetráveis Himalaias, que separam o Tibete da Índia, do Nepal e do reino do Butão. O Monte Everest, na fronteira com o Nepal, é a coroa em uma série de montanhas que se erguem a mais de 7,6 mil metros. As cadeias de montanhas são tão altas que ditam até mesmo o clima do Tibete, interceptando frentes de tempestade antes que possam precipitar-se em água sobre as planícies abaixo, levando ao "efeito antichuva" que tornou o Tibete tão árido. O país recebe apenas 457 milímetros de chuva e neve por ano.

A partir desse círculo de cumes, a terra despenca em um enorme planalto o que é pouca coisa mais apropriado para a vida humana ou animal. A maior parte do Tibete é tão alta e fria que árvores e vegetação – exceto uns poucos arbustos nativos – não sobrevivem. O norte é marcado por geleiras, pântanos e poços de areia movediça. A província central de Ü-Tsang é tão assolada por ventos que é chamada de "a terra sem homem e sem cachorro" pelos próprios tibetanos. O *changthang*, ou planícies do norte, apresenta uma paisagem alienígena que se alterna por milhares de quilômetros entre extensões planas de solo coberto de bórax amarelo, lindos lagos profundos e quilômetros de depósitos de soda e sal tão resplandecentes que podem causar cegueira temporária nos viajantes devido à reflexão da luz. Toda essa região esteve um dia sob o Mar de Tétis, que deixou para trás apenas vastos depósitos minerais e um rio ocasional revolto com corredeiras.

A paisagem confere ao Tibete um ar fisicamente intoxicante. As coisas que acontecem lá acontecem em pouquíssimos locais da terra. É possível sofrer queimaduras pelo frio e intensas queimaduras solares ao mesmo tempo. Você pode mergulhar com segurança a mão em uma chaleira de água fervendo, pois a água ferve a uma temperatura muito baixa. Você pode avistar um homem caminhando em sua direção a 16 quilômetros de distância porque a terra é muito plana e o ar é muito límpido. É um dos locais mais ensolarados da Terra, mas o gelo cobre o solo por mais de trezentos dias do ano. Durante séculos, os *misers* – escravos que trabalhavam para aristocratas e mosteiros a vida inteira – dormiram agachados sobre suas mãos e joelhos, com cada fiapo de roupa que possuíssem amontoado sobre as costas, parecendo curvados em oração. Qualquer contato a mais com a terra gélida, eles congelariam até a morte.

A terra limita o número de pessoas que podem viver nela. O frio, a altitude e o solo alcalino conspiram para dar ao país uma população pequena, espalhada por mais de 805 mil metros quadrados, o tamanho da Europa Ocidental. Em 1950, apenas uns 2,5 milhões de pessoas habitavam a nação (incluindo tibetanos étnicos vivendo nas regiões fronteiriças do país), pouco mais de três por quilômetro quadrado, enquanto o restante da Ásia tinha média acima de 125 por quilômetro quadrado. O Tibete, o país mais escassamente habitado da terra, realmente ecoa a vacuidade.

O grupo de buscas de Amdo experimentou a paisagem agreste diretamente ao sair à procura da reencarnação infantil. Liderado por Ketsing Rinpoche, o franzino e literato abade do influente Mosteiro de Sera, de Lhasa, o grupo levou dois meses inteiros para percorrer 1,6 mil quilômetros até Amdo, lutando contra tempestades de neve quase contínuas e temperaturas que despencavam para bem abaixo de dez graus negativos. Carregavam consigo itens que haviam pertencido ao 13º Dalai Lama, bem como uma lista de candidatos potenciais, meninos que haviam se destacado por certos sinais (especialmente ao tocar ou pedir relíquias sagradas que pertenceram a lamas importantes) ou por uma maturidade acima de suas idades, ou, já que o processo não era completamente apolítico, crianças que possuíam padrinhos poderosos a apoiá-las. Em março de 1937, chegaram ao célebre Mosteiro de Kumbum, fundado 350 anos antes pelo terceiro Dalai Lama nas terras onde um grande líder budista, Tsongkhapa, havia nascido. Ao avistar os edifícios, construídos no estilo de pagode chinês, os membros pararam e trocaram olhares. A estrutura principal do mosteiro, conhecida como Templo da Árvore Dourada, tinha três andares, e seu teto era ladrilhado em ouro e jade verde, exatamente como Reting Rinpoche tinha visto no lago sagrado. Os dignitários de Lhasa tentaram conter a excitação.

A equipe havia passado semanas redigindo uma lista de candidatos, compilando no final quatorze nomes. Mas, um a um, os primeiros candidatos falharam nos antigos testes, elaborados para extrair dos meninos sinais irrefutáveis de que o espírito reencarnado de Chenrizi habitava neles. O Panchen Lama, abaixo apenas do Dalai Lama na condição de líder religioso, havia sugerido três meninos, um dos quais morreu antes da chegada do grupo de busca. Agora restavam dois. Uma equipe dos membros do grupo de busca visitou casa do primeiro menino e bebeu chá em silêncio enquanto a mãe da criança apresentava o candidato, recém-lavado e vestido em trajes novíssimos (embora a missão do grupo de busca supostamente fosse secreta, com frequência vazava a informação de que se estava à procura de uma reencarnação importante). No primeiro teste, reconhecendo um rosário que havia pertencido ao Grande 13º, o menino mostrou-se terrivelmente tímido e não estendeu a mão para agarrar a relíquia. Prontamente irrompeu em lágrimas e saiu correndo da sala.

O episódio ressalta um aspecto oculto da busca por um Dalai Lama. Embora proceda-se de acordo com um protocolo místico, nas profundezas da operação reside uma agenda psicológica, uma segunda intenção. Meninos considerados candidatos potenciais eram questionados; se a criança saía correndo ou se escondia atrás da saia da mãe era imediatamente eliminada como candidato. Uma criança que fosse a reencarnação dos Dalai Lamas, seres como que divinos que haviam governado o Tibete por centenas de anos, não podia ser medrosa. Sem verdadeiramente afirmar isso, a busca favorecia os intrépidos.

O garoto seguinte da lista, Lhamo Thondup (ou "deusa que realiza os desejos" – os tibetanos com frequência dão nomes andróginos às crianças pequenas), estava destinado a ser o 14º Dalai Lama, e com certeza qualificou-se como um espírito intrépido. Lhamo havia nascido em 6 de julho de 1935 em uma família camponesa da aldeia de Takster, no nordeste tibetano, perto da fronteira chinesa. Era o quinto de dezesseis filhos, dos quais apenas sete sobreviveram à infância. Seu pai era um fazendeiro e negociante de cavalos chamado Choekyong Tsering e sua mãe era Diki Tsering. (Os tibetanos não adotam os nomes de seus pais, nem de suas mães, e com frequência assumem novos nomes em função de eventos auspiciosos.) Diki Tsering dera à luz o menino ao raiar do dia em um estábulo tosco atrás da casa principal, entre os iaques e novilhos da família, enquanto uma única lamparina mostarda lançava sombras na parede. A chegada de Lhamo Thondup foi marcada por sinais incomuns: seus olhos estavam bem abertos ao nascer, e seu pai, que estivera enfermo durante muitas semanas enquanto a gravidez da mulher avançava, saltou da cama após a chegada do menino, tão plenamente recuperado que a esposa acusou-o de ter se fingido de doente. (Foi um dos primeiros indicativos de tensões no casamento, pois Diki Tsering acreditava que o marido com frequência evitava o trabalho, enquanto ela curvava-se sobre os campos com o filho mais novo amarrado às costas.) Ao saber que tivera um filho, o pai ficou contente. "Bom", disse ele. "Gostaria de fazer dele um monge."

Lhamo Thondup foi criado como qualquer outro garoto dos territórios rigorosos do leste. Morava na casa da família, de teto plano com beirais incomuns de turquesa, e brincava nos campos de trigo e cevada (após ser avisado de que às vezes os lobos comiam crianças), fazendo casinhas nos montes de feno e lutando com os irmãos. Sua aldeia minúscula assentava-se sobre um platô, cercada por morros de verde brilhante, uma paisagem tibetana típica. "Fontes de água cristalina caíam em cascatas", ele recordou, "e os pássaros e animais selvagens – veados, asnos selvagens, macacos e uns poucos leopardos, ursos e raposas – vagavam sem medo dos homens". Com a mãe, ele tomava conta do altar da família, depositando oferendas de manteiga ou frutas secas para o Buda. Ao anoitecer a família recebia visitas, vizinhos ou mercadores cujos iaques resfolegavam do lado de fora, os homens vestidos com gorros de pele, *chubas* grossas (casacos compridos de couro de ovelha) e botas de couro de bico quadrado, enquanto as mulheres usavam vestidos longos sem manga por cima de blusas de algodão em cores vivas. O jovem Lhamo Thondup com frequência pulava no peitoril da janela e fingia cavalgar para a capital, Lhasa, ou fazia uma mala para locais desconhecidos. Mas o irmão mais velho fazia igual, e o mesmo deviam fazer milhares de outros meninos de Amdo. Apenas em retrospecto essas brincadeiras viraram uma espécie de profecia.

Um exame de memórias anteriores

Enquanto garoto, Lhamo Thondup era mais chegado à mãe, uma mulher profundamente amorosa a quem todos os filhos buscavam quando precisavam ser confortados. Mas a personalidade do menino tinha lampejos dos humores sombrios do pai. O pai era obstinado, propenso a acessos de raiva intensa, às vezes cruel. Ele chutava ou esbofeteava os filhos quando insatisfeito com eles, e certa vez, quando o nervoso Lobsang, irmão mais velho de Lhamo, falhou em montar um cavalo de forma adequada, o pai deu uma pancada no animal, que disparou como um foguete. Lobsang deslizou do lombo e estatelou-se no chão, sofrendo uma grave concussão. O futuro Dalai Lama era propenso ao mesmo tipo de acessos. "Eu costumava torturar minha mãe", ele admite. "Quando ela me carregava nos ombros, eu puxava suas orelhas para guiá-la para um lado ou outro." Mas havia uma diferença em sua ira: ele brigava com os valentões locais e metia-se em pelejas do lado dos oprimidos. "Lembro-me de ir no encalço daqueles que eu identificava como o atormentador em qualquer briga", diz o Dalai Lama. "Eu simplesmente não aguentava ver os fracos sendo acossados."

Esse menino impetuoso foi o último candidato recomendado pelo Panchen Lama. O abade de Lhasa, Ketsing Rinpoche, foi em pessoa ver o garoto, disfarçado de servo de um peregrino religioso, com um casaco esfarrapado de couro de ovelha sobre os ombros. Em volta do pescoço ele colocou um dos rosários do 13º Dalai Lama. Com dois atendentes e um oficial do governo a reboque, o abade partiu para a aldeia do menino, lar de umas trinta famílias. Quando chegaram aos arredores de Takster, imediatamente avistaram a casa, uma moradia tibetana rural típica, diferenciada apenas pelas telhas turquesa. No pátio havia um mastro alto de madeira com centenas de bandeiras de oração amarradas a ele; cada rajada de vento lançava a devoção escrita rumo aos céus. Um mastim tibetano marrom e branco estava amarrado perto da porta da frente e começou a latir furiosamente quando Ketsing Rinpoche e os três outros avançaram para a casa. A porta abriu-se, e a mulher da casa saiu. O servo de Ketsing Rinpoche, disfarçado de peregrino aristocrático, perguntou se poderiam usar a cozinha da mulher para preparar um chá. Ela imediatamente assentiu e convidou-os a entrar. A tarefa dos três acompanhantes era manter os pais e quaisquer irmãos ocupados enquanto Ketsing Rinpoche conversasse com o jovem Lhamo Thondup.

Enquanto os viajantes enchiam sua chaleira e conversavam com a mãe que de nada desconfiou, um menininho surgiu de outro aposento e mirou o abade erudito, sentado sobre uma pequena plataforma dentro da cozinha.

Lhamo Thondup tinha 2 anos e meio, olhos castanhos penetrantes e expressão confiante. Foi até o abade, pegou o rosário em suas mãozinhas e disse: "Quero isso".

As palavras pareceram ecoar na sala. Os atendentes voltaram-se para olhar o menino. Ketsing Rinpoche sorriu e disse: "Se você adivinhar quem eu sou, poderá tê-lo com certeza".

"Você é um lama de Sera", disse o menino.

Ketsing Rinpoche assentiu com a cabeça. "E quem é esse?" – ele apontou para o oficial do governo em sua companhia.

O menino virou-se para olhar. "Aquele é Lobsang Tsewang", disse ele. A seguir comentou que os dois outros visitantes eram do Mosteiro de Sera. Todas as respostas estavam corretas. Apinhados na saleta, os homens que tinham andado 1,6 mil quilômetros para encontrar o próximo Dalai Lama trocaram olhares entre si. Sentiram-se à beira de um dos milagres centrais de sua fé, o retorno de Chenrizi à terra, um motivo de alegria quase inexprimível.

O grupo passou a noite na casa do menino. Ketsing Rimpoche brincou com ele, mas não lhe fez mais perguntas. Na manhã seguinte, quando o grupo estava de partida, Lhamo Thondup irrompeu pela porta da frente e correu atrás da delegação de Lhasa, gritando que queria ir com eles. O grupo de busca só conseguiu consolar o menino em prantos dizendo que eles voltariam em breve.

De volta ao mosteiro, Ketsing Rimpoche despachou um mensageiro com um telegrama para autoridades em Lhasa informando (em um código pré-arranjado) a descoberta de um candidato promissor. O mensageiro partiu para Sining, onde a mensagem seria retransmitida para a Índia e a China e finalmente de volta a Lhasa, pela única linha telegráfica do Tibete. Quatro semanas mais tarde veio a resposta: "O menininho de Takster parece muito interessante", dizia. "Temos grandes esperanças nele." Ketsing Rimpoche foi instruído a continuar o exame.

Quando o abade partiu para Takster pela segunda vez, toda a missão de busca de quarenta homens foi com ele. Os monges sopraram suas conchas, o som da vitória constante do Dharma sobre a ignorância, sempre um presságio favorável. Durante o trajeto, o grupo encontrou um jovem chinês transportando madeira para sua casa em uma mula, e perguntaram o caminho para a casa do menino. O homem lhes disse para pegarem a trilha mais baixa das duas possíveis para o destino, e logo chegaram a uma clareira que reconheceram como o local onde o 13º Dalai Lama havia parado brevemente enquanto viajava pela região décadas atrás. Era um marco menor no mapa espiritual do Tibete, mas a excitação do grupo de busca aumentou. Era como se um cordão de portentos estivesse guiando-os em frente rumo a Lhamo Thondup.

Quando os quarenta dignitários adentraram em seu pátio cercado, Diki Tsering e o marido souberam que o filho mais novo estava destinado a algo maior que uma vida como fazendeiro em Amdo. Suspeitaram que ele tivesse sido identificado como um lama importante. Um dos irmãos mais velhos de Lhamo Thondup já fora reconhecido como a reencarnação de outro homem santo. E a aparição do grupo de busca chegou como um alívio: o menininho atormentava-os desde que Ketsing Rimpoche havia partido, querendo saber quando o abade voltaria e pedindo à mãe para fazer o melhor chá e preparar uma comida especial, de modo que o abade e seus acompanhantes ficassem felizes quando chegassem. O menino até amontoou alguns de seus pertences na cozinha e disse à mãe atônita: "Estou fazendo as malas para ir a Lhasa". Mas eles não sonhavam que os dignitários estivessem lá para encontrar o próximo Dalai Lama.

Ketsing Rinpoche, dessa vez vestido em seus trajes de abade, entregou presentes ao pai e à mãe do menino e solicitou ver Lhamo Thondup a sós. O casal conduziu o abade e seus atendentes ao quarto deles, e o grupo de busca colocou uma mesa de madeira comprida sobre a cama. Nela, Ketsing Rinpoche depositou os itens que havia trazido de Lhasa para uma ocasião como aquela: dois rosários negros, dois rosários amarelos, dois tambores *damaru* pequenos e duas bengalas. Um item de cada par havia pertencido ao 13º Dalai Lama. O outro não.

Lhamo Thondup entrou na sala com seu olhar radiante, reuniu-se com os estranhos e andou calmamente até Ketsing Rinpoche. O abade saudou-o e estendeu os dois rosários negros. Perguntou qual deles o menino queria. Lhamo Thondup imediatamente apontou para o rosário do 13º Dalai Lama e o colocou em volta de seu pescoço. Aconteceu o mesmo com o rosário amarelo. A tensão no quarto, um misto de expectativa e de nervos desgastados ao longo de meses de busca, elevou-se. Ketsing Rinpoche apontou para as bengalas. Lhamo Thondup pensou um pouco, então pegou a bengala errada – que pertencia ao próprio Ketsing Rinpoche. Os membros do grupo de busca franziram o cenho. Um erro desqualificaria o menino. Mas então Lhamo Thondup soltou a bengala delicadamente e agarrou a bengala do 13º Dalai Lama, segurando-a diante de si. Os oficiais no aposento soltaram um suspiro coletivo. Mais tarde eles se dariam conta de que a primeira bengala na verdade havia pertencido brevemente ao Dalai Lama antes de ele dá-la a um monge. Foi como se o menino houvesse sentido os vestígios espirituais do 13º Dalai Lama, como impressões digitais esmaecidas.

Então foi a vez dos tambores. Os lamas haviam propositadamente emparelhado o velho tambor comum do 13º Dalai Lama com um modelo luxuoso feito de ouro, marfim e turquesa, a bola presa com uma linda faixa de brocado. O menino pegou o tambor certo na mesma hora e virou-o rapidamente na mão, produzindo uma batida rápida e breve. "Agora que testemunhamos esse desempenho miraculoso", escreveu um membro do grupo de busca, "nossas mentes enchem-se de profunda devoção, alegria e júbilo".

O passo final foi um exame físico. Existem oito marcas associadas à descoberta de um Dalai Lama, incluindo sobrancelhas aneladas, olhos arregalados, orelhas grandes, listras de tigre nas pernas e uma marca espiralada na palma, lembrando uma concha. Os membros do grupo de busca encontraram três delas no corpo do menininho, suficientes para confirmar a descoberta. Alguns dos homens no aposento curvaram a cabeça, os olhos cheios de lágrimas. Naquele momento, reconheceram não apenas seu velho mestre, seu amado 13º Dalai Lama, mas o espírito de Chenrizi, o *bodhisattva* da Compaixão Infinita, que estava com eles outra vez naquela peça lotada e sem ar, em um recanto obscuro do Tibete. O menino que os fitava com olhos castanhos audazes garantia aos homens que um dia eles também reencarnariam em outra vida, que a fé que haviam seguido a vida inteira estava viva e era verdadeira.

DOIS

Rumo a Lhasa

No calor de meados de julho, uma semana depois de seu quarto aniversário, o recém-nomeado Dalai Lama partiu em sua jornada para Lhasa. Ele era assistido por cinquenta viajantes, incluindo seu irmão mais velho Lobsang (com 6 anos, o mais próximo dele em termos de idade), seus pais e um tio, bem como guarda-costas, toda a missão de busca que o havia descoberto e um grupo de mercadores muçulmanos invocado a fazer um empréstimo para os 300 mil dólares de resgate exigidos pelo governador e senhor de guerra da região, general Ma Pu-feng, para deixar a criança encarnada ir embora. Também havia condutores de mula e sentinelas para tocar os 350 cavalos, mulas, iaques e camelos que carregariam os pertences dos peregrinos pelos três meses e meio que levariam para chegar a Lhasa. Chovia fino quando a expedição partiu.

Lhamo Thondup havia sido elevado além dos sonhos mais loucos de sua família, mas ainda era um menino travesso e generoso que havia herdado o gênio do pai. Na estrada, Lhamo brigou ferozmente com o irmão Lobsang, forçando o condutor a chamar sua mãe, que sempre encontrava o irmão mais velho em lágrimas e o Dalai Lama sentado na liteira dourada sorrindo com um olhar de triunfo no rosto.

Por mais animado que fosse, o menino às vezes ficava sobrecarregado pela atenção. Quando a caravana chegava a uma aldeia ao longo da rota, com frequência centenas ou milhares de tibetanos estavam à espera, invadindo a estrada e pedindo sua bênção, fazendo a criança de 4 anos irromper em lágrimas. O que o Dalai Lama lembra em especial da viagem é a vida selvagem, *drong* (iaques selvagens), *kyang* (asnos selvagens) e *nawa* (ovelha azul himalaia), "tão ágeis e velozes que poderiam ser fantasmas". Também ficou impressionado, como uma criança arrancada de seu cenário familiar, pela lonjura agreste do território que estavam atravessando, "montanhas gigantescas flanqueando imensas planícies, sobre as quais nos moviámos com esforço, como insetos".

Ainda a dias da capital, o menino despiu-se de suas roupas de camponês pela última vez e foi vestido com os mantos castanho-avermelhados e dourados de um monge budista. Foi então realizado o *Mendel Tensum*, no qual o menino foi presenteado com um relicário, uma escritura e uma estatueta do Buda da Vida Longa, presentes adequados a um lama importante. Sua cabeça foi raspada, e ele também recebeu um novo nome, Tenzin Gyatso. Por meio desses passos modestos, o menino de Amdo preparou-se para se tornar o Protetor Precioso do Tibete.

Uma das tradições mais encantadoras da vida tibetana é não permitir que ninguém saia em uma viagem ou volte sem companhia. Um jovem menino mandado de Lhasa para um mosteiro remoto encontrará dúzias de amigos e familiares fazendo a primeira parte da viagem com ele, encaminhando o garoto amado com lágrimas e garantias de que estarão esperando seu retorno. E, ao chegar de volta, ele encontrará novamente um grupo de amigos e vizinhos à espera na estrada, pronto para acompanhá-lo. Partir sozinho em uma jornada seria visto como profundamente incivilizado. Quanto ao próximo Dalai Lama, a tradição foi cumprida por batalhões de soldados tibetanos, oficiais e os chefes dos três grandes mosteiros da capital, que saíram de Lhasa para se encontrar com a caravana. Quando o grupo de Amdo aproximou-se de Lhasa, os dignitários encontraram-no na planície a 3 quilômetros da capital. Levaram consigo "o Grande Pavão", um trono especial de madeira usado apenas para receber a nova encarnação em sua chegada em Lhasa. Entre os funcionários estava um monge humilde chamado Ponpo ("o chefão"), que ficaria encarregado da cozinha do Dalai Lama. Esse homem modesto se tornaria a mãe substituta do Dalai Lama nos longos e hostis dias por vir.

Seguiu-se uma cerimônia de dia inteiro, que aos olhos do menino consistiu de enormes enxames de gente, mais do que ele pensava que sequer existisse no mundo, vindo para saudá-lo e receber sua bênção. O que parecia ser a população inteira de Lhasa esperava por ele na capital, um mar de rostos radiantes inundando os arredores de sua liteira. O menino sentiu "como se eu estivesse em um grande parque coberto de flores lindas, com uma brisa gentil a passar e pavões elegantes dançando diante de mim".

Para entender o 14º Dalai Lama e seu papel na vida tibetana, deve-se entender a natureza do Budismo Tibetano e seu lugar dentro da nação. O Tibete tratava a construção de mosteiros e a adesão de grandes números de monges como objetivos de Estado. Um em cada quatro rapazes era colocado em um mosteiro, muitas vezes quando tinha 6 ou 7 anos de idade. Os mosteiros empenhavam-se nesses números extraordinários de monges por motivos tanto teológicos quanto políticos: não apenas para impulsionar o Dharma, o caminho do Buda, mas também para atrair tantas famílias tibetanas quanto possível para a economia monástica e para aumentar sua base política. Como em qualquer parte, números traduziam-se em poder. Os mosteiros também faziam as vezes de universidade, oferecendo a única educação que os filhos de camponeses podiam almejar, ao mesmo tempo que possuíam enormes fatias de terra e recolhiam impostos que ananicavam o orçamento do governo. O budismo era muito mais que a religião do Estado; era a única razão da existência do Tibete. A fé tornou-se a instituição em torno da qual moldaram-se todas as outras coisas da sociedade: a economia, as forças armadas (ou a falta delas), a política externa, a política interna. Um explorador descreveu o Tibete como um "enorme mosteiro habitado por uma nação de monges". Roubar fundos de um mosteiro era considerado um crime mais grave que matar os próprios pais.

Essa atividade determinada também significava que essas instituições estavam longe de ser os locais tranquilos de meditação que se imagina ao ouvir as palavras "mosteiro tibetano budista". Os enormes complexos eram postos avançados agitados e altamente políticos, onde nem todo iniciado estava dedicado à atividade do Dharma. Nos últimos anos, o Dalai Lama falou sobre um mosteiro onde apenas um de cada cinco dos milhares de monges era realmente um estudante sério de budismo, enquanto os outros passavam o tempo distraindo-se ou combatendo o tédio ("ócio organizado", denominaria a revista *Life*). E um jovem monge pintou um quadro deveras angustiante da perseguição de monges mais velhos a ele e outros rapazinhos desejados como *drombos*, ou parceiros homossexuais. Nem o Tibete, nem suas principais instituições, os mosteiros, estavam livres dos vícios do mundo.

Os heróis dessa sociedade outrora marcial não eram mais guerreiros nem chefes de clãs, mas monges que se emparedavam em cavernas nas montanhas para meditar, com um pequeno buraco cortado na parede pelo qual a comida era passada uma vez por dia. Ou os *lung-pa* ("homens do vento"), que se dizia terem atingido um grau tão elevado de concentração que conseguiam sobrepujar as leis da física e voar pelo ar durante horas a cada vez. A promessa do Budismo Mahayana, a escola que criou raízes no Tibete, é de que um ser humano, por meio de esforço sustentado e devotado, pode ascender através de seus ciclos de vida para se tornar um *bodhisattva*, um "ser iluminado", que alcançou total sabedoria e compaixão pelos outros. E é a empatia altruística para com os outros que leva ao estado de Buda. O lótus, símbolo do Budismo Tibetano e tema de seu mantra central, *Om Mani Padme Hum!* ("Oh! A Joia no Lótus!"), nasce no lodo viscoso de um pântano, mas ergue-se acima da sujeira pegajosa para desfraldar a linda flor imaculada. Da mesma forma, a pessoa pode se libertar dos ódios básicos da existência humana e vir a personificar a iluminação e a "joia" do mantra, a compaixão pura.

O fato de que o *bodhisattva* mais reverenciado do país, Chenrizi, residisse na pessoa do Dalai Lama fazia dele não apenas um líder espiritual e chefe político do Estado, mas o exemplo daquilo em que todo tibetano budista empenhava-se, um modelo perfeito do que um ser humano deveria e poderia tornar-se. Chenrizi é "o Senhor que olha para baixo", um ser que, constantemente prestes a atingir o Nirvana, adia sua transformação final a fim de ajudar os outros a darem fim em seu sofrimento. Ele era, portanto, em certo sentido, a meta final da nação, o produto final de sua missão especial no mundo.

Os tibetanos sequer possuem uma palavra para "religião". Não se trata de algo à parte. Está sempre presente na vida.

Após a entrada em Lhasa, o menino de Amdo foi instalado no palácio de verão, o Norbulingka, enquanto aguardava a entronização, "a última liberdade temporal que eu viria a conhecer". Na manhã fria de 22 de fevereiro de 1940, ele foi levado ao Potala, a residência de inverno que assomava sobre Lhasa, com sua altura acentuada por um truque arquitetônico: as paredes inclinavam-se para dentro a partir de sua base, assim como as janelas, fazendo que o prédio parecesse elevar-se ainda mais ao alto. O menino foi conduzido ao Trono do Leão, que ficara vazio por seis anos, mas mantido abastecido com alimentos frescos, água sagrada e flores novas, pois era o assento de um espírito em seu retorno de locais distantes. O delegado britânico presente na cerimônia, sir Basil Gould, entrou no Salão de Todas as Boas Ações dos Mundos Espiritual e Temporal e viu a nova encarnação pela primeira vez: "O Dalai Lama", escreveu ele, "um menino robusto, solene, mas muito alerta, de bochechas vermelhas e cabeça bem raspada, envolto nos trajes castanho-avermelhados de um monge e peças externas quentes, estava sentado no alto em seu trono simples, de pernas cruzadas na postura do Buda". O menino estava cercado por cinco abades, e Gould ficou impressionado com a "devoção e amor" que mostravam pelo 14º Dalai Lama, bem como com "a extraordinária firmeza de seu olhar". A cerimônia que se seguiu parecia não ter fim: duas apresentações de mímica seguidas de dança, canções, leituras sobre a história nacional, bênçãos e contrabênçãos. Foi a introdução do menino à maratona de rituais tibetanos que ele viria a conhecer tão bem (e a detestar tão totalmente). O Dalai Lama permaneceu composto ao longo de tudo, e muita gente comentou que ele pareceu reconhecer os funcionários que haviam servido a seu predecessor.

O novo Dalai Lama assumiu seu lugar no Palácio Potala e começou o aprendizado para a liderança política e espiritual do Tibete. Situado no topo de Marbori, "a Colina Vermelha", o Potala é uma obra-prima do século XVII, mas não era um lugar fácil para se morar. Para ir a qualquer parte vivia-se pisando sobre grossas vigas de madeira, subindo escadarias ou escadas de mão, com a linha de visão constantemente interrompida por pilares de madeira, por portas para capelas ocultas, por corredores que desenrolavam-se para outra das milhares de peças. Era frio de congelar no inverno. E o Dalai Lama logo percebeu que seus aposentos situavam-se tão acima de seu povo que ele só podia vê-lo através de uma luneta. Com frequência ele estudava os criminosos, que eram a visão mais próxima (o Potala continha até mesmo uma prisão), homens que, quando viam a luz do sol faiscar nas lentes da luneta de Sua Santidade curvavam a cabeça e desviavam o olhar em reverência. Os boatos diziam que o sótão do palácio era assombrado por corujas gigantes devoradoras de crianças e por fantasmas, fantasmas esses que aterrorizaram o jovem Dalai Lama em sua primeira estada ali, e suas muitas capelas estavam abarrotadas de despojos de seus predecessores em *stupas* gigantescas, ou urnas fúnebres douradas. Quando não estava estudando ou brincando, o menino vagava entre as *stupas*, as facetas de esmeraldas e ouro rosado das tumbas ocasionalmente capturavam um raio de luz das lamparinas de manteiga e cintilavam na obscuridade gelada. O Potala era grande demais para se conhecer de verdade, uma metrópole budista com escritórios, salas de reunião para a Assembleia Nacional, dois tesouros e um enorme arsenal, um calabouço perto da biblioteca nacional e incontáveis capelas. Seu interior raramente era iluminado pelo sol, mas apenas por velas e pelo vislumbre de átrios abertos, era escuro e cheirava como uma caverna habitada há séculos.

De início o 14º Dalai Lama com frequência ficava bastante solitário. Seu irmão Lobsang, nervoso e um tanto meigo, foi morar com ele, mas os pais foram instalados em uma casa em Lhasa e só tinham permissão para visitas periódicas. Na ausência deles, o menino agarrou-se ao amado Ponpo, seu cuidador, formando um vínculo que duraria décadas. "Era tão forte [nosso relacionamento]", disse o Dalai Lama, "que ele tinha que estar à minha vista o tempo todo, mesmo que apenas a barra de seu manto ficasse visível através de um vão de porta ou por baixo das cortinas que serviam de porta dentro das casas tibetanas". Assim como a mãe do Dalai Lama, Ponpo era uma pessoa paciente, bondosa, que alimentava e tranquilizava o menino. Mas a memória de sua mãe persistia. O irmão mais moço do Dalai Lama, Choegyal, foi instalado no Mosteiro de Drepung, a poucos quilômetros de Lhasa, tendo sido reconhecido como a reencarnação de um grande lama. Lá Choegyal ficou desesperado por qualquer indício de sua antiga vida, especialmente da presença calorosa de Diki Tsering. "Sentia uma falta terrível de minha mãe", ele recorda. "Ela costumava mandar biscoitos, pirulitos e goma de mascar feitos em casa... tudo embrulhado em uma echarpe. Eu cheirava a echarpe, tentando desesperadamente recapturar o cheiro dela." O Dalai Lama sofria de dores lancinantes parecidas.

Como um menino no enregelante Potala em tardes compridas, o jovem 14º Dalai Lama sentava-se durante horas nos pisos cintilantes de *arga*, feitos de lascas de pedra e encerados com manteiga, e fitava os intrincados murais centenários. Aquelas tornaram-se as suas aulas de história. Estendendo-se do chão ao teto, os murais contavam a história do Tibete em alegorias graciosas e retratos vivamente coloridos.

O Dalai Lama aprendeu sobre Songtsen Gampo, o reino tibetano que, por volta do ano 629, começou a transformar o Tibete uma implacável potência militar. Seus exércitos investiram sobre o Nepal e Burma, a China da dinastia Tang, áreas fronteiriças da Índia e o reino vizinho de Zhang Zhung. Mas ele também estabeleceu Lhasa como uma meca cosmopolita, enviando eruditos ao norte da Índia para criar uma linguagem tibetana escrita e trazendo sistemas astrológicos da China, leis e administração civil dos uigures e arte do Nepal. Em seu legado mais duradouro, o rei importou o budismo para Lhasa e o declarou a fé oficial. Antes de Songtsen Gampo, os tibetanos praticavam o bön, "a religião sem nome", um sistema de crença xamanista povoado de demônios, fantasmas vingativos, deuses-serpentes e diabos que exigiam sacrifícios humanos e só podiam ser controlados por um sacerdote conhecido como "bön", ou invocador de espíritos.

O sucessor de Gampo, Trisong Detsen, convocou o legendário guru Padmasambhava da Índia e o encorajou a viajar para todos os recantos do Tibete ensinando as Quatro Nobres Verdades: *viver é sofrimento; o sofrimento é causado pelo desejo; o desejo pode ser superado; e o caminho para essa superação está corporificado no Nobre Caminho Óctuplo – visão correta, intenção correta, fala correta, ação correta, meio de vida correto, esforço correto, atenção mental correta, concentração correta*. O pecado não é o grande vilão na filosofia budista; a ignorância é. Pecamos porque, em nossa ignorância, falhamos em ver como mentir, roubar e praticar violência prejudicam nosso próprio karma e levam apenas a mais sofrimento. O Budismo Tibetano muitas vezes tem sido chamado de uma ciência da mente, e com alguma justificativa. É um esforço para entender a vida e superar suas ilusões, de modo que a pessoa possa gradativamente atingir uma equanimidade sublime. Padmasambhava foi o primeiro a expor esses princípios na Terra das Neves.

O guru não atacou tanto o bön quanto o canibalizou, incorporando os demônios e as lendas da fé no panteão budista, proporcionando com isso uma visão clara para a compreensão da nova religião até mesmo pelo mais simples camponês. Dizem que ele intimidou as deidades bön provocando avalanches maciças, parando o vento e levando as águas gélidas de um lago à fervura, tudo por meio de uma mente afiada pela meditação constante. Por volta do século XII, o budismo havia conquistado o país, dessa vez não por decreto imperial, mas capturando os corações dos cidadãos comuns.

O jovem Dalai Lama dormia no quarto do Grande Quinto, no sétimo – e mais alto – andar do Potala. "Era deploravelmente frio e mal iluminado", ele recorda. "Era tudo antigo e decrépito, e por trás dos cortinados que pendiam de cada uma das quatro paredes jaziam depósitos de séculos de poeira." Ele fez amizade com dois ratos que vinham roubar a comida deixada como oferenda para o Buda. De manhã, após o desjejum às sete horas, o Dalai Lama e seu irmão Lobsang tinham aula juntos, começando com leitura e memorização de textos budistas. O Dalai Lama foi educado pelos métodos tibetanos tradicionais. Primeiro, aprendeu a ler e depois escrever (incluindo-se aí um curso muito rigoroso de caligrafia, dividido no treinamento em um tipo de letra para a escrita de manuscritos e outro para comunicados oficiais e cartas particulares). A seguir começou a memorizar as escrituras clássicas, tanto para aguçar sua memória quanto para lhe propiciar um entendimento básico dos princípios budistas. A isso seguiu-se o *nyam tee*, "aprendizado a partir da experiência". Nessa fase um lama era convidado ao Potala para fazer uma preleção sobre uma virtude específica, ilustrando o tema com histórias verídicas e citações do Senhor Buda e de autoridades indianas clássicas. A seguir veio talvez o passo mais importante de todos, a prática de meditação, quando o estudante é deixado a sós em completo silêncio para contemplar as lições do dia e começar as explorações internas que são o cerne da vida de monge. Por fim, os avanços eram testados em debates com tutores e professores, acompanhados por uma série de gestos estilizados – o interrogador, por exemplo, tentaria distrair o adversário erguendo a mão direita acima da cabeça lentamente para depois batê-la na palma esquerda.

Todos os dias às dez da manhã Sua Santidade e seu irmão eram separados, e o 14º Dalai Lama era escoltado para uma reunião com os membros de seu governo, que subiam as íngremes escadas desde seus gabinetes no segundo e terceiro andares. Ele não tinha permissão para falar. Seu regente, um monge vistosamente corrupto chamado Reting Rinpoche, dirigia os assuntos da nação.

Quando o Dalai Lama era criança, os temas políticos e os estudos religiosos eram a mais pura importunação. Os tutores verificaram que o menino era brilhante, com uma memória impressionante e profundamente preocupado com os oprimidos, desamparados e maltratados. Mas não fazia as lições. "Meu único interesse era brincar", admitiu o Dalai Lama. Ele era um garoto obstinado, mais interessado em inventar elaborados jogos de guerra do que em qualquer outra coisa. Era obcecado de forma quase que preocupante com engenhocas, máquinas de guerra (desafiando seus cuidadores a fazer tanques e aviões de bolotas de massa de *tsampa*), exercícios militares e proezas perigosas, tais como correr por uma rampa e saltar, para ver quem conseguia pular mais alto. Como o Dalai Lama era proibido de ter amigos de sua idade, seus atendentes adultos eram obrigados a tomar parte nas brincadeiras de batalha. O garotinho disparava mísseis feitos de massa contra a cabeça deles, que contra-atacavam.

O Dalai Lama ainda não havia superado seu legendário mau gênio. Depois de perder um jogo para seus varredores (que mantinham limpo o chão brilhante do palácio), Sua Santidade às vezes ficava em pé fitando-os com uma carranca, literalmente tremendo de raiva. Os antigos mitos afirmavam que o povo tibetano descendia de uma besta feminina devoradora, e os tibetanos acreditavam que Chenrizi viera cuidar deles por causa de sua natureza selvagem. Mas às vezes era o Dalai Lama que parecia ingovernável, um espírito de fúria à solta pelas salas ecoantes do Potala.

Apenas com os varredores Sua Santidade tinha o que poderia ser chamado de um relacionamento normal; os outros usavam linguagem formal ao falar com ele, dirigindo-se à instituição, ao ser superior, e não ao menino. O protocolo determinava aos ministros regras estritas sobre o que podiam e o que não podiam fazer na presença do Dalai Lama; sentar-se, por exemplo, era sacrilégio. De fato, o Dalai Lama com frequência via apenas o topo da cabeça de seus súditos, pois estes curvavam-na para baixo à primeira vista dele, e ele, conforme a tradição, olhava para o alto. Ele tampouco podia ser punido: quando o 14º Dalai Lama fazia alguma coisa errada, era seu tímido irmão Lobsang que era açoitado com o chicote pendurado na parede do tutor. O Dalai Lama tinha a curiosa sina de ser negligenciado e mimado ao mesmo tempo.

Quando Sua Santidade tinha apenas 8 anos, Lobsang, o último elo cotidiano de sua antiga vida, foi embora para uma escola particular. Agora os dois irmãos veriam-se apenas em férias escolares ocasionais. "Quando ele ia embora depois de cada visita", conta o Dalai Lama, "lembro que eu ficava parado na janela observando, com meu coração repleto de tristeza, enquanto ele desaparecia ao longe". Sua alienação de uma infância normal foi completa. "Aquelas crianças arrancadas de suas famílias", escreveu o estudioso do Tibete Giuseppe Tucci sobre os jovens Dalai Lamas,

> submetidas à estrita supervisão de encarregados mais velhos [...] conduzidas pelo labirinto infindável de liturgia e dogma lamaístas e mergulhadas à força nas árduas tarefas de suas corporificações anteriores, com certeza não conhecem o bem-aventurado assombro da infância. Essa disciplina estrita, essa imobilidade de estátua imposta pela dignidade do cargo, o convívio diário com gente carrancuda e mais velha, me parece uma repressão violenta e implacável da infância.

Ao entrar na adolescência, o Dalai Lama mal dava conta dos estudos. Aos 13 anos, foi introduzido à metafísica budista, e sua mente fechou-se por completo. "Me enervavam tanto que eu tinha a sensação de estar estonteado, como que atingido por uma pedrada na cabeça." As únicas coisas que o comoviam eram as histórias de mártires budistas e as abundantes passagens sobre sofrimento e paciência nas escrituras. Às vezes ele derramava lágrimas ao lê-las. Mas, quanto ao restante, apenas deixava os versos brincarem em seus lábios, sem sequer tentar memorizá-los. Editava as histórias em sua mente para torná-las mais excitantes, ou maquinava aventuras de suspense para evitar o tédio.

* * *

O verão trazia a mudança para o Norbulingka, e o jovem Dalai Lama depressa passou a amar aquele desconexo local verdejante. Ele levava o irmão mais moço, Choegyal, para o lago em um barquinho que mal dava para os dois. Eles olhavam para baixo das amuradas do barco e jogavam comida para os peixes que conseguiam ver passando velozes na água verde. Os atendentes caminhavam ao longo da margem, acompanhando o avanço do barco. O 14º Dalai Lama revelou-se temerário, caindo no lago certa vez ao tentar juntar um caniço, sendo resgatado por um zelador que ouviu seus gritos por acaso.

Quando, aos 14 anos, encontrou-se pela primeira vez com o soldado austríaco Heinrich Harrer (que viria a escrever as memórias *Sete anos no Tibete*), os dois operaram em conjunto um projetor de filme. Em certa ocasião o Dalai Lama convenceu Harrer a falar no microfone e anunciar o próximo filme para os tutores sentados no teatro, o que Harrer fez no estilo casual de um ocidental. "Ele riu entusiasticamente dos rostos surpresos e chocados dos monges ao ouvir meu tom jovial e desrespeitoso", Harrer recordou. Harrer viu que o Dalai Lama era um adolescente irrequieto, ousado, que sentia agudamente as tradições sufocantes de seu cargo. "Do primeiro ao último dia do ano não havia nada a não ser uma longa rodada de cerimônias", escreveu o Dalai Lama. "O formalismo regulava cada detalhe de nossa vida cotidiana. Era preciso observá-lo mesmo enquanto se falava, até quando se caminhava." Ele preferia fofocas à política – e as intrigas que redemoinhavam em volta de Lhasa eram tão complexas quanto qualquer complô da Casa de Tudor. Quando o pai do Dalai Lama morreu em 1947, circularam alegações de que ele fora envenenado como parte de uma complexa conspiração. (Houve até mesmo um boato de que o 14º não era o verdadeiro Dalai Lama, mas um impostor.)

Harrer descreveu o rapaz que conheceu: "Sua pele era muito mais clara que a média dos tibetanos. Os olhos, pouca coisa mais estreitos que os da maioria dos europeus, eram cheios de expressão, encanto e vivacidade. Suas bochechas reluziam de excitação, e, enquanto ficava sentado, ele balançava-se de um lado para o outro...". O Dalai Lama usava cabelo comprido (provavelmente, pensou Harrer, como proteção contra o frio enregelante do Palácio Potala), sofria de má postura como resultado de muitas horas passadas em cima dos livros em seu estúdio mal iluminado, e tinha mãos bonitas, que mantinha cruzadas. "Seu rosto era radiante, e ele despejava uma enxurrada de perguntas", recordou Harrer. "Para mim, ele parecia uma pessoa que durante anos havia matutado em solidão sobre diferentes problemas e, agora que tinha ao menos alguém para conversar, queria saber todas as respostas de uma só vez."

Sua Santidade estava interessado no mundo fora do Tibete, mas dispunha de poucos meios para aprender a respeito. Possuía um relato em sete volumes da Segunda Guerra Mundial, que mandou traduzir para o tibetano, mas havia grandes trechos da história mundial que eram um mistério para ele. A Segunda Guerra Mundial havia remodelado sociedades fora das cordilheiras dos Himalaias e colocado em movimento as forças que ameaçariam esmagar seu país, mas o Dalai Lama ficou sabendo das batalhas folheando edições antigas da revista *Life*, que chegavam em Lhasa meses depois da data de publicação, já mofadas de tão velhas.

Tudo de que ele dispunha como um *insight* sobre o poder eram os mitos tibetanos e os murais que volteavam e espiralavam-se através das paredes de seu palácio. Eles contavam como a grande era imperial da história tibetana, um tempo de conquista e consolidação nacional, chegou ao fim no século IX. A linha de reis religiosos havia terminado, e o Tibete desandou em feudos regionais governados por senhores da guerra e chefes de clãs locais. No século XIII, quando Genghis Khan marchou sobre o Tibete, encontrou à sua espera não um oponente formidável arranjado em formação de batalha, mas uns poucos chefes de clã com presentes. As escaramuças entre China e Tibete continuariam por séculos, mas agora a China era o poder dominante. E para os chineses hans, nômades como os tibetanos eram mais do que forasteiros ou inimigos. Eram estranhos, um povo "ainda não humano, porque dedicavam-se a um estilo de vida semelhante a bestas errantes". Os tibetanos estavam fadados a ser vistos pelos hans como caçadores-coletores primitivos que jamais se juntariam ao rebanho humano. Bárbaros.

Os murais que o Dalai Lama fitava eram também uma árvore genealógica. Em meados do século VII, a linha dos Dalai Lamas politicamente dominantes teve início com o gênio político do Grande Quinto. Antes dele, os Dalai Lamas eram simples monges e abades reconhecidos como encarnações de Chenrizi, o *bodhisattva* da Compaixão Infinita. Mas o Grande Quinto, como líder de uma seita relativamente nova do Budismo Tibetano ainda em busca de seu lugar entre escolas rivais, astutamente foi a Gusri Khan, fundador da grande dinastia Qing da China. Gusri Khan mandou seus soldados para o Tibete e, em uma série de batalhas devastadoras, derrotou os rivais do quinto Dalai Lama e o instalou como governante de um recém-unificado Tibete. Os regentes budistas do Tibete haviam realizado uma grande barganha com Pequim, aliando-se com um vizinho mais poderoso. Tendo trocado a espada pela roda de oração, eles agora dependeriam de protetores estrangeiros para sua segurança. Era um compromisso que viria assombrar o 14º Dalai Lama.

Durante centenas de anos após a morte do quinto Dalai Lama em 1682, o curioso relacionamento entre Tibete e China teve altos e baixos conforme a força da dinastia em Pequim, indo de períodos de controle político direto (como durante o reinado de Lha-bzan Khan, de 1706 a 1717) a épocas em que o chefe da representação chinesa em Lhasa não passava de "um mero marionete cujos cordões eram puxados pelo Dalai Lama". Sucessivos Dalai Lamas buscaram alianças com os imperadores da dinastia Qing e tiveram permissão para executar a política doméstica sob sua proteção, assistidos por uma sucessão de *ambans*, ou representantes do imperador, aos quais eram concedidos graus variáveis de controle sobre os assuntos tibetanos. Os representantes de Pequim todavia tinham o poder de mandar açoitar (às vezes até a morte) funcionários tibetanos desobedientes, mas seus supostos subalternos com frequência davam jeito de levar a melhor ou sobreviver. Um *amban* reclamou que os tibetanos "muito frequentemente [...] deixam de cumprir ordens por meses sob o pretexto de esperar pelo retorno do Dalai Lama ou, quanto a decisões a serem tomadas, simplesmente ignorando pedidos urgentes de resposta". Na maioria das vezes o verdadeiro poder jazia nas mãos do Dalai Lama e de seu gabinete.

A dinastia Qing começou a enfraquecer dramaticamente em meados do século XIX, quando potências imperialistas em ascensão, como Inglaterra e Rússia, passaram a violar seu território. Em 1911, a China havia decaído a uma colcha de retalhos de chefes de clã e províncias em guerra, e após 1913 o Tibete começou a se considerar uma nação plenamente independente. Mas fracassou em agarrar sua melhor chance de autonomia, declinando até de pedir às Nações Unidas o reconhecimento como estado soberano. O Tibete, o guardião do Dharma, permaneceu trancado por trás de seus picos açoitados por ventos.

Até uma China ressurgente, sob Mao Zedong, retornar.

A despeito da companhia de homens velhos e do que poderia ter sido uma separação aniquilante de sua família, o Dalai Lama foi de algum modo capaz de reter as afinidades e qualidades de uma criança. Trancado no Potala, ele observava os prisioneiros mantidos no pátio abaixo. "Muitos deles eram uma espécie de amigos meus", ele relembrou. "Eu observava suas vidas todos os dias. Muitos eram criminosos comuns, mas mesmo assim eu podia ver sua dor como um menino. [...] Assim, logo que cheguei ao poder, soltei todos." Seu eu anterior, o 13º Dalai Lama, teria desaprovado o gesto. Mas aquilo estava muito de acordo com a nova encarnação.

Esse foi realmente o primeiro grande triunfo do Dalai Lama. Ele não se tornou um hedonista descontrolado e rebelde, como o sexto. Não retraiu-se em isolamento religioso, como o oitavo. Não tentou moldar-se em um mentor político, como o quinto, ou um homem forte e truculento, como o 13º. O Dalai Lama adolescente de algum modo encontrou forças para continuar sendo ele mesmo, um rapaz carismático e simples em tempos perigosos.

TRÊS

ATRAVÉS DO RIO FANTASMA

Em 1950, quando o Dalai Lama tinha 15 anos de idade, o século XX chegou ao Tibete na forma do Exército de Libertação Popular (ELP). Uns 80 mil soldados chineses treinados em combate cruzaram o "Rio Fantasma", que separa a China da província tibetana de Chamdo. O exército tibetano que os encarou era mal treinado, mal equipado e, com 8,5 mil soldados e oficiais, quase que ridiculamente desprovido de contingente, um legado da desconfiança dos mosteiros em relação às forças armadas. No Tibete, soldados eram considerados párias sociais porque matavam coisas vivas, contra a proibição estrita do Buda. "[Eles] eram vistos como açougueiros", recorda o Dalai Lama, e, como açougueiros, eram chamados de "ossos impuros" pelos outros tibetanos e proibidos de se casar fora de seu grupo. Séculos depois de conquistar enormes fatias da Ásia, os soldados tibetanos tinham que importar suas técnicas e canções de marcha e até mesmo seu vocabulário do exército britânico, pois não existiam palavras em tibetano para coisas como "armas fixas". A memória de agressão militar havia se desvanecido tão completamente que até as palavras haviam desaparecido.

Guerreiros do Tibete Oriental, os khampas, montaram uma ardente resistência à invasão, mas o exército tibetano colapsou, e a resistência foi rapidamente desbaratada. Durante a investida, um frenético oficial tibetano telegrafou ao *Kashag*, o gabinete tibetano, em busca de instruções e foi informado de que os membros não poderiam responder porque estavam em um piquenique. "À merda com o piquenique!" (*"Skyag pa'I gling kha!"*), ele celebremente telegrafou de volta.

O Tibete reagiu à ameaça da China com uma espécie de rearmamento espiritual. Os monges budistas receberam ordens de ler a Bíblia tibetana em cerimônias públicas assistidas por multidões de aldeões e fazendeiros em prece. Apareceu fumaça nos cumes de montanhas sagradas enquanto monges revezavam-se para alimentar fogueiras que queimavam incenso perfumado. Novas rodas de oração pipocaram em cantos remotos do país, relíquias sagradas foram trazidas de câmaras empoeiradas, e os crentes imploraram aos espíritos para proteger o Dharma e o povo tibetano. Mas nada deteve os batalhões de Mao.

Mao voltou o olhar para o Tibete depois de vencer sua guerra brutal contra o exército de Chiang Kai-shek, o Kuomintang. "A China levantou-se", foram as famosas palavras do líder comunista quando anunciou a República Popular na Praça Tiananmen. Os comunistas haviam chegado ao poder como nacionalistas ferrenhos, e reintegrar o Tibete ao rebanho estava no alto da lista de prioridades. Um dos primeiros objetivos de Mao depois da tomada foi a reunificação da pátria, a recuperação de terras que, na mente chinesa, haviam sido perdidas para "separatistas" ou imperialistas nas décadas e séculos anteriores. Em 7 de janeiro de 1950, um general comunista anunciou que o Exército de Libertação Popular havia aniquilado a última resistência do Kuomintang no sudoeste da China; ele acrescentou que a próxima missão do exército seria "libertar nossos compatriotas no Tibete".

A ocupação do país ofereceria a Mao uma vitória na política externa, bem como na interna: deslocaria a fronteira da China do Rio Yangtze para os Himalaias, dando a Pequim um para-choque quase inexpugnável contra inimigos em terra esparramando-se da Índia a leste ou do Paquistão e do leste do Turquistão a nordeste. E eliminaria a possibilidade de um Tibete livre tornar-se um campo de operações para imperialistas de Londres, Washington ou Tóquio. "O que se quer dizer com independência aqui", escreveu um oficial chinês de Lhasa, "é de fato fazer do Tibete uma colônia ou protetorado de um país estrangeiro". Impregnados da poderosa tradição de vitimação chinesa, Mao e seus seguidores acreditavam sinceramente que o Tibete pertencia à nova China. Cada movimento no sentido de independência era visto pelos chineses como a primeira rachadura de um dique que resultaria na desintegração nacional. Tradicionalmente conhecido como "o depósito de riquezas do oeste", o Tibete também detinha vastas quantidades de cobre, chumbo, ouro e zinco, somadas a milhões de acres de florestas e – desconhecido por Mao na época – reservas de petróleo, urânio e bórax. Possuía recursos que a China poderia usar para crescer.

Para Mao, era essencial que os tibetanos fossem reunidos à pátria, junto com os mongóis, uigures e o restante das minorias longínquas da China. "O relacionamento entre Tibete e China seria como o de irmãos", ele disse. "A opressão de uma nacionalidade pela outra seria eliminada. Todas as nacionalidades trabalhariam em benefício da Pátria." Os comunistas reconheciam as profundas diferenças culturais entre as duas nações – elas eram difíceis de ignorar –, mas insistiam em que as duas sociedades haviam crescido juntas ao longo de séculos. Os tibetanos, por outro lado, acreditavam que o relacionamento havia sido de igual para igual e que o Tibete havia mantido o controle sobre seus assuntos internos, suas instituições culturais e sua independência política.

Cada lado ocultava verdades desconfortáveis por trás de sua interpretação da história: os chineses não conseguiram reconhecer que forçaram um Tibete civilizado a aceitar sua proteção à ponta de faca e que seu controle sobre o vizinho com frequência escorregou para uma fachada de cerimônia enquanto as dinastias de Pequim vacilavam. E, quando os tibetanos pintaram o relacionamento como primeiramente um vínculo espiritual, ignoraram o poder militar e a influência política da China. Mas os tibetanos tinham o ponto principal mais profundo: ao longo de séculos de contato intenso, sua nação jamais assimilou-se de bom grado à sociedade han.

Em 1950, nada disso importou. A China havia tomado o Tibete. Depois da invasão, a revista *Life* fez a pergunta que estava na mente dos observadores do Tibete em todas as partes: o Dalai Lama se tornaria agora "mais um na sucessão de marionetes acionados por Moscou?"

O Dalai Lama e o mundo em geral sabiam pouca coisa sobre Mao em 1950. O líder chinês era um gênio político inquestionável, uma personalidade magnética suprema sem igual na capacidade de conseguir que seus seguidores fizessem o impensável por ele. Mao prometeu ao povo chinês libertação do caos que dilacerava a nação desde a dissolução da dinastia Qing em meados do século XIX. Mao reverteu um século de história chinesa e unificou o país. E prometeu dar fim às intromissões de potências estrangeiras, consideradas uma profunda e prolongada humilhação pelo cidadão típico.

Mas o Grande Líder, como viria a ser conhecido, também regeu uma das campanhas mais implacáveis da história, não só contra os exércitos de Chiang Kai-shek, mas contra seus próprios quadros. Ele acreditava ser um dos grandes subversores da história, o homem que despedaça sociedades existentes e as refaz por meio do terror. "Quando Grandes Heróis dão rédea solta a seus impulsos", escreveu, "são magnificamente poderosos, tempetuosos e invencíveis". Milhares de seus próprios seguidores foram mortos ou levados à loucura por campanhas cuidadosamente planejadas pelo líder comunista em pessoa. Seus funcionários usaram novas técnicas para obter confissões de "direitistas", tais como "anjo dedilhando cítara", em que um fio ia do pênis às orelhas de um homem, e os interrogadores tangiam a corda, causando intensa aflição. Mao compôs até mesmo os pôsteres para comícios nos quais camponeses ricos eram executados após sessões de tortura diante de turbas uivantes:

Assista-nos matar os donos de terra hoje.
Você não está com medo?
É uma facada depois da outra.

Uma vez no controle, Mao refez a China numa totalidade diabólica, usando terror de massa e intimidação bruta. A campanha foi literalmente desumanizadora: a certa altura, o presidente cogitou até mesmo substituir o nome dos cidadãos por números. Chegando ao poder, Mao fez jus ao apelido de infância, *shisan yazi*, "menino de pedra".

Quando os chineses invadiram, faltavam três anos para o Dalai Lama ter a idade tradicional para subir ao trono. Mas começaram a aparecer pôsteres nas ruas de Lhasa condenando o governo e exigindo que o Dalai Lama assumisse a liderança do Tibete. Canções de rua – uma das únicas formas de protesto a que o tibetano comum tinha acesso – traziam a mesma mensagem. Os ministros aristocráticos com frequência eram vistos como desonestos e interesseiros: cooperavam avidamente com os ocupantes em troca de grandes somas de dinheiro. "Os nobres estavam recebendo enormes quantidades de prata", diz o professor Gray Tuttle, da Universidade de Colúmbia. Até mesmo o jovem Panchen Lama, a segunda figura mais poderosa do Tibete e tradicionalmente rival do Dalai Lama pelo poder no país, saiu em favor da ocupação e viajou à China para aceitar pagamentos em dinheiro por seu apoio.

Apenas o Dalai Lama adolescente, que mal havia começado a marcar presença na sociedade, era visto como incorruptível. Os tibetanos acreditavam acima de tudo que ele protegeria o povo e o Dharma.

À medida que a nação voltou-se para ele, o Dalai Lama sentiu um pânico crescente. Ele sabia que não estava pronto para liderar. "O desafio me encheu de ansiedade", diz ele. "Não conhecia nada do mundo lá fora e não tinha experiência política." Mas a decisão não cabia a ele. Depois de debaterem o assunto, os ministros do governo decidiram deixar o tema nas mãos de dois oráculos estatais, o Nechung e o Gadong. O Oráculo de Nechung foi evasivo, dizendo apenas: "Se você não faz boas oferendas, não posso proteger o bem-estar da religião e do povo". O Gadong também ficou impassível. Só depois que um funcionário do governo ralhou com o oráculo o Gadong avivou-se. Ele rodopiou em uma dança de monge e terminou bem em frente ao Dalai Lama. O oráculo prostrou-se três vezes e depositou um *kata*, a echarpe branca de oferenda, aos pés de Sua Santidade, dizendo: "É chegada a hora dele". O Oráculo de Nechung foi trazido de volta à sala e apoiou a decisão.

O Dalai Lama subiu ao trono em 17 de novembro de 1950, uma data escolhida por astrólogos do Estado. "Tive que deixar minha adolescência para trás e me preparar o melhor que pudesse para liderar o país", diz ele. "Encarei a perspectiva imediata de liderar meu país enquanto este se preparava para a guerra."

O jovem monge não tinha treinamento em política, nem filosofia de liderança, nem conselheiros chegados em quem pudesse confiar de modo implícito. Mesmo entre os varredores, o seu favorito – um homem que havia se tornado seu companheiro de brincadeiras e seu guardião – já tinha se ido àquela altura. "Percebi que, de certa forma, a morte dele simbolizou o fim de minha infância", escreveu o Dalai Lama. Ele estava tão sozinho, e por sua própria conta, quanto sempre estivera.

Então uma coisa notável aconteceu. As escrituras budistas que haviam parecido tão enfadonhas e sem vida durante anos começaram a cantar para ele. No meio da adolescência, o Dalai Lama começou a se aprofundar no imenso corpo da literatura budista e a ali encontrar inspiração e orientação. Parte da mudança veio devido a seus famosos acessos que chegaram à beira da violência física. "Comecei a perceber o quanto a raiva era destrutiva", ele lembra, "e eu estava fazendo um grande esforço para controlar meu gênio terrível". Mas o destino cada vez mais sombrio do Tibete também o estimulou.

A fé transformou a vida do Dalai Lama justamente quando o Tibete entrou em crise fatal. E pode-se supor que a ansiedade a respeito do que vinha pela frente e o fato de que ele estava essencialmente sozinho para encarar a situação levaram o Dalai Lama a buscar um norte verdadeiro. O que está fora de questão é que ele finalmente encontrou essa direção no Dharma.

Um ano depois, na cidade de Dromo, no sul do Tibete, o Dalai Lama, então com 16 anos de idade, estava sentado para ouvir um programa de notícias transmitido pela Rádio Pequim em um velho receptor Bush conectado a uma bateria de carro. Ele e seus ministros haviam se retirado para lá – uma região onde o ELP ainda não havia penetrado – quando as informações sobre a invasão chinesa chegaram a Lhasa. Agora Sua Santidade era forçado a ouvir os chineses anunciarem que seus exércitos haviam dado fim "à escravidão e ao sofrimento" do Tibete sob imperialistas estrangeiros. "Não pude acreditar em meus ouvidos", lembra o Dalai Lama. "Senti-me fisicamente enfermo enquanto escutava aquela mistura inacreditável de mentiras e clichês fantasiosos."

A ocupação chinesa foi codificada no "Acordo de 17 Pontos para a Liberação Pacífica do Tibete", assinado por negociadores chineses e tibetanos em 23 de maio de 1951, sem a aprovação do Dalai Lama ou de seu governo. O acordo tinha, à primeira vista, diversas cláusulas que reasseguravam aos tibetanos a soberania sobre temas domésticos. A cláusula 3 conferia-lhes "autonomia nacional regional". A cláusula 7 garantia proteção aos budistas do Tibete, decretando que "as crenças religiosas, hábitos e costumes do povo tibetano hão de ser respeitados". Mas outros pontos deixavam claro que o Governo Central Popular chinês controlaria os assuntos externos do país, a defesa nacional e até mesmo a política doméstica. Com efeito, todas as alavancas de poder estariam nas mãos dos chineses. Os tibetanos também teriam que confiar na boa vontade de Mao para garantir que seus direitos políticos fossem respeitados e sua cultura sobrevivesse.

Com a esperança de recrutar os aliados necessários, os tibetanos voltaram-se para o restante do mundo. Ficaram amargamente decepcionados. O irmão mais velho do Dalai Lama, Norbu, abriu um canal de comunicação com o Departamento de Estado norte-americano – e com a CIA – pedindo que ajudassem os tibetanos sitiados. Os norte-americanos estavam ávidos para chegar a um acordo, mas precisavam de garantias de que o Dalai Lama resistiria publicamente ao regime comunista. Na Índia, Nehru, preocupado quanto a ofender os chineses e enfurecido porque o vizinho tinha ido buscar a ajuda de Washington em vez de ir à Nova Délhi, nada ofereceu. (Os oficiais indianos também eram sensíveis à questão de anexação de território, tendo eles mesmos assumido recentemente o controle de regiões disputadas de Hiderabad e da Caxemira.) Os britânicos consideraram a ocupação um fato consumado e sentiram que a reação anglo-americana deveria seguir o rumo da Índia. Seus diplomatas também acreditaram que se opor à China complicaria os "movimentos de paz" para dar fim ao conflito coreano. Em resumo, os britânicos concluíram que apoiar o Tibete não oferecia vantagens – diplomáticas, militares ou comerciais –, mas apenas riscos que poderiam complicar a Guerra Fria na Ásia. Apenas o minúsculo El Salvador ofereceu-se para patrocinar uma resolução condenando a invasão nas Nações Unidas. Os americanos tornaram-se a última e tênue esperança dos tibetanos.

Em julho de 1951, o governo dos Estados Unidos enviou uma carta não assinada ao Dalai Lama expondo suas condições para ajudar os tibetanos. A carta começava em tom paternal, advertindo Sua Santidade de que os comunistas eram um fenômeno novo: "Alguns de seus conselheiros provavelmente pensam que entendem os comunistas chineses e que podem barganhar com eles. Não achamos que eles entendam o comunismo ou os antecedentes de seus líderes". O documento seguia chamando o Dalai Lama de "a principal esperança do Tibete" e argumentava que ele seria mais eficiente do lado de fora de suas fronteiras "para simbolizar as esperanças dos tibetanos na recuperação da liberdade do Tibete". Se Sua Santidade rejeitasse o Acordo de 17 Pontos, os Estados Unidos estariam preparados para "emitir uma declaração pública de apoio à sua posição". Washington respaldaria a causa do Dalai Lama nas Nações Unidas e abasteceria seu governo com empréstimos e armas leves. Mas apenas se ele articulasse uma resistência séria à ocupação.

As primeiras palavras da carta abordaram uma percepção compartilhada pelo Dalai Lama: ele não levava fé em seus próprios conselheiros. Os oficiais norte-americanos não podiam sequer ter certeza de que suas mensagens estivessem chegando a Sua Santidade. Um telegrama do Departamento de Estado reclamou que o "Deus-rei é quase inacessível, exceto para certos conselheiros tradicionais e certos membros da família". Sua Santidade era o chefe nominal do governo, mas, com apenas 16 anos de idade, não havia sequer começado a dar posse a seus conselheiros de confiança, um processo que poderia levar anos. "Ele estava isolado em Lhasa", nota o erudito budista americano Robert Thurman. "Ele ouvia mexericos dos zeladores do Potala."

E naquele momento crucial os tibetanos estavam amargamente divididos entre si. Norbu e Gyalo, irmãos mais velhos do Dalai Lama, junto com alguns oficiais leigos do governo tibetano, eram a favor da rejeição do Acordo de 17 Pontos e da busca de asilo em outro país (a Índia era a grande candidata, com a Tailândia e o Ceilão também citados). Os norte-americanos concordavam e pressionavam na questão religiosa para enfatizar sua opinião: "Para o

Tibete ser salvo do inimigo de todas as religiões, o comunismo", escreveu Robert Linn, um funcionário consular americano na Índia, "será necessário que vocês mostrem a mais extrema coragem e ajam de uma vez".

No grupo de pressão pelo retorno do Dalai Lama a Lhasa figuravam os altos oficiais do governo e toda a máquina religiosa. Os abades eram fortemente favoráveis à ratificação do Acordo de 17 Pontos, acreditando que o budismo seria protegido, junto com suas posições poderosas e destacadas. Muitos ministros de governo, aristocratas e mercadores também encorajavam o Dalai Lama a selar a paz com Mao e voltar para Lhasa. Argumentavam que a escassa ajuda oferecida pelos norte-americanos (e a completa falta de apoio da Índia) condenaria qualquer luta contra os comunistas. Além disso, a experiência tibetana a respeito do poder chinês era de que este sempre esmorecia com o tempo. "Tudo gira como uma roda", disse o editor do *Tibet Mirror*. "O Tibete irá de novo desfrutar de sua liberdade e independência originais, livre de todo controle chinês."

Nesse ponto crítico, em exílio de sua capital e seu trono, Sua Santidade decidiu solicitar orientação divina. Seus ministros escolheram um antigo método divinatório, colocando dois pedaços de papel, um decretando que o Dalai Lama voltasse a Lhasa e outro aconselhando o exílio, dentro de duas bolinhas de *tsampa*. As bolotas foram colocadas em uma tigela e roladas sobre uma pintura de Palden Lhamo, a protetora irada do Tibete. Quando uma das bolotas caiu da tigela, foi aberta. A mensagem? O Dalai Lama deveria retornar a Lhasa.

Enquanto os tibetanos preparavam-se para a jornada, uma delegação chinesa chegou a Dromo em 16 de julho de 1951. O apreensivo Dalai Lama, que estava "em parte convencido de que todos teriam chifres na cabeça", encontrou-se com um general que lhe entregou uma cópia do Acordo de 17 Pontos. Sua Santidade assinou-a. Ao fazê-lo, estava efetivamente declarando o Tibete uma região da China. Mas Sua Santidade recusou-se a ver aquilo em termos estritamente políticos. Em vez disso, buscou o significado budista do encontro. Quando encontrou-se com os primeiros comunistas chineses que já vira, ele foi encorajado a simplesmente considerá-los como humanos. "A despeito de toda a desconfiança e ansiedade que senti de antemão", ele disse, "durante nosso encontro ficou claro que aquele homem, embora supostamente meu inimigo, era de fato apenas um ser humano, uma pessoa comum como eu. Essa percepção teve um impacto duradouro sobre mim".

Pois ser humano, acreditava o Dalai Lama, era no fim das contas ser bom. Dada a situação, tratava-se uma visão quase que perversamente otimista do mundo e do Partido Comunista Chinês. Mas ilustra a filosofia política de Sua Santidade. "O que vem naturalmente eu faço", diz ele. "É espontâneo. Eu jamais sou calculista ou coisa parecida." Os Dalai Lamas anteriores tinham usado de força, alianças, violência e astúcia para promover a causa do Tibete. Por mais que buscassem corporificar a compaixão, haviam sido necessariamente implacáveis ao lidar com tibetanos que os traíssem ou a seus suseranos mongóis.

Mas o 14º Dalai Lama voltou-se para a religião como sua filosofia orientadora. "Eu ainda não possuía treinamento teórico nas complexidades da política internacional", ele recorda. "Podia aplicar apenas minha educação religiosa a esses problemas, auxiliada, acredito eu, pelo bom-senso." Enquanto Mao havia crescido internalizando Sun Tzu e *A arte da guerra*, o Dalai Lama buscava o Buda amoroso.

Nem todo mundo concordava com a abordagem do 14º Dalai Lama. Em certos círculos, a sensação era de que ele era brando demais, excessivamente representativo de Chenrizi, o compassivo. "Sua Santidade é muito humilde e possui um pouco de natureza infantil", um alto funcionário tibetano disse a ele durante uma conversa sobre as intenções chinesas. "Os chineses são descarados e não hesitarão em explorar isso." Com frequência o Dalai Lama comportava-se como um lama tentando redimir seu povo, não um político tentando liderá-lo. "Ele pensava que as pessoas eram muito boas", admite Choegyal, seu irmão mais moço. "Mas o que os chineses estavam dizendo e fazendo não era a mesma coisa. Eles queriam destruir o Tibete."

Sua Santidade estava encarando em Mao Zedong um líder que aparentemente havia se extraviado do budismo devoto de sua mãe tanto quanto seria possível. "Egoísmo e irresponsabilidade absolutos jaziam no núcleo do ponto de vista de Mao", escreveram seus biógrafos Jung Chang e Jon Halliday. O presidente conhecia o budismo; foi criado na religião. Mas vivia por um código moral diferente. "Claro que existem pessoas e objetos no mundo", ele escreveu, "mas estão todos ali apenas para mim. [...] Não têm nada a ver com a realidade do meu próprio eu". E, no que se referia à violência, o presidente era entusiástico: "Devemos matar. [...] E dizemos que é bom matar".

Uma das contemplações diárias do Dalai Lama era o ensinamento do Buda de que os inimigos rendem os melhores professores. Mas como equilibrar a palavra do Buda com o que estava acontecendo ao seu redor, encarar o diabo e chamá-lo pelo nome? De seu primeiro encontro com os chineses, o Dalai Lama saiu como um menino ingênuo. Ele tinha muito o que aprender.

Após o primeiro choque da invasão, os chineses entraram no Tibete de mansinho. Oficiais e soldados chineses foram instruídos a evitar "grande chauvinismo nacional", falar de modo gentil com os tibetanos, pagar por tudo que requisitassem e se esforçar para deixar os nativos felizes. Uma ordem publicada no *Diário Popular* de 26 de maio de 1951 mandava àqueles em viagem a Lhasa e além "respeitar sinceramente o povo tibetano e servi-lo a fim de acabar com o grande hiato entre hans e tibetanos deixado pela história e para ganhar confiança". A tomada do Tibete por Mao exibiu um toque de delicadeza quase infinita e uma noção a respeito do que os indivíduos de uma terra distante aceitariam de uma força de ocupação. Os comunistas ainda não dispunham de uma base favorável no Tibete, e o ELP não possuía infraestrutura ou contingente necessário para dominar o país, de modo que Mao persuadiu seus novos vassalos em vez de aterrorizá-los.

Deveria se fazer todo o esforço para amolecer os tibetanos. "Quando os chineses chegaram pela primeira vez, falavam muito suavemente", disse um monge de Kham. "Eles diziam: 'Viemos trazer desenvolvimento. Somos iguais... mesma raça, mesma cor. Somos irmãos. Viemos ajudar vocês. Depois de fazer isso, iremos embora'." Os chineses também gastavam prodigamente em tudo, de cevada a casas para a mão de obra. "Tínhamos um ditado", comentou um funcionário do governo tibetano. "Os comunistas chineses são parentes agradecidos – um fluxo incessante de dinheiro." O marxismo mal era mencionado; a moeda de prata, e não a foice e o martelo, foi o emblema dos primeiros anos de ocupação.

A estratégia dos chineses em Lhasa era atrair Sua Santidade para o lado deles. "Façam todo esforço possível e usem de todos os meios adequados para conquistar o Dalai Lama e a maioria da classe alta", Mao instruiu seus oficiais no Tibete, "e isolem a minoria de maus elementos a fim de alcançar as metas de longo prazo da transformação gradual da economia e política tibetanas sem derramar sangue". Acima de tudo, os chineses deixaram os mosteiros e as autoridades religiosas em paz, sabendo que ser vistos como inimigos da fé seria uma garantia de resistência ferrenha.

Nos primeiros estágios da ocupação, a estratégia em geral funcionou. O Dalai Lama ficara perturbado e enraivecido com a invasão (e com o fracasso abjeto de seu governo em detê-la), mas os relatórios sobre um ELP disciplinado e necessidade de modernização do Tibete deram-lhe esperanças. Um momento-chave na relação ocorreu no verão de 1954, quando o Dalai Lama visitou a China em uma turnê de quase um ano. O progresso material da

China sob os comunistas assombrou o Dalai Lama: usinas hidrelétricas, fábricas de tratores, o pleno dinamismo de uma economia controlada pelo Estado em seu primeiro assomo de produção foi uma visão do que o Tibete poderia vir a ser. E as ideias por trás do que ele viu também o entusiasmaram. Ele achou que as crenças de Marx estavam profundamente afinadas com as suas, talvez o equivalente mais próximo dos princípios budistas que ele já encontrara. A ênfase em justiça e igualdade fazia essas crenças bem mais atraentes para o jovem líder que o capitalismo norte-americano. "Quanto mais eu olhava para o marxismo", diz ele, "mais gostava". Sua principal objeção era ao ateísmo do sistema, é claro, mas ele sentia que se poderia criar uma síntese entre budismo e comunismo.

"Se você for aonde o Dalai Lama cresceu, mesmo hoje em dia, é uma região bastante pobre", nota o professor Gray Tuttle, da Universidade de Colúmbia, que visitou a terra natal de Sua Santidade. "Imagino nos anos de 1930, quando ele vivia lá, era bem parecida com os Apalaches na época: uma tremenda pobreza. Vindo de lá, ele provavelmente pensou: 'Com o comunismo, as coisas poderiam ficar bem melhores para muito mais tibetanos'."

De fato, de volta a Lhasa, todas as coisas chinesas estavam rapidamente se tornando alvo de certo modismo. "Existe em toda parte uma ânsia de imitar os chineses", escreveu um observador, "de se vestir, falar, comportar-se e cantar como os chineses". Retratos de Mao foram colocados ao lado de imagens do Dalai Lama nos altares domésticos das casas elegantes de Lhasa. Os aristocratas do Tibete, que sempre haviam olhado a Inglaterra ou os Estados Unidos em busca de direção, agora viam Pequim como o novo ideal.

Quando enfim encontrou-se com Mao, o Dalai Lama considerou-o impressionante sob aspectos que não esperava. Ele era fisicamente estranho: a pele escura do presidente era impecavelmente lisa e coberta por uma luminosidade perfeita, e suas mãos pareciam as de uma boneca, como que esculpidas em fina cerejeira. Usava roupas esfarrapadas, "velhas e estragadas", camisas puídas combinadas com jaquetas surradas, muito diferentes dos lindos trajes de seda do Dalai Lama. E tinha modos esquisitos. Mao falava em frases lentas e curtas e, quando virava a cabeça, levava vários segundos para completar o gesto, o que conferia um ar de gravidade ao líder de 54 anos de idade. "Senti como se estivesse na presença de uma forte força magnética", diz o Dalai Lama. Para Sua Santidade, oriundo de uma corte dominada por rituais infindáveis, a naturalidade improvisada de Mao era eletrizante.

Mao pareceu notavelmente flexível, anunciando a certa altura que "o ritmo da reforma era ditado pelos desejos do próprio povo tibetano". O líder chinês lisonjeou o Dalai Lama ao declarar que o Tibete fora grandioso nos séculos passados e poderia ser grande de novo com a ajuda da China. O Dalai Lama optou por confiar em seu coração e acreditar nas boas intenções de Mao. A obediência robótica, a bizarra natureza mecânica da vida cotidiana na China enervavam-no, mas ele achou que se tratava de uma fase passageira de um grande projeto humano.

Mas houve um momento destoante durante a visita oficial. Durante uma conversa, Mao inclinou-se para o Dalai Lama e disse em tom informal: "Claro que religião é um veneno". A afirmação pegou o líder tibetano completamente de surpresa. "Como pôde ele ter me julgado tão mal?", indagou-se o Dalai Lama. "Como pôde ter pensado que eu não fosse religioso em meu cerne?" E, no trajeto de volta para Lhasa, o Dalai Lama foi atingido pela irrealidade do que viu. Todo camponês e nômade tibetano dizia ao Dalai Lama que o povo estava florescendo sob o governo de Mao, mas seus rostos estavam contorcidos de pesar e aflição. Alguns choravam enquanto diziam ao Dalai Lama o quanto estavam felizes agora. Ele sentiu "um pesado ar de mau agouro" ao viajar para casa.

QUATRO

FOGUEIRAS A LESTE

Em 1954, tudo começou a mudar. No leste do Tibete, Mao começou a implementar as mesmas "reformas democráticas" que havia imposto às cidades e aldeias chinesas: coletivização, reeducação forçada segundo as linhas comunistas, retirada da ênfase na fé religiosa e perseguição de inimigos públicos, o que nesse caso significou os ricos, o clero budista e "direitistas". Grandes propriedades e fazendas foram confiscadas. Monges foram forçados a deixar seus mosteiros e construir estradas ou se alistar no exército. Crianças foram tiradas de suas famílias e mandadas à China para educação e doutrinação comunista. Os fazendeiros eram obrigados a comparecer a reuniões chamadas *thamzins*, onde inimigos do povo – na maioria *Ngatsap*, comerciantes abastados, e *Ngadhak*, os ricos e os oficiais do governo – eram postos a desfilar sobre plataformas construídas às pressas no centro da cidade e espancados e cuspidos até confessar seus crimes. "Não podíamos nem olhar para outras pessoas", disse Dorji Damdul (nome fictício), cujo pai era um líder de aldeia antes da chegada dos comunistas, "e também tínhamos que evitar passar por outras pessoas na estrada. Era como se não fôssemos humanos". Os salários foram cortados, e os operários encorajados até mesmo a doar seu trabalho "para o bem da Pátria". A retórica dos primeiros tempos havia mudado. "Eles diziam: 'Devemos gerar desenvolvimento e nos tornarmos um'", conta um monge de Kham. "'Devemos nos unir. Temos um inimigo. Esse inimigo são os Estados Unidos da América. Eles são diferentes de nós. O cabelo deles é amarelo. Seus olhos são brancos.

Seus narizes são pontudos. Temos que nos unir e encará-los.'" Os aldeões que ouviam esses discursos jamais tinham visto um norte-americano.

As regiões orientais de Kham e Amdo foram as primeiras a sentir o novo e sufocante regime. No início de 1956, homens e mulheres khampas começaram a aparecer em Lhasa com histórias inquietantes: os chineses estavam implementando o trabalho forçado. O Exército de Libertação Popular havia detido vários lamas importantes. E depois: monges eram jogados dentro de buracos e os aldeões eram obrigados a urinar em cima deles, ou eram encharcados de querosene e incendiados, enquanto os soldados do ELP troçavam, dizendo-lhes que pedissem ao Senhor Buda para intervir. "Os chineses capturaram e levaram muitos monges embora", disse um praticante budista da região de Ba. "Enquanto eles eram conduzidos, os chineses arrancavam ramos secos de *bolo* [um arbusto espinhoso] e fustigavam os monges com eles. Muitos morreram." Os corpos de setenta monges mortos em um lugar chamado Dhungku Pang "foram trazidos em iaques e amontoados no cemitério do mosteiro".

Os khampas encontraram poucos moradores da cidade dispostos a ouvi-los. Os habitantes de Lhasa tradicionalmente menosprezavam o povo rural: os khampas em geral eram vistos como os bandidos mais implacáveis da Ásia. Até mesmo o Dalai Lama teve que admitir que "o bem mais precioso deles era a arma". As pistolas e espadas enfiadas nos cinturões de couro dos khampas diziam tudo que se precisava saber sobre o modo como eles lidavam com o mundo. "Você jamais ouvia o nome ser mencionado sem um laivo de medo e advertência", recordou Heinrich Harrer. Ironicamente, os nativos de Lhasa viam os khampas da mesma forma que os chineses olhavam para *eles*: como bárbaros.

Um refugiado khampa recordou ter ido à capital e contado às pessoas que havia testemunhado a destruição de um mosteiro importante de Kham e as mortes horripilantes daqueles em seu interior. Os ouvintes acusaram-no de mentir. Eram seus próprios parentes.

O Dalai Lama assistiu suas províncias do leste levantarem-se contra os chineses. Tribos goloks e guerreiros khampas atacaram instalações chinesas, esvaziaram os arsenais do ELP e embocaram comboios e patrulhas. Investindo a cavalo sobre as fileiras motorizadas de chineses, com boldriés de balas e granadas atravessados no peito, pareciam vindos de outro século. Mas com frequência levavam a melhor em horríveis assaltos gerais. Um líder, Gompo Tashi, relembrou a batalha no Rio Nyimo, na qual uma força de tibetanos em minoria lutou contra milhares de soldados do ELP:

> Quando os corneteiros de nosso lado soaram o sinal de ataque, conduzi setenta cavalos para o campo. Galopando a toda velocidade, atacamos o inimigo como animais selvagens, lutando corpo a corpo com eles. Os chineses não tiveram condições de resistir à violenta investida e recuaram para uma aldeia vizinha. [...] Derrubamos a tiros toda porta e janela das casas e por fim tivemos que queimá-las, pois que era o único jeito de destruir os chineses escondidos lá dentro.

A escalada violenta prosseguiu. No sul de Kham, um revolta local centrou-se em Samphe-Lang, um mosteiro importante de Changtreng. O terreno do mosteiro ficou apinhado com três mil monges e famílias na mira do ELP ou desalojados pela reforma agrária. Disso decorreu um impasse: os khampas bloquearam o rio que abastecia o acampamento chinês de água fresca, e o ELP distribuiu folhetos advertindo os rebeldes para que se rendessem. E então certo dia um avião surgiu no límpido céu azul e despejou uma série irregular de bombas sobre o mosteiro. Centenas, talvez milhares, morreram.

Um dos homens que levaram essas histórias consigo em silêncio chamava-se Lithang Athar Norbu, um jovem de Khampa, tranquilo e de aspecto pacífico, que aos 28 anos de idade já havia incorporado mais personas que a maioria dos homens tibetanos veria em uma vida inteira: menino camponês, monge noviço, assistente de um *shusor* (empresário em vestes de monge que viajava pelo país comprando suprimentos para seus clientes budistas) e rebelde. Os khampas eram estoicos por temperamento e pelas circunstâncias; levavam uma vida difícil, na qual a bala de um inimigo ou a disenteria amebiana poderia matá-los a qualquer momento. Muita gente de Amdo não gostava de ser vista chorando nem mesmo pela morte de um filho. Mas Athar vira tibetanos assassinados pelos chineses; ouvira relatos sobre monges chacinados, morrendo enquanto oficiais do ELP gritavam que vinham tentando civilizar os tibetanos há cinco anos, mas eles ainda eram uns animais. Essas histórias eram contadas ao redor de fogueiras nos acampamentos em encostas himalaias escuras como o breu, e as imagens de morte e profanação abalaram profundamente o rapaz.

"Tínhamos visto a morte de muitos daqueles que amávamos", disse Athar. "Muitos em grande agonia. São coisas de que você não esquece."

A CIA tomou conhecimento dos rebeldes já em 1952, e, à medida que a resistência adquiriu força, a agência formou a Força-Tarefa Tibetana para hostilizar e degradar a ocupação chinesa. Em Washington, uma equipe pequena – em geral de apenas cinco ou seis agentes – estava envolvida em tempo integral no planejamento de operações, abastecimento dos rebeldes e treinamento dos khampas nas mais recentes táticas e armas de insurreição. Com a intensificação do levante em Kham e Amdo durante 1957, chegou uma ordem ao Bureau do Extremo Oriente da CIA para que os agentes de lá encontrassem um pequeno grupo de tibetanos para "treinamento externo como uma equipe-piloto que se infiltraria na terra natal e avaliaria a situação da resistência". Athar e outros cinco khampas foram retirados às escondidas do Tibete pela CIA, com a ajuda de Gyalo, irmão do Dalai Lama. A operação foi envolta em segredo. "Gyalo disse: 'Você não pode contar nem para seus pais, parentes ou amigos que está indo'", recordou Athar. Eles jamais tinham visto um norte-americano antes, ou um avião, ou um oceano. Foram puxados de sopetão de uma zona rural medieval para dentro da Guerra Fria.

Depois de aguçar as habilidades dos recrutas em Saipan, com frequência chamada de "Ilha dos Mortos" por causa de todos os esqueletos japoneses lá deixados durante a Segunda Guerra Mundial, a CIA levou os insurgentes em segredo para Camp Hale, no Colorado, que, a 2,8 mil metros de altitude, foi a coisa mais próxima do alto platô tibetano que o exército dos Estados Unidos conseguiu achar. Lá os jovens rebeldes receberam um curso intensivo das muitas especialidades da agência: planos para sinais de rádio, combate corpo a corpo, primeiros socorros, sabotagem e manobras noturnas. Praticaram codificação e decodificação com as cifras de chave única da agência, destruindo as páginas porque uma mensagem havia sido enviada. Deram-lhes compassos (que eles jamais tinham visto antes) e explicaram-lhes como ler um mapa. "A certa altura, colocamos nossos aparelhos de rádio nas costas e entramos na floresta", relembra Athar. "Todo dia tínhamos que praticar, enviando telegramas sobre como os tibetanos estavam combatendo os chineses e sobre os movimentos das tropas do ELP, até conseguirmos fazê-lo sem cometer um único erro." E foram apresentados ao arsenal da Guerra Fria: rifles sem coice de 60 e 57 milímetros, explosivos de fragmentação, granadas incendiárias. Construíram armadilhas com minas e lançaram coquetéis molotov em alvos imaginários. E, crucialmente, aprenderam a enviar mensagens em código morse pelo rádio de espionagem RS-1, resistente e à prova d'água, usado por agentes de Praga a Saigon.

Em 20 de outubro de 1957, depois de nove meses longe da terra natal, Athar e seus compatriotas prepararam-se para reentrar no Tibete. Cantando o mantra budista da purificação, *Om Badzar Satwa Hung*, os khampas embarcaram em um B-17 Flying Fortress negro no leste do Paquistão, com toda a identificação cuidadosamente removida e a tripulação substituída por expatriados tchecos e poloneses. Se o avião colidisse ou fosse abatido, não haveria nada para rastreá-lo até a CIA. O avião voou rumo ao Tibete; os khampas não tocaram nas máscaras de oxigênio até o altímetro marcar 5,5 mil metros, quando o treinador da CIA berrou com eles para que as colocassem. Quando chegou a vez deles, Athar e seu parceiro, Lhotse, saltaram na noite enluarada sobre um local escolhido pelo cartógrafo da CIA a partir de mapas desenhados à mão que remontavam a uma expedição britânica de 1904. "Pude ver o Rio Tsangpo cintilando na escuridão lá embaixo", lembrou Athar. "Eu estava muito excitado por estar de volta ao Tibete." A dupla aterrissou perto dos muros de Samye, o primeiro mosteiro budista do Tibete, um bom presságio. Cada um carregava um rifle britânico Lee-Enfield .303, uma metralhadora Sten 9 milímetros, livros de sinais e "a pastilha L", uma ampola letal de cianureto enfiada em uma caixa cheia de serragem. Se fossem capturados pelos chineses, eles deveriam prender a ampola entre os dentes, de modo que não pudessem trair os outros guerrilheiros que se espalhavam pelo Tibete.

"Sacamos nossos aparelhos de rádio e enviamos uma mensagem dizendo que havíamos aterrissado em segurança", disse Athar. Logo chegou uma resposta da Força-Tarefa Tibetana da CIA. "Muito felizes por saber que chegaram a salvo. Faremos uma festa para celebrar."

As instruções dadas a Athar e Lhotse pelos treinadores da CIA eram extensas. Eles deveriam encontrar-se com líderes da resistência, que se juntaram em um grupo chamado de Chushi Gangdrug ("Quatro Rios, Seis Cordilheiras" – uma referência à região de Kham). A CIA queria avaliar as forças rebeldes, suas necessidades e seu apoio popular, e Athar e Lhotse receberam a incumbência de fornecer números consistentes. A CIA também pediu-lhes que retransmitissem toda informação que conseguissem encontrar sobre o ELP: campos de aviação, efetivos das tropas, infraestrutura disponível e o efeito da ocupação sobre a economia tibetana. Mas o mais importante é que deveriam encontrar-se com o Dalai Lama, extrair seus verdadeiros sentimentos quanto à resistência e avaliar a ameaça à vida dele.

Por séculos Kham e Amdo haviam alheado-se de Lhasa, sede do poder tibetano. Um exército khampa até marchou para a capital em 1934, para saqueá-la e se livrar de sua influência perniciosa de uma vez por todas, mas os líderes foram traídos antes de se aproximar da cidade. Com frequência, parecia que a única coisa que ligava um tibetano a outro era *tsampa* – um prato à base de cevada que todos comiam, independente de classe ou região – e a presença do Dalai Lama.

A bênção de Sua Santidade era absolutamente necessária para qualquer resistência nacional legítima. "Uma palavra do Dalai Lama", escreveu o explorador francês Michel Peissel, "uma única proclamação, e todo o Tibete sem dúvida teria se levantado e encarado os chineses". Os khampas não podiam deixar de suspeitar que o Dalai Lama tivesse se bandeado para o lado chinês, enquanto os chineses suspeitavam do oposto, de que ele fosse um apoiador secreto da resistência. O principal oficial chinês, Tan Guansan, lançou insinuações nada sutis sobre como tratariam disso. "Quando você tem um pedaço de carne bichada", disse ele à medida que aumentava a tensão entre o ELP e os tibetanos, "tem que se livrar da carne antes de exterminar as moscas". O Dalai Lama supôs que aquilo significava que, se ele fosse morto, a rebelião desapareceria.

Athar e Lhotse passaram dois dias escondidos antes de se aventurar a dar início à missão. Disfarçaram-se de peregrinos religiosos, que podiam ser vistos em tudo que era aldeia e povoado do Tibete com seus rosários, os lábios recitando um mantra e os rostos sulcados pela exaustão após meses de viagem. A dupla desenvolveu uma técnica: Lhotse observava as localizações do ELP de binóculos enquanto Athar enfiava uma arma por baixo do manto e entrava na cidade local para comprar comida. As instruções de Athar eram claras: "Se eu fosse reconhecido pelo exército chinês, deveria começar a atirar, enquanto Lhotse pegaria a estrada principal e fugiria". Eles inspecionaram o interior, fazendo relatórios sobre os efetivos das tropas chinesas e os sistemas de radar – e orientando os aviões da CIA para as zonas onde deveriam ser lançados suprimentos de paraquedas. "Enviávamos uma mensagem de antemão dizendo que haveria 26 fardos, ou o que quer que fosse, e quantas mulas eles precisariam para deslocar o material", explica John Greaney, o subchefe da Força-Tarefa Tibetana da agência. Athar e Lhotse iam a pé até o alvo, faziam fogueiras com esterco seco de iaque e observavam enquanto os paraquedas abriam-se e as caixas de bazucas de 60 milímetros, rifles britânicos Lee-Enfield, granadas e metralhadoras leves de calibre .30 desciam de uma altura de nove mil metros.

Um ano depois de ser lançado de volta ao Tibete, Athar finalmente conseguiu arranjar um encontro com Phala, o camareiro-mor do Dalai Lama, um alto aristocrata apelidado de "o guardião dos segredos". Athar não sabia que ele era o mais recente de uma série de rebeldes que tinham ido a Lhasa com a mesma missão. Um emissário após outro deram jeito de chegar ao Norbulingka para pedir a bênção do Dalai Lama. Mas o camareiro-mor havia despachado um por um.

Athar e o ministro aristocrático encontraram-se nos gramados perfumados do Norbulingka, acompanhados por um líder guerrilheiro chamado Gompo Tashi. Mas tão logo Athar revelou que estava trabalhando com a CIA, o clima mudou. O camareiro-mor observou nervoso que não deveriam estar se reunindo no palácio de verão, que Lhasa estava repleta de espiões e simpatizantes chineses que adorariam mais do que tudo conectar o Dalai Lama aos rebeldes. "Os chineses vigiavam cada movimento meu", o camareiro-mor disse posteriormente. Os membros do gabinete estavam "aterrorizados" com os chineses, e era bem sabido que Mao e seus tenentes estavam obcecados com a ideia de imperialistas estrangeiros trabalhando para separar o Tibete da pátria. Caso corresse o boato de que o Dalai Lama estava conversando com os norte-americanos, as consequências seriam medonhas. Athar ficou pasmo ao ouvir que nem poderia encontrar-se com o Dalai Lama para transmitir seu pedido.

(Phala recordou-se do encontro de modo diferente. Em sua versão, ele disse aos dois guerrilheiros que o Dalai Lama sabia tudo sobre os rebeldes e suas ligações com a agência de espionagem americana. Não só isso, mas que Sua Santidade pediu a Athar e Lhotse para fazer relatórios sobre suas futuras operações ao camareiro-mor. Se o relato de Phala estiver correto, o Dalai Lama sabia sobre os planos dos guerrilheiros quase que desde o princípio.)

Profundamente decepcionado, Athar teve que mandar uma mensagem a Washington dizendo que não tivera condições de aferir os verdadeiros sentimentos de Sua Santidade sobre a rebelião. Um segundo encontro com o camareiro-mor foi igualmente frustrante. O véu que separava Sua Santidade do restante do mundo há séculos permanecia impenetrável. Enquanto isso, o *Indian Express* de Bombaim, que, ao contrário dos jornais de Nova York e Londres, mantinha um olho atento sobre os acontecimentos em Lhasa, escreveu em dezembro de 1958 sobre rumores de que Pequim estava pensando até mesmo em depor Sua Santidade e substituí-lo pela segunda encarnação mais poderosa, o Panchen Lama pró-comunista. "Do jeito que as coisas estão", dizia o jornal, "o Dalai Lama não tem esperança. Por trás dele paira sua sombra vermelha, o Panchen Lama fantoche, que os comunistas colocarão em seu lugar ao menor sinal de problema".

Foi um prognóstico excelente.

Até mesmo as crianças em idade escolar sabiam que o Tibete havia chegado a um momento crítico. Choegyal, o irmão mais moço de Sua Santidade, era um monge noviço de 13 anos do augusto Mosteiro de Drepung (cujo nome significa literalmente "pilha de arroz", pois seus prédios brancos empilham-se no sopé do Monte Gephel). A família do Dalai Lama ostentava filhos de todos os temperamentos: Gyalo era notavelmente inflexível e resoluto. O agente da CIA Ken Knaus mais tarde o descreveria como "um míssil desgovernado", lançando o braço estendido à frente para denotar a força da personalidade de Gyalo. Norbu era um ex-abade de mentalidade religiosa levado ao exílio pelos chineses, e Lobsang era tão "nervoso e inseguro" que mais tarde sofreria de acessos catatônicos. Mas Choegyal aos 13 anos era a personificação da travessura. Em seu mosteiro, onde ele não chegava a ser um iniciado por vontade própria, Choegyal carregava agulha e linha no bolso para costurar juntos os mantos de monges sentados à sua frente. O Dalai Lama chamava-o de "uma fonte constante de deleite e terror".

Em Drepung, antes da chegada do Ano-novo, houve boatos de rebelião. "Todos os meus colegas falavam sobre resistir aos chineses", disse Choegyal. "Nós sabíamos que haveria uma luta, e estávamos certos de que venceríamos." A tensão era comentada por todo mundo. Durante um de seus almoços semanais com o isolado Dalai Lama, sua mãe um dia perguntou-lhe sobre os rumores de que os chineses desejavam fazer-lhe mal. Sua Santidade gargalhou.

"O que poderia acontecer?", ele perguntou.

"Eles vão matá-lo", respondeu a mãe.

"O que isso traria de bom para eles?", o Dalai Lama disse a ela. "E, se tentarem me levar para a China contra a minha vontade, não irei."

A resposta não confortou Diki Tsering. Se os chineses tentassem levar seu filho embora, ele não teria escolha alguma.

No almoço, ela contou ao filho que não podia viajar livremente fora dos portões do Norbulingka, que Lhasa estava sendo lentamente transformada. Guerreiros khampas afluíam para a cidade, confrontos entre tibetanos e tropas do ELP aumentavam, e a frustração das massas estava ficando palpável.

Lhasa parecia "cada vez mais um acampamento militar", em vez da cidade festiva que eles haviam conhecido ao chegar vinte anos antes.

Talvez recordando-se da famosa advertência do 13º, o Dalai Lama dessa vez respondeu de forma desanimada. Um dia, disse ele, os chineses levariam embora tudo que era querido aos tibetanos.

Cidade de Lhasa, cerca de 1959

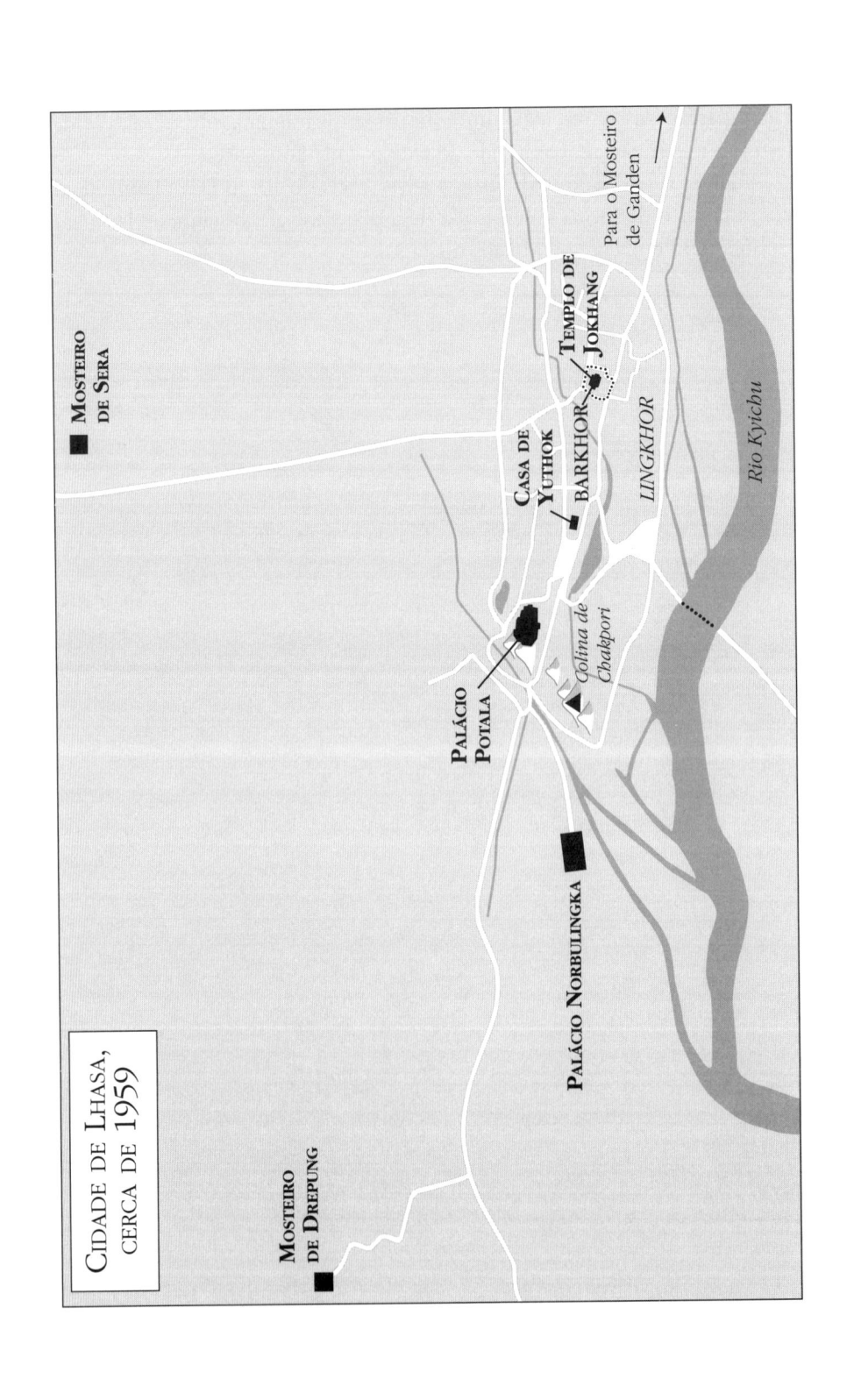

CINCO

Um boato

Em março de 1959, o Dalai Lama pôs-se a estudar no Norbulingka. O Mönlam, o Grande Festival de Preces, estava em curso, e milhares de monges vinham à capital para meditar e se envolver na política de frivolidades dos mosteiros. Naquele ano o festival veria o jovem Dalai Lama prestar seus exames, chamados de *Geshe Lharampa*, para se tornar um mestre em metafísica, a mais alta realização para um monge budista, uma função estafante de um dia inteiro no qual Sua Santidade teria que enfrentar três painéis de eruditos sobre *Pramana* (Lógica), *Madhyamika* (o Caminho do Meio) e *Prajnaparamita* (a Perfeição da Sabedoria), seguidos de uma sessão noturna na qual os mais renomados professores do país testariam-no no *Vinaya* (o Cânone da Disciplina Monástica) e no *Abhidharma* (Metafísica). O nervoso Dalai Lama estava focado em uma só coisa: passar no teste. Fracassar em alguma matéria seria uma humilhação.

A 5 quilômetros do palácio de verão, Lhasa aguardava. Era uma cidade congestionada e enfumaçada que rapidamente dava lugar para folhagens selvagens e o formidável e estranho palácio. O escritor inglês Perceval Landon captou suas qualidades peculiares na virada do século XX:

> Essa cidade de um palácio gigante e telhados dourados, essas vastidões selvagens de florestas, esses acres de pastagens cortadas rente e grama pantanosa, circundadas e delimitadas por árvores altas ou córregos preguiçosos de

> água parda transparente sobre a qual os galhos quase se encontram. [...] Entre e sobre as clareiras e florestas da cidade de Lhasa desponta um trecho de adobe de ruas estreitas e casas de telhado plano coroadas aqui e ali por um fulgor de telhados dourados ou cúpulas enfeitadas.

A cidade deveria estar com um clima alegre. O Losar, os quinze dias de celebração marcando a chegada do Ano-novo tibetano, estava próximo, e aqueles eram dias pelos quais todos os tibetanos aguardavam ansiosos o ano inteiro. Há semanas os monges lustravam o piso de suas salas deslizando para frente e para trás trapos amarrados a seus pés. Haviam pendurado cortinas brancas recém-lavadas nas janelas e limpado cada centímetro de seus aposentos minúsculos. Na cidade lá embaixo, mães tibetanas preparavam bolinhos de massa especial para distribuir a amigos e parentes. Dentro deles havia ingredientes especiais que transmitiam uma mensagem para quem o recebia: sal ou arroz era um bom presságio, pimenta significava que a pessoa falava demais, e pedacinhos de carvão indicavam um coração sombrio. Tudo que era coisa velha, inútil ou quebrada era juntada para ser lançada fora em certas encruzilhadas da cidade; julgava-se que dava azar entrar no Ano-novo com esses itens. Lamparinas de prata com manteiga eram polidas e colocadas diante de altares budistas, uma em cada casa, e estas eram limpas e reabastecidas com tigelas de castanhas e tâmaras frescas. Os fogões eram enxaguados com água escaldante, as vassouras entravam em ação. Todos os rituais de renovação temidos por crianças preguiçosas eram executados nos lares de Lhasa.

A cidade transbordava de gente, apinhada com talvez três vezes a sua população habitual de 30 mil. Mercadores em tendas minúsculas e escuras vendiam jade chinês, carne de iaque marmorizada com gordura, galochas americanas, granadas de mão, rádios sem fio, quimonos de Tóquio, máquinas de costura e rodas de oração que a cada giro enviavam um mantra para os céus, junto com cópias de discos nem tão recentes de Bing Crosby (levava mais de dois anos para um disco de 78 rotações como *White Christmas* chegar ao Tibete). Nômades de aspecto selvagem, cujos cabelos jamais haviam sido penteados e com rostos crestados em tons de vermelho e marrom por causa dos ventos das províncias orientais, davam a volta em torno do local mais sagrado do Budismo Tibetano, o Templo de Jokhang, parecido com uma fortaleza no centro de Lhasa. Longe das praças públicas, mulheres grávidas deitavam-se ao ar livre nuas em pelo mesmo no ar frio, os ventres untados com óleo para pegar o sol primaveril, que se acreditava que lhes garantiria um parto fácil.

E vinham então os caminhões verdes do Exército da Libertação Popular. Os soldados, vestidos em verde-pardo, seguravam rifles junto ao peito enquanto olhavam do alto da carroceria dos caminhões. Os soldados do ELP eram jovens de rostos inexpressivos. Eram produtos fenomenalmente disciplinados da revolução de Mao, muito diferentes das tropas corruptas e bêbadas do passado. Os soldados do ELP eram uma visão comum em Lhasa há anos, mas naquele março o ódio por eles havia irrompido subitamente. Os tibetanos gritavam-lhes insultos ou mandavam que deixassem Lhasa, e houve vários casos de soldados chineses esfaqueados. Alto-falantes estalavam com notícias sobre a libertação do país: "Salve a liberação dos tibetanos! Vocês são pessoas que ficaram para trás no mundo. Nós somos as pessoas que vão ajudar vocês. Nossa relação remonta há milhares de anos. Viemos trazer progresso".

Os soldados do ELP com frequência eram tão miseráveis quanto o povo de Lhasa, ainda que por motivos diferentes. O Tibete era um posto penoso, em muitos casos a milhares de quilômetros do lar dos soldados e em meio a um povo conhecido como hostil aos hans – "os bárbaros", conforme os soldados comuns referiam-se aos tibetanos. As tropas do ELP chamavam sua missão de "ser enterrado", porque as palavras chinesas para "enterrar" (*xia zang*) e "Tibete" (*Xi zang*) são muito parecidas e porque ir para Lhasa era como morrer.

Se de início a população de Lhasa havia cooperado com o ELP, agora a presença das tropas tornara-se sufocante. "Ninguém podia falar o que pensava porque alguém poderia estar escutando", disse Diki Tsering, a mãe do Dalai Lama. Ela ouviu rumores sobre o desaparecimento de tibetanos que falaram contra os chineses, com suas mortes sendo atribuídas a bandidos khampas. "A vida em Lhasa tornou-se gradativamente insuportável", ela relembrou. "Durante meses eu e minha filha falamos tarde da noite sobre formas de escapar."

Mas eram os khampas resplandecentes, marciais, os homens de Golok usando botas de couro de iaque e chapéu-coco, e outros de fora do Vale de Lhasa cuja presença assinalava a maior ruptura no equilíbrio das coisas. Com as armas penduradas em cintos largos de couro, os olhos escuros com frequência parecendo fendas em uma máscara de ágata, eles eram os lembretes físicos de um império dissolvido. Há 1,2 mil anos, o Tibete havia sido a principal potência asiática, um império que se esparramava do Turquistão ao norte,

Changan a leste, Afeganistão a oeste e Rio Ganges a sudoeste. Mas agora aqueles homens e suas famílias eram refugiados em sua própria capital, tendo montado suas tendas nas ribanceiras do calmo Rio Kyichu a sudeste da cidade.

Era como se uma encarnação anterior do Tibete estivesse ocupando ilegalmente a cidade, aguardando o desenrolar dos acontecimentos.

A faísca que ateou fogo aos gravetos de mil anos apareceu bem cedo no dia 10 de março de 1959. Naquela manhã, o que parecia um rumor totalmente inocente espalhou-se pelas ruas de Lhasa: o Dalai Lama planejava ir a uma apresentação de dança no quartel-general chinês. A notícia pareceu acelerar-se minuto a minuto através das ruas calçadas em pedra e dos becos escuros e estreitos que circundavam a cidade. Era o tipo de fofoca que as pessoas acham quase que fisicamente dolorosa de guardar para si mesmas. As mulheres largaram as tigelas onde estavam amassando farinha de cevada, e os homens deixaram cair silenciosamente das mãos as xícaras de chá de manteiga enquanto se levantavam e corriam às ruas. Lobsang Yonten, de 16 anos de idade, filho de uma família aristocrática de fortes laços com os nacionalistas tibetanos, estava de folga para as festas de Ano-novo e naquele momento participava de jogos de tabuleiro em uma das tendas de chá que pontilhavam as vielas da cidade. Ele ouviu alguém gritar a informação sobre a visita do Dalai Lama ao acampamento chinês, e a primeira coisa que brotou em sua mente foi o pensamento: "Eu sacrificaria minha vida por Sua Santidade". Yonten começou a correr na mesma hora. Correu na direção do Norbulingka, onde o Dalai Lama estava residindo, como se os chineses estivessem se perfilando para fuzilá-lo naquele momento, porque era isso que o rumor significava para os tibetanos: os chineses estavam prestes a assassinar ou raptar a Joia Preciosa.

Ao sair da viela, Yonten pôde ver outros em desabalada corrida para o leste, rumo ao palácio do Dalai Lama. Embora Yonten não tenha conseguido vê-la, sua irmã, com o cabelo ainda molhado, voava para o Parque da Joia vinda de outra direção. Ela estava lavando os cabelos quando ouviu o rumor e começou a correr sem lembrar de pegar uma toalha. Portas batiam enquanto as casas ficavam vazias, e os comerciantes fechavam as lojas às pressas para se juntar à multidão. A gritaria ficou mais alta enquanto corriam. Era como se um pequeno ciclone estivesse levando Yonten e os outros de roldão pelas ruas, empurrando-os por 5 quilômetros até o Norbulingka.

Um boato

Para um forasteiro, a notícia não teria significado nada. A apresentação de dança fazia parte de um desfile infindável de visitas e deveres que o Dalai Lama passava a vida a realizar, para sua grande decepção. O convite provinha de uma conversa quase esquecida de semanas antes, quando o oficial chinês Tan Guansan havia mencionado ao Dalai Lama que uma nova companhia de dança havia chegado a Lhasa, e o líder tibetano, mais por educação do que qualquer outra coisa, replicara que gostaria de vê-la. "Nossa dolorosa experiência sob o regime chinês havia sido de que eu não tinha a opção de sequer declinar um convite social", lembra ele. Mas a visita não havia sido coordenada através dos canais de sempre, e, quando a assessoria do Dalai Lama descobriu isso na noite anterior, um dos assessores em especial – um jovem funcionário chamado Barshi Ngawang Tenkyong – entrou em pânico.

Burocrata subalterno do governo tibetano, Barshi estava tenso em busca de quaisquer sinais de intriga chinesa. Os tibetanos acreditavam que os chineses com frequência miravam lamas importantes. "Em 1959, as pessoas já tinham experiência com os métodos chineses", diz Narkyid, um funcionário do governo em Lhasa. "Em Kham e Amdo, convidavam o monge mais importante e às vezes o abatiam a tiros ou raptavam-no. De modo que todo mundo estava pensando nisso." Há semanas circulavam rumores em Lhasa sobre soldados chineses vestidos em trajes civis carregando bombas para o Palácio Potala, ou sobre três aviões em um aeroporto das redondezas esperando para levar o Dalai Lama para Pequim. "Os tibetanos estavam fora de si de tão preocupados com as ameaças a Sua Santidade", relembra um tibetano. Ao ouvir sobre a visita do Dalai Lama ao quartel-general chinês, Barshi decidiu consultar o Oráculo de Nechung. Há centenas de anos o Nechung era o receptáculo do espírito conhecido como Dorje Drak-den, protetor pessoal do Dalai Lama e do governo do Tibete. Toda grande decisão era levada a ele.

Enquanto Barshi aguardava sua audiência, os címbalos soaram, os assistentes do oráculo começaram a cantar, e o Nechung apareceu vestido em seda brocada dourada, a túnica coberta de símbolos antigos, um espelho em volta do pescoço cercado de ametistas e turquesas faiscando na sala escura enquanto o encantamento assumia o controle. O homem sentou-se em uma almofada e pouco depois seus olhos saltaram, quando o espírito de Dorje Drak-den começou a entrar em seu corpo. Sua respiração saía em arquejos curtos, convulsos. Um enorme capacete enfeitado foi colocado em sua cabeça, e então ficou entendido que o espírito estava presente na sala.

Barshi perguntou ao oráculo qual a melhor maneira de proteger o Dalai Lama. Em sua voz gutural, o Nechung respondeu que um ritual de preces budistas devia ser executado em uma ordem específica. Com isso levantou-se abruptamente, indicando que a sessão estava encerrada.

Existe o seguinte ditado no Tibete: "Quando os deuses se desesperam, eles dizem mentiras". Barshi ficou lá sentado, boquiaberto, pasmo com a resposta evasiva, e, quando o Nechung dava as costas para se retirar, o jovem funcionário exigiu instruções claras. Afinal de contas, estavam falando sobre a vida do Dalai Lama. O Nechung, visivelmente aborrecido, hesitou e então sentou-se de novo. "Está na hora", disse ele um pouco depois, "de dizer ao Guru onisciente para não se aventurar a sair". Foi um presságio indiscutível de que Sua Santidade estava em perigo.

Os chineses haviam inadvertidamente contribuído para a aura de ameaça que cercava Sua Santidade. Dias antes da apresentação de dança, emissários chineses haviam dito ao chefe dos guarda-costas do Dalai Lama (que também era seu cunhado) que seu tradicional contingente de 25 guarda-costas, khampas robustos em vestes cor de vinho com ombreiras, deveriam parar na Ponte de Pedra, a 3,5 quilômetros do quartel-general, no dia do recital. O ELP assumiria a segurança daquele ponto em diante. Os conselheiros do Dalai Lama ficaram chocados. Jamais se ouvira tal solicitação antes; era como pedir ao rei da Inglaterra para que desembarcasse no aeroporto de Pequim sozinho e sem escolta, como um viajante comum. Os oficiais julgaram aquilo tanto como um insulto quanto uma advertência. Quando o chefe dos guarda-costas protestou, o mensageiro chinês rebateu: "Você se responsabilizará se alguém puxar o gatilho?".

Na noite de 9 de março, o camareiro-mor e outros funcionários do governo foram ao Dalai Lama e disseram que, à luz dos pedidos altamente invulgares dos chineses, ele deveria manter-se longe do quartel-general. Mas o Dalai Lama, que de qualquer modo odiava o protocolo dos guarda-costas e das comitivas oficiais, disse que iria. O Norbulingka estava eletrizado pela tensão. Muitos acreditavam que o Dalai Lama estivesse entrando em uma armadilha da qual ele e o Tibete jamais sairiam.

Naquela noite, Barshi resolveu partir para a ação. Enviou uma carta anônima aos abades de dois mosteiros das redondezas, alertando-os para a visita do Dalai Lama, sabendo que a notícia dispararia os sinos de alarme entre os monges nas colinas acima de Lhasa. Barshi então pedalou até o Potala e outros pontos da cidade, dizendo às pessoas para se reunirem defronte ao Norbulingka na manhã seguinte para manter Sua Santidade a salvo. Outro funcionário subalterno partiu a cavalo com a mesma missão, um Paul Revere tibetano.

Às sete da manhã do dia seguinte, ficou claro que eles haviam desencadeado algo que não podiam controlar.

Enquanto o adolescente Yonten, de 16 anos, corria para o Norbulingka, a mãe do Dalai Lama estava em sua bem mobiliada casa de Lhasa supervisionando o tingimento e bordado de roupas quando um vizinho escancarou a porta e gritou para ela: "O que você está fazendo?!". Diki Tsering olhou atônita. Embora tivesse nascido como uma camponesa humilde, Diki Tsering fora alçada à elevada posição de mãe do Dalai Lama. Pouca gente falava com ela do modo como o mensageiro acabara de fazer.

O intruso não esperou uma resposta. "Todo mundo em Lhasa está indo para o Norbulingka com bastões, porretes, facas e qualquer outra coisa em que possam pôr as mãos", disse o homem, falando rápido no dialeto de Amdo. "Mesmo que tenhamos que morrer, vamos impedi-Lo de ir!"

O primeiro pensamento de Diki Tsering não foi o Dalai Lama. Ela sabia que ele estava a salvo no Norbulingka, cercado por guarda-costas avantajados e pelo exército tibetano. Mas seu menino mais jovem, o endiabrado Choegyal, tinha ido à apresentação de dança, e agora seria refém dos chineses. Diki Tsering levantou-se e foi até a janela.

Parada, enquanto ouvia o rugido da multidão, Diki Tsering pensou escutar ali o filho mais novo gritando: "*Amala, Amala*" ("Mãe, Mãe").

Naquele momento, Choegyal estava sentado de olhos arregalados no acampamento chinês observando uma agitação em torno de uma ausência – a de seu irmão mais velho. Às sete da manhã um caminhão militar chinês tinha ido ao Mosteiro de Drepung pegar Choegyal para a apresentação de dança. Era uma linda manhã de primavera, e ele subira alegremente a bordo junto com aristocratas, ministros do gabinete e abades. Mas, assim que o caminhão tomou o rumo do acampamento, as pessoas dentro dele ouviram um estrondo. "Eu não sabia o que estava acontecendo", recorda Choegyal. "Olhamos para fora e vimos toda aquela gente correndo na direção do Norbulingka."

Choegyal desceu do caminhão e viu crianças tibetanas esperando dos dois lados do caminho, olhando com grande expectativa para cada veículo, trazendo em mãos *katas* e ramos de flores. Claro que as autoridades chinesas não faziam ideia de que Lhasa havia se sublevado. Choegyal e os notáveis restantes foram conduzidos através do portão e então ficaram à espera. O palco onde haveria a apresentação permaneceu vazio.

Na mesma hora, um jovem monge caminhava para o Norbulingka com um grupo de amigos. Eles ficaram alarmados ao ver um homem pedalando rapidamente pela estrada na direção deles, com "baforadas de vapor exalando de sua boca". O funcionário subalterno do governo explicou às pressas que todos os monges estavam sendo convocados ao palácio de verão. Com a voz trêmula, o homem disse que o ELP estava se preparando para levar Sua Santidade para a China.

Os monges apressaram-se para o Norbulingka, os mantos de lã esvoaçando enquanto eles corriam. Em frente aos portões eles encontraram uma enorme multidão, umas 30 mil pessoas talvez, quase um terço da população de Lhasa na ocasião. Mais gente chegava a todo momento, movendo-se em fluxo constante e curvando-se em súplica na direção do palácio de verão. Algumas gritavam; outras prostravam-se no chão chorando, bradando: "A Joia que realiza desejos é o único salvador do Tibete. Não deixem que os nobres troquem-no por prata chinesa!". Ao chegar mais perto do Norbulingka, o jovem monge sentiu que o ânimo de seus compatriotas tibetanos estava mais sombrio do que ele a princípio imaginara. "A multidão estava descontrolada", disse ele. Os cânticos pipocavam através da massa humana, começando em um canto e espalhando-se rapidamente até o outro lado: "China fora do Tibete!", as pessoas berravam. "Tibete para os tibetanos!" No meio daquela massa agitada, o adolescente Yonten sentiu a raiva da multidão irradiar-se por ele. "Todas as pessoas pareciam muito furiosas", ele recorda. "Algumas gritavam, outras ficavam frenéticas e desmaiavam. Era muito triste e emocionante ao mesmo tempo."

Os funcionários dentro do Norbulingka acorreram aos portões para ver o que estava acontecendo. Barshi e os outros, que haviam esperado atrair uma multidão modesta para impedir o Dalai Lama de sair, não podiam acreditar no que viam. "Fiquei surpreso por eles terem vindo", disse um deles. "Eu nunca tinha visto nada assim." Um atendente subalterno, Tenpa Soepa, recebeu a incumbência de trancar todos os portões do palácio e dizer aos guardas para não deixar ninguém entrar. Ele foi às pressas para o portão sul, onde parecia estar o foco do protesto, e atravessou a pequena abertura com pesadas portas vermelhas, encimadas por uma fímbria de tecido branco.

Minutos antes, um oficial do governo havia chegado ao portão sul em um jipe dirigido por um motorista chinês. Uma enxurrada de rochas e pedras abateu-se sobre o jipe, e o funcionário ensanguentado escapou vivo por pouco. Ao sair, Soepa viu um homem estirado no chão. Era Chamdo, um funcionário tibetano do governo, membro do odiado CPRAT, o comitê fantoche por meio do qual a China controlava o Tibete. (O acrônimo significava Comitê Preparatório para a Região Autônoma do Tibete.) Chamdo vestia camisa branca, calças pretas, óculos escuros e um boné no estilo Pequim com um máscara branca contra pó adotada pelos chineses, que não estavam acostumados com as famosas tempestades de poeira de Lhasa. Os manifestantes haviam entrado em comoção à vista de um oficial tibetano aparentemente vestido com trajes dos ocupantes e o derrubaram. "Aquele homem parece um chinês!", uma mulher havia gritado, e agora, enquanto Soepa assistia, Chamdo jazia no chão com a cabeça sangrando, um círculo de manifestantes olhava para ele em um silêncio eletrizante por causa do que haviam feito. A seguir a multidão rugiu e saltou sobre ele de novo, Chamdo foi erguido e seu corpo desapareceu em meio a uma névoa de braços, porretes e facas desferidos sobre ele. "Chamdo desapareceu como se engolido", disse um dos jovens monges de Drepung. A multidão uivou seu nome e gritou: "Matem ele!", enquanto espancava o homem até a morte. Mais tarde o corpo seria avistado em vários pontos de Lhasa, amarrado a um cavalo pelos pés, sendo arrastado à frente de uma multidão a cantar.

Ele foi a primeira vítima da manhã.

Atônito, Soepa fitava a massa fervilhante de seus quase irreconhecíveis compatriotas. Havia criancinhas com pedras nas mãos, monges com rifles velhos e coquetéis molotov. Havia cegos sendo guiados em meio ao protesto, mulheres com facas de açougueiro, e homens com galhos arrancados de árvores e afiados como lanças improvisadas. *De onde tinha vindo essa gente?*, ele se indagava. Soepa viu o jipe abandonado, deixado pelo funcionário que escapou com vida por pouco. "Alguns da multidão haviam atirado facas, que ficaram espetadas no carro", ele recordou.

Os tibetanos estavam em uma espécie de êxtase de fúria, berrando a plenos pulmões. Mas sua ira não era dirigida apenas contra os chineses, que já haviam recuado para trás dos muros de suas instalações. Os tibetanos estavam furiosos com os oficiais de seu próprio governo, que haviam facilitado a ocupação chinesa e ficado ricos com isso. Alguns do Norbulingka pensaram que pudessem estar testemunhando outra coisa: o começo de uma guerra civil. Os khampas já nutriam um ódio de longa data contra os burocratas de Lhasa; se os tibetanos comuns se juntassem a eles, o país racharia.

"Os tibetanos estavam irados com os altos oficiais do governo e os aristocratas", diz um médico tibetano que tinha visto a corrupção com seus próprios olhos. "Não havia nenhum deles que não possuísse muitas terras e propriedades. E os chineses começaram a pagar moedas de prata a eles de um modo curioso, enviando oficiais com uma caixa no ombro para bater na porta deles." Essas propinas públicas pela cooperação eram consideradas especialmente descaradas.

Dentro do palácio, o tempo parecia desvanecer-se. Para muitos funcionários era difícil entender o que estava acontecendo. Não havia memória de que o Norbulingka houvesse sido sitiado daquela forma. De fato o Tibete não tinha história alguma de movimentos populares, a menos que se contassem as milícias formadas há apenas poucos anos para combater os chineses. O país sempre fora governado de cima, por reis, chefes de clãs ou Sua Santidade. Durante anos os tibetanos haviam passado por humilhações cotidianas nas mãos dos chineses, fome, inflação e perseguição religiosa. Haviam absorvido cada insulto, mas agora, ao pensar no perigo para o Dalai Lama, haviam se sublevado em uma espécie de acesso inconsciente de massa. Estavam brindando os funcionários com uma nova proposição: *Nós somos a consciência do Tibete. Vocês estão conosco ou contra nós?*

Às dez da manhã, com o levante em curso já há horas, Sua Santidade estava no andar de cima de seu palácio com o camareiro-mor, que tentava explicar por que os tibetanos estavam convergindo para o Norbulingka. O Dalai Lama havia dormido mal na noite anterior, inquieto quanto à visita ao acampamento chinês. Havia se levantado às cinco da manhã e ido para sua sala de oração, onde meditara em meio ao tremeluzir de lamparinas de manteiga e ao aroma de água de açafrão. Depois disso fez sua caminhada diária. Mas então ouviu gritos e cantos vindos além dos dois muros que o separavam das ruas lá fora. As espessas defesas de pedra abafavam os sons, de modo que ele não conseguia entender as palavras. Voltou apressado para o palácio para descobrir o que estava acontecendo. Seus funcionários disseram que parecia que toda Lhasa estava vindo parar no amplo espaço aberto diante do Norbulingka.

Agora o camareiro-mor estava expondo os rumos possíveis de ação. "Lembro-me de dizer muito lentamente...", recorda o Dalai Lama, "que esse dia, 10 de março, seria um marco na história tibetana". Sua Santidade ficou mais agitado que nunca como governante do Tibete. Uma imagem perpassava sua mente de forma repetida: a multidão voltando-se para atacar um dos acampamentos militares chineses, deflagrando um ataque em grande escala do ELP. "O povo de Lhasa seria implacavelmente massacrado aos milhares", ele pensou. Os rebeldes já estavam montando bloqueios nas estradas de Lhasa e aparecendo na cidade armados com rifles. "Com a ajuda de binóculos, consegui uma visão clara de minha janela do Potala e de Chakpori [a Montanha de Ferro]", escreveu o observador chinês Shan Chao. "Os peitoris de inúmeras janelas do Potala costumam ser o *playground* favorito de pombos. Agora os canos de rifles cintilam ali." Shan Chao pôde ver tropas tibetanas assumindo posições na montanha situada entre Lhasa e o Norbulingka, a 5 quilômetros. Outras avançavam penosamente pelas encostas carregando munição e suprimentos necessários para um ataque com força total.

Sua Santidade não acreditava em não violência de modo incondicional. Mesmo ao estudar relatos do passado quando garoto no Potala, enfronhado nas edições na revista *Life*, ele havia reconhecido certas exceções à regra, especialmente como autodefesa. E secretamente admirava os patriotas que naquele exato instante desafiavam os chineses a atirar neles ou construíam barricadas nas ruas. Posteriormente, quando encontrou-se com um monge que descreveu como, durante um levante, alguns cavaleiros de Amdo de um canto remoto no leste do Tibete haviam irrompido em um acampamento do ELP que continha centenas de tropas, resultando na morte de "grande número" de soldados chineses, Sua Santidade não vacilou. "Fiquei muito comovido ao saber de tamanho ato de bravura", ele recorda. O agente da CIA Ken Knaus mais tarde falaria sobre o apoio do Dalai Lama à causa Aliada na Segunda Guerra Mundial. O derramamento de sangue *podia* ser justificado. Mas o que ele sentia aproximar-se, em premonições e nas cenas que conseguia imaginar, não era justificável. Era uma carnificina geral, isso sim.

Sua Santidade ouviu a multidão a gritar. Há tanto tempo ele queria falar com seu povo como um homem comum. Agora ele sentia a raiva "veemente, inequívoca, unânime" da multidão pulsando através das paredes do Norbulingka. "Eu podia sentir a tensão do povo", ele disse. "Eu era um deles e entendia o que eles estavam sentindo." No passado recente, ele havia compartilhado daquela raiva em certas ocasiões. Mas o Dalai Lama sentia que não podia ceder a ela, ou o Tibete arderia.

Ele começou a rezar.

Os chineses foram pegos desprevenidos pelos protestos. Seus dois principais oficiais em Lhasa haviam sido chamados a Pequim dias antes, deixando o instável Tan Guansan no comando. Mas os chineses começaram a reagir, e seu primeiro instinto foi se retirar de qualquer possibilidade de perigo. As patrulhas diárias do ELP desapareceram das ruas. Arame farpado, às vezes eletrificado, foi desenrolado ao longo dos telhados de todas as residências e repartições chinesas. Os tibetanos relataram ver técnicos chineses empoleirados nos postes de telégrafo – para consertar a linha ou, conforme diziam os boatos, para medir linhas de tiro para atiradores da artilharia do ELP. Logo era possível ver soldados cavando trincheiras de infantaria no perímetro de todos os acampamentos militares que circundavam Lhasa. Os chineses haviam previamente construído túneis secretos entre o gabinete do comandante supremo, o quartel-general político e o escritório de pagamentos, permitindo ao pessoal deslocar-se entre os centros de comando sem aparecer nas ruas de Lhasa. Agora até mesmo civis chineses carregavam armas ao tratar de seus afazeres na cidade. Mas as autoridades ainda subestimavam as verdadeiras dimensões da ameaça.

O mais provável é que os chineses jamais tenham pretendido capturar o Dalai Lama e levá-lo para Pequim, ou causar-lhe mal de qualquer forma naquela primavera. Nada disso serviria aos propósitos deles. Primeiro, porque o Dalai Lama era, ainda que com eventuais recusas em obedecer ordens, um conduto eficiente para governarem o Tibete. Ele havia assinado, embora com relutância, o Acordo de 17 Pontos. Não havia apoiado os rebeldes publicamente apesar dos pedidos, embora houvesse suspeitas de que em particular tivesse dado encorajamento. Ele havia concordado até mesmo em revogar a cidadania de dois de seus irmãos, Gyalo e Norbu, quando estes caíram em desgraça em Pequim. O Dalai Lama, como seus predecessores, estava jogando o velho jogo com os ocupantes.

Apenas no que considerava temas centrais o Dalai Lama desafiava os chineses. Quando exigiram que mandasse o exército tibetano atrás dos rebeldes, Sua Santidade recusou várias vezes, aumentando a raiva de Pequim em cada ocasião. Enviou cartas aos guerrilheiros de várias partes do país pedindo que buscassem uma solução pacífica com os chineses, mas não mandou tibetanos combater tibetanos.

O jornalista chinês Shan Chao percorreu Lhasa em um veículo blindado enquanto ambos os lados se preparavam para a guerra. Ficou genuinamente perplexo com o que viu: "Estão promovendo tamanha devastação por toda cidade que é como se um invasor imperialista tivesse entrado em nossa terra". Era um lembrete do quão genuína era a crença dos chineses em sua missão; eles não conseguiam ver o levante como nada além de um complô bizarro contra o futuro do Tibete.

No quartel-general do ELP, com o passar dos minutos a tensão no ar adensava-se enquanto a manhã tornava-se tarde. Oficiais chineses saíam para olhar o Norbulingka e depois recolhiam-se em grupos nervosos. Choegyal, o irmão mais novo do Dalai Lama, avistava monges pró-chineses circulando com as armas visíveis por baixo dos mantos. Ele conseguia ouvir o canto da multidão ao longe, cada vez mais alto, mas ainda não nítido o bastante para entender as palavras. Os funcionários chineses lançaram olhares dardejantes para os nobres tibetanos. "Estavam ficando deveras agitados", recorda Choegyal. "E foi quando soubemos que Sua Santidade não viria."

Os convidados tibetanos estavam ansiosos para voltar para suas famílias, mas os chineses insistiram em levar adiante um almoço forçado e uma versão reduzida da apresentação. Em completo silêncio, os nativos assistiram aos bailarinos fazer piruetas e rodopios enquanto soldados do ELP de cara soturna fuzilavam-nos com o olhar.

Choegyal assistiu a tudo aquilo fascinado e sem um pingo de medo.

Sua mãe estava cada vez mais frenética. Um esquadrão de doze soldados do ELP adentrou sua casa e exigiu vê-la. Abrindo caminho até os aposentos privados, os soldados estavam prestes a encontrar Diki Tsering quando seu mordomo os fez recuar violentamente, afirmando que a mãe de Sua Santidade estava enferma. "Depois de um olhar de ódio", disse Diki Tsering, "eles partiram do mesmo modo como haviam chegado". Ela interpretou a visita como sinal de que o ELP estava à procura de reféns próximos do Dalai Lama, e seus pensamentos voltaram-se para Choegyal. Mais uma vez ela achou que podia ouvi-lo gritar por socorro.

O genro de Diki Tsering, chefe dos guarda-costas do Dalai Lama, mandou um carro para ela do Norbulingka, mas a multidão, vendo o uniforme chinês do motorista, despejou pedras sobre o veículo, quase matando-o. Por fim o genro em pessoa saiu e mal conseguiu passar pelos bloqueios de estrada montados pelos guerreiros khampas, integrantes do governo popular que havia surgido em uma questão de horas. Com a ajuda de uma permissão assinada por oficiais do exército, ele pegou Diki Tsering e conseguiu voltar ao Norbulingka por pouco.

Mas agora Choegyal não saberia onde encontrá-la. Ela enviou mensageiros ao acampamento chinês. Horas depois, estes retornaram de mãos vazias, sem ter conseguido encontrar Choegyal entre os aristocratas tibetanos e soldados do ELP. "Pensamos", ela recordou, "que o tivessem levado para a China".

No palácio de verão, o pessoal do Norbulingka e funcionários do governo tibetano reuniram-se para discutir o que seria feito. "Muitos funcionários achavam que o Dalai Lama fosse obrigado a aconselhar cautela por sua condição religiosa (que exigia que ele se opusesse à violência o tempo todo) e por medo dos chineses", escreveu o historiador tibetano Tsering Shakya. Outros acreditavam que, se o Dalai Lama apoiasse a resistência, os chineses colocariam o Norbulingka abaixo e atacariam os tibetanos à vontade.

Três ministros mais velhos foram enviados às pressas ao quartel-general para explicar o que havia acontecido. Os funcionários chineses com que se reuniram de início estavam calmos e relaxados. Mas então o chefe em exercício do governo chinês em Lhasa, Tan Guansan, chegou e num instante ficou apoplético. Mais tarde ele foi descrito pelo jornalista britânico Noel Barber em termos profundamente depreciativos: "um par de ombros curvados, dentes amarelos, mãos extremamente finas, e um costume de feder a perfume" – um alcoólatra e legalista partidário ferrenho que até mesmo o bondoso Dalai Lama descreveu como tendo "um aspecto de campônio", com dentes manchados e cabelo à escovinha. Tan socou a mesa de madeira, e seu rosto ficou arroxeado. "Elementos reacionários devem se comportar ou serão todos liquidados!", berrou. "Até agora fomos pacientes, mas dessa vez o povo foi longe demais." A ausência do Dalai Lama tinha ido além de uma afronta social: na mente dos chineses, tratava-se de um ato deliberado de desafio. Os chineses estavam convencidos de que os "rebeldes imperialistas" eram secretamente respaldados por membros do governo tibetano. Tan Guansan e outros oficiais vociferaram com os tibetanos durante várias horas, e ao final prometeram "ação drástica" para dar fim à revolta.

Na frente do Norbulingka, líderes da comunidade abriam caminho através da multidão alistando pessoas para guardar o palácio de verão contra o ELP. Yonten, o manifestante de 16 anos, correu até um homem que ele conhecia e pediu para ser incluído na lista. "Você é jovem demais", o homem revidou, mas o adolescente insistiu. "Gritei e supliquei para que ele aceitasse meu nome, dizendo que ficaria feliz por carregar uma única bala." Quando novas canções ribombaram entre a multidão, o homem olhou para ele e rabiscou seu nome rapidamente no papel. Yonten ficou em êxtase. Ele agora realmente fazia parte da multidão, o movimento de suas pernas entrelaçou-se a cada volteio e arremetida da massa, a voz rouca com os *slogans* do dia.

Um manifestante gritou que o único jeito de o Dalai Lama deixar o Norbulingka seria o veículo passar por cima de seus corpos. Outros rugiram em aprovação. Em outras partes de Lhasa, o exército tibetano realmente cogitava essa ideia como uma tática. Um médico tibetano foi à reunião matinal e recebeu ordens para que ele e sua unidade de soldados do exército se perfilassem no trajeto do Norbulingka ao acampamento militar chinês com as armas descarregadas. Se vissem o carro de Sua Santidade se aproximar, deveriam deitar-se na estrada e fazê-lo parar.

Às três da tarde a multidão agitou-se quando funcionários saíram do Norbulingka. Um membro do gabinete pegou um megafone. "O maior medo do povo tibetano é de que Sua Santidade vá para a base do exército chinês ver uma apresentação", ele bradou, sua voz ecoando sobre os rostos erguidos sob o sol radiante. "Mas Sua Santidade não irá. Todos vocês devem voltar para suas casas." Um murmúrio de satisfação percorreu a multidão: haviam salvo a Joia Preciosa, pelo menos por enquanto.

Vozes na multidão bradaram pedidos para ver o Dalai Lama. Os funcionários falaram entre si e concordaram. A massa de tibetanos, em uma cena digna da Revolução Francesa, escolheu dezessete "representantes do povo" para se reunir com Sua Santidade e planejar os próximos dias. Aos vivas da multidão, seus líderes foram escoltados pelos portões do palácio de verão. O Tibete possuía agora uma espécie de assembleia democrática pela primeira vez em mil anos.

Por volta das quatro da tarde, Choegyal finalmente foi liberado do QG chinês. Ansioso para saber o que havia acontecido em casa, foi depressa para a residência da mãe. No caminho passou por uma casamata fervilhante de soldados do ELP carregando submetralhadoras negras. Ele jamais havia deparado com soldados chineses tão tensos antes, tão claramente prontos para atirar.

Pouco depois, um serviçal do Norbulingka encontrou Choegyal e o escoltou até lá. Atravessaram os portões e o terreno do palácio, onde sua mãe esperava em uma casinha. Choegyal vislumbrou-a em uma janela. Diki Tsering viu-o e na mesma hora começou a bater palmas. Ele pôde ouvir a voz dela a chamá-lo.

"Ela ficou muito feliz ao me ver", disse Choegyal.

Ao cair da tarde, os representantes do povo – junto com uns setenta membros do governo tibetano – realizaram um encontro nas dependências do Norbulingka. Declararam a autoridade chinesa no Tibete nula e inválida. O Regimento Kusung, o corpo de guarda-costas do Dalai Lama, decidiu que não mais aceitaria ordens dos ocupantes. As tropas do exército tibetano começaram a rasgar os uniformes distribuídos pelos chineses e substituí-los por seu cáqui tradicional.

Uns cerca de cinco mil manifestantes permaneceram no Norbulingka para garantir que o Dalai Lama não fosse subtraído pelos ocupantes. "Os funcionários diziam que não precisavam de mais guardas, visto que o exército e os guarda-costas do Dalai Lama eram suficientes", recordou Yonten. Mas os tibetanos, que um dia antes teriam obedecido ao gabinete sem hesitar, ignoraram-nos. "A escolha estava nas mãos do povo."

Yonten não estava disposto a ir para casa ao cair da noite. Ele sentiu o seu setor da multidão deslocar-se na direção da estrada para Lhasa e se deixou levar, cantando: "O Tibete é livre!", ao longo do caminho pelas planícies, até as palavras começarem a ecoar nas paredes dos becos. E ergueu os olhos por sobre os ombros dos companheiros de marcha e viu que estavam no centro de Lhasa. "A cidade inteira foi preenchida pelo som", ele recorda. Logo ele viu-se diante do Yuthok, casa do oficial chinês mais graduado no Tibete, uma velha mansão aristocrática que havia sido comprada pelo governo, mas que ainda mantinha o nome da família que ali vivera por gerações. Na mesma hora os guardas cerraram os portões e soldados apareceram no telhado, apontando os rifles para a massa remoinhante lá embaixo. Os homens começaram a abrir a camisa e dizer aos chineses para atirar em seu peito. Gritaram para os soldados por dez minutos antes de se deslocar para a Rua Barkhor, onde "deram duas voltas ao redor" da praça e então, ao cair da noite, dispersaram-se para suas casas.

Mais tarde, o Dalai Lama recebeu uma carta de Tan Guansan. "Visto que você meteu-se em grandes dificuldades devido às intrigas e provocações dos reacionários", ele escreveu, "talvez seja aconselhável que não venha aqui por um tempo". Era uma clara tentativa de salvar as aparências: a decisão de não comparecer ao show havia sido tomada pelo Dalai Lama horas antes, mas a carta de Tan Guansan reivindicava o crédito.

A resposta do Dalai Lama indica a enorme pressão a que ele estava sujeito. Desculpou-se por não comparecer, dizendo-se impedido por "elementos reacionários". "Isso me causou vergonha indescritível", ele escreveu. "Estou imensamente aborrecido e sem saber o que fazer." Havia uma longa tradição de os líderes tibetanos escreverem cartas insinceras a seus pares chineses a fim de fazer o que queriam; isso era visto como um truque diplomático necessário. Mais tarde o Dalai Lama menosprezaria a carta (e outras duas que se seguiriam) como uma tática para ganhar tempo, mas seu tom é impressionante. Os protestos evidentemente haviam pego Sua Santidade desprevenido.

Yonten chegou em casa. Seu pai, a quem ele amava profundamente, era um professor que administrava sua própria escola para crianças de todas as classes, de fazendeiros a nobres. Também era um nacionalista tibetano de longa data que havia lutado contra a ocupação chinesa. Ele havia sido escolhido como um dos representantes do povo e naquele momento estava em uma das tumultuadas reuniões realizadas no Norbulingka. Yonten, explodindo com as novidades sobre o que havia feito e falado naquele dia, disse à irmã, aquela que havia saído correndo com o cabelo molhado de manhã, que ele fora alistado como parte da guarda voluntária do Norbulingka. Mandou-a fazer um pacote com cevada e farinha, de modo que ele tivesse algo para comer. A irmã riu de Yonten; ele era apenas um menino eufórico que não iria a lugar algum perto do palácio de verão. Ela disse-lhe para esperar o pai chegar em casa antes de começar a armazenar provisões.

Quando o pai chegou, Yonten suplicou-lhe permissão para fazer a guarda do Dalai Lama. O pai apenas sorriu. "Você é jovem demais", disse ele. "Se a guerra estourar, o que você vai fazer?"

Yonten julgava que as palavras que havia entoado o dia inteiro – "Lutaremos até o último homem, mesmo que restem apenas mulheres para defender o país!" – aplicavam-se diretamente a ele. Ele implorou para ter permissão de postar-se entre o ELP e o Dalai Lama.

Finalmente, tocado pela persistência do filho, ou apenas exausto, o pai cedeu. Ele deixaria o garoto ir com ele às reuniões dos representantes do povo. "No fim ele me entendeu", recorda-se Yonten. "E disse que eu poderia acompanhá-lo. Era o caminho do Buda."

Quando a noite caiu, um grupo de jovens monges deixou a vigília do lado de fora do Norbulingka e retornou ao Mosteiro de Drepung. O *choe-ra*, a área comum protegida pela sombra de salgueiros onde os lamas ensinavam os noviços, estava vazia. O mosteiro inteiro parecia deserto. Ainda perturbados com o que tinham visto na cidade, os jovens monges subiram no telhado do mosteiro e lá sentaram-se ao luar, olhando para Lhasa ao longe. Enquanto observavam, o som de um tambor em ritmo de réquiem pulsava sem parar do Templo das Deidades Iradas do mosteiro. Ali, em uma sala abafada, pintada de negro, com um cheiro forte de manteiga rançosa e demônios e monstros de bocarra escancarada pintados nas paredes, cercados por trajes feitos de ossos, monges entoavam preces pela segurança do Tibete. Era um lugar de horrores planejado para proteger-se de horrores, e a batida de seu tambor soou noite afora.

Nenhum dos rapazes conseguiu dormir.

Ao longo dos dias seguintes, a tensão aumentou praticamente a cada hora.

Enxames de mulheres batendo panelas e chaleiras e gritando *slogans* emergiram dos becos estreitos de Lhasa e avolumaram-se rumo ao Palácio Potala. Havia meninas, avós, aristocratas, serviçais, mulheres que viam-se lado a lado pela primeira vez na vida. Muitas delas escarneceram dos soldados chineses recém-instalados nos telhados ao longo da Rua Barkhor, gritando: "Vamos lá, atirem em nós!".

Ao acordar, os monges dos três grandes mosteiros que circundavam a cidade depararam com seus bastiões indolentes militarizados. Cada um dos Três Grandes tinha um "mestre de disciplina" que aplicava punições para infrações. Agora, enquanto os monges reuniam-se no *choe-ra*, esses homens conclamavam voluntários para guardar o Norbulingka e proteger o Dalai Lama. Em Sera, 5 quilômetros ao norte do Templo de Jokhang, no centro de Lhasa, um jovem monge despertou ao som de vozes chinesas. "Os alto-falantes diziam que eles matariam os três escaravelhos vermelhos se não os obedecêssemos", ele recordou. Os "três escaravelhos vermelhos" eram uma gíria local para os três principais mosteiros do Tibete – os chineses haviam começado a usar a gíria nativa em seus avisos.

Os quinhentos monges de Sera reuniram-se correndo, e cada casa dentro do mosteiro foi solicitada a fornecer dez voluntários. O jovem monge apresentou-se. "Eu era um sujeito durão", diz ele. "Apenas 25 anos de idade."

Deram-lhe um velho rifle britânico, uma relíquia da Primeira Guerra Mundial, utilizável, mas dificilmente um páreo para as metralhadoras chinesas. Os monges foram informados de que havia um rifle para cada dois homens e apenas uma centena de balas em toda casa. Em outro mosteiro, o de Ganden, um dos praticantes ouviu o abade falar. "Ele suplicou aos que estavam profundamente ocupados com os estudos para que não fossem, pois também era essencial proteger o Dharma." Mas aqueles que sentissem a vocação com menos intensidade podiam abandonar os votos. O abade deixou claro que, uma vez que um monge aderisse à resistência como voluntário, a punição por bater em retirada seria a morte.

Alguns voluntários renunciaram aos votos formalmente em uma cerimônia estranha, trocando seus mantos cor de açafrão e dourado por uma arma de fogo, ou uma espada, ou apenas uma promessa de proteger Sua Santidade. Os monges entraram então em uma espécie de inferno. A violência até mesmo contra um inseto era proibida no Budismo Tibetano; matar um homem era lançar-se ao reino dos demônios. "Meus companheiros espirituais e eu nos sentimos muito desconfortáveis por escolher o caminho da violência", recorda um monge de Ganden. Ele era um noviço e devolveu os votos a seu mentor, "pensando que isso me faria pecar menos". Mas ele não podia negar que foi movido pelo que o budismo considerava desejos repugnantes. "Eu era um ser humano e senti aquelas emoções negativas intensamente – fiquei pensando o tempo todo em me vingar dos chineses por seus assassinatos brutais."

O camareiro-mor não estava deixando nada ao acaso. Ele emitiu uma ordem banindo o uso de lanternas elétricas, a última moda em Lhasa, que carecia de iluminação pública. O camareiro-mor estava preocupado que, caso Sua Santidade fosse forçado a fugir, um soldado ou cidadão pudesse lançar um facho no rosto de um soldado e descobrir que se tratava do Dalai Lama disfarçado. Também mandou um mensageiro a galope para o sudeste, para informar Athar e Lhotse – as únicas conexões com a CIA e os norte-americanos – sobre os acontecimentos recentes e pedir-lhes para que partissem imediatamente para Lhasa. Entretanto, "imediatamente" no interior austero do sul do Tibete era relativo: levaria seis dias para a mensagem chegar aos dois agentes da CIA.

Em 16 de março, Athar estava em Lhuntse Dzong, um enorme forte de pedra no sul do Tibete, 100 quilômetros ao norte da fronteira indiana, comandado pelos rebeldes. Tendo fracassado em se encontrar com o Dalai

Lama, Athar e Lhotse estavam focados em preparar os rebeldes. Em 22 de fevereiro, assistiram a um segundo carregamento de armas compradas pela CIA cair de paraquedas em sua zona de aterrissagem, guiado por mais uma fogueira de esterco, e ajudaram a ocultar as munições em um esconderijo secreto para operações futuras. A dupla estava em contato constante com a CIA, mas havia basicamente desistido do Dalai Lama e de seu governo, sem ter contato com Lhasa por um ano.

Todo dia Athar codificava meticulosamente as informações do dia usando sua cifra de chave única e empregando os cinco dígitos comuns do sistema de telégrafo comercial chinês. Na hora determinada em seu livro de sinais, Athar acionava o gerador de seu rádio de cristal RS-1 e enviava o relatório em código morse. A transmissão era captada pela estação da CIA em Okinawa, depois retransmitida de estação em estação até Washington. Se fosse interceptada, pareceria um pedido inofensivo de lotes de seda ou peças de caminhão.

Athar estava em perigo bem maior do que imaginava. Um ano antes, logo depois de seu primeiro encontro com o camareiro-mor, Tan Guansan havia se reunido com o gabinete tibetano e despejado sua fúria em cima deles. Revelou que os chineses tinham conhecimento de mensagens de rádio sendo transmitidas do topo de uma pequena montanha perto de Lhasa. Ao decodificar as mensagens – coisa que a CIA não imaginava que eles fossem capazes de fazer – os chineses haviam descoberto que os tibetanos tinham ido aos norte-americanos em busca de ajuda. Foi uma revelação que atiçou a profunda paranoia de Pequim a respeito de intrusos estrangeiros no Tibete. Com a descoberta da ajuda norte-americana, o Tibete havia se tornado muito mais que uma questão de fronteira problemática para a liderança de Pequim. Tratava-se agora de um assunto de segurança nacional. O ELP até mesmo capturou um dos guerrilheiros khampas treinados pela CIA e – presume-se, embora ninguém soubesse ao certo – forçou-o a revelar os detalhes de toda operação.

De volta ao Norbulingka, em 16 de de março, o Dalai Lama mais uma vez saiu para uma caminhada ao pôr do sol. Ele maravilhou-se com o quanto o Parque da Joia parecia normal e sereno. Seus guarda-costas estavam lá, sem uniforme, inclinados sobre os canteiros de flores, regando cuidadosamente os brotos das plantas com uma vasilha de bico comprido. Seus amados pavões desfilavam empertigados pelos gramados cuidadosamente cortados. Patos ferrugíneos flutuavam no lago, seus movimentos embaixo da superfície provocavam uma leve ondulação na água verde-escura tranquila.

Conforme o Buda lhe ensinara, era ilusão, tudo ilusão. "Devo admitir", diz o Dalai Lama, "que eu estava muito próximo do desespero".

SEIS

Irmãos estrangeiros

Pensamentos sobre o mundo exterior passaram pela mente do Dalai Lama à medida que a crise agravou-se. Ele percebeu que o Tibete não possuía amigos confiáveis no mundo. Ele e seu gabinete haviam procurado aliados estrangeiros como um contrapeso ao poderio da China, mas ficaram amargamente decepcionados com a reação. Sua Santidade sabia que haviam sido enviadas mensagens em segredo para sociedades tibetanas de ajuda mútua na Índia e em outros lugares, falando sobre o levante e pedindo que arregimentassem apoio fora do Tibete. E os manifestantes em Lhasa logo pararam em frente às embaixadas da Índia e do Nepal, as únicas duas na cidade, pedindo àquelas nações que respaldassem sua causa.

Muitos tibetanos mantinham a esperança de que a América, um farol de liberdade mesmo naquele reino remoto, de algum modo viria em socorro. Mas o Dalai Lama sabia que Washington estava a milhares de quilômetros e já lutava sua própria guerra na Indochina. Tendo lidado com um Departamento de Estado cauteloso no passado, ele não acreditava que a América fosse mandar seus filhos para morrer nos Himalaias. Mas seu conhecimento do mundo era, na melhor das hipóteses, fragmentário. "Eu tinha um atlas e estudava os mapas de países distantes com afinco", disse ele posteriormente, "e imaginava como seria a vida neles, mas não conhecia ninguém que já os tivesse visto".

Enquanto os tibetanos sonhavam com uma vitória improvável, em 10 de março o mundo nada sabia sobre o que estava acontecendo em Lhasa. Em 1959, o Tibete era um rumor de nação, uma sombra na memória coletiva do mundo. Barrado por décadas para estrangeiros, era objeto de um anseio romântico que apenas se intensificara durante os lúgubres e sombrios confrontos da Guerra Fria. O Tibete era remoto não apenas no espaço, mas no tempo. Antes da chegada dos chineses, havia apenas três carros no país, dois Austins e um Dodge, todos do Dalai Lama (um deles havia sido desmontado e carregado por mulas através dos Himalaias antes de chegar em Lhasa totalmente montado). Não havia hospitais modernos, nem estradas de ferro, nem cinema, nem jornais. Depois da invasão em 1950, a China levou usinas hidrelétricas, novas estradas e um jornal local que era publicado a cada dez dias. Mas a ocupação chinesa também tornou as informações sobre o Tibete ainda mais difíceis de se obter. Os jornalistas estrangeiros foram banidos; não foi permitida a saída de filmagens da ocupação, nenhuma foto dos levantes foi parar nas máquinas da Associated Press, nenhuma estação de rádio transmitiu as últimas notícias para as capitais do mundo. O país era praticamente invisível para todos, exceto um punhado de *chi-ling*, ou estrangeiros de descendência europeia.

O que se sabia ou imaginava sobre o Tibete era fascinante. Era "um lugar de extremos e excessos estonteantes", de acordo com o explorador italiano Fosco Maraini. Heródoto acreditava que formigas monstruosas entocaram cômoros de ouro nos morros do Tibete, referindo-se quem sabe aos aldeões que juntavam a terra escavada pela marmota nativa e extraíam pó de ouro. Mastins "grandes como burros" podiam arrancar sua cabeça com uma só dentada, de acordo com Marco Polo, e qualquer funcionário tibetano que deixasse um estrangeiro entrar era detido, encarcerado, torturado e depois atirado no Rio Tsangpo. (Esta última parte de fato era verdade.)

O primeiro ocidental a chegar ao Tibete provavelmente foi um padre jesuíta, o português Antônio de Andrade, que relatou suas viagens em *Novo descobrimento do Gram Cathayo, ou Reinos do Tibet* em 1626. Andrade ficou convencido de que o Tibete estivera conectado a antigas civilizações cristãs em algum momento, uma crença comum na Europa da época. Um especialista chamou isso de síndrome do "irmão estrangeiro", uma crença entre os amantes do Tibete de que a nação possuía uma cultura assemelhada à da Europa, exilada entre brutos e apóstatas. Acreditava-se que o país distante e misterioso conservasse valores e costumes prezados pelos ocidentais. Cem anos mais tarde, outro missionário jesuíta visitou Lhasa e encontrou uma linda arquitetura e um sistema de justiça muitas vezes bizarro. Um método para determinar se um suspeito era inocente consistia em "aquecer um ferro em brasa e mandá-lo lamber três vezes". Se queimasse a língua, o homem era culpado; caso não, era libertado.

Nem todo o mundo achava que o Tibete fosse um santuário. A princesa Kula, do reino himalaio do Sikkim, descreveu uma nação consumida por "ganância, fórmulas mágicas, paixão, vingança, crimes, amor, inveja e tortura". Mas o tom geral era de admiração. O portentoso *Alphabetum Tibetanum* de 1763 declarou que, "conforme a teoria de muitos historiadores, a raça humana expandiu-se a partir do Tibete e terras vizinhas". Não havia nada de que o Tibete não fosse capaz, inclusive de se tornar o local de origem do *Homo sapiens*.

No começo do século XX, uma febre pelo Tibete atingiu a Europa. Após ser morto pelo Professor Moriarty, Sherlock Holmes retorna em *A casa vazia*, de 1903, e diz a Watson que havia fugido para Florença e depois para o Tibete, onde vagou por Lhasa e "passou alguns dias com o lama-chefe". Mas o maior divulgador do Tibete foi o escritor inglês James Hilton, cujo romance *best-seller* de 1933, *Horizonte perdido*, conta a história de três britânicos e um norte-americano que fazem uma aterrissagem forçada no Vale da Lua Azul, também conhecido como Shangri-Lá, onde as pessoas vivem longas vidas bem-aventuradas sem um laivo de crueldade. A obra tornou-se um filme popular de Frank Capra em 1937 e talvez a mas influente visão do Tibete como um porto de paz e sublimidade. Franklin Delano Roosevelt, que escreveu cançonetas sobre o Tibete e sua política ("Nunca vi um *Kashag*, jamais quero ver um..."), até mesmo chamou seu retiro presidencial de Shangri-Lá antes que este se tornasse o mais discreto "Camp David".

Uma das mais célebres autoridades em Tibete em meados da década de 1950 era T. (de "Tuesday") Lobsang Rampa, um lama tibetano que vivia em Londres e escreveu um livro chamado *A terceira visão*, suas memórias da vida no Teto do Mundo, que incluíam cristalomancia, mumificações de encarnações anteriores de Lobsang e yetis, ou os abomináveis homens da neve, voando pelos Himalaias nas costas de grandes pipas de papelão. O título referia-se a uma operação que o lama fizera para descerrar a abertura mística que lhe permitiria ver as "emanações psíquicas" das pessoas com quem ele se encontrava. T. Lobsang Rampa descreveu a operação:

> O instrumento penetrou o osso. Uma lasca de madeira limpa e muito dura havia sido tratada com fogo e ervas e foi deslizada de modo a entrar no orifício em minha cabeça. Tive uma sensação de picada e comichão aparentemente no cavalete do nariz. Ela abrandou, e percebi aromas sutis que não conse-

gui identificar. De repente houve um clarão ofuscante. Por um momento a dor foi intensa. Ela diminuiu, cessou e foi substituída por espirais coloridas. Enquanto a lasca protuberante era fixada no lugar para que não pudesse se deslocar, o lama Mingyar Dondup voltou-se para mim e disse: "Você agora é um de nós, Lobsang. Pelo resto da vida você verá as pessoas como elas são, e não como fingem ser".

O livro tornou-se um *best-seller* mundial, vendendo 300 mil cópias nos primeiros anos, mas os tibetófilos – inclusive o autor Heinrich Harrer – sentiram um cheiro de falcatrua. Harrer contratou um detetive de Liverpool para averiguar o passado do lama, e o investigador descobriu que T. Lobsang na verdade era Cyril Henry Hoskin, ex-assistente de encanador de Devonshire, um narigudo que raspou a cabeça, comprou um manto de monge e trocou de nome. Encurralado na Irlanda, Hoskin disse em tom desafiador que no passado havia sido um homem chamado Cyril Henry Hoskin, mas que fora possuído pelo espírito de Lobsang ao cair e bater com a cabeça enquanto fotografava uma coruja rara em Surrey.

Hoskin era uma fraude, mas uma fraude muito evocativa. Longe de ser uma mirabolância, *A terceira visão* apresentou um convincente mundo totalmente imaginário – o Suplemento Literário do *Times* disse que o livro "estava perto de ser uma obra de arte" – que cativou os leitores de forma tão consistente que continuou sendo publicado e altamente popular mesmo depois do autor ser exposto. Infelizmente, aquele era um mundo totalmente imaginário, um lugar que Lobsang/Hoskin e muitos milhares de outros sonharam existir em função da repugnância e tédio pela vida moderna.

Em resumo, o mundo não sabia quase nada sobre o Tibete em 1959.

A despeito do entulho sobre o Tibete que foi prontamente aceito no Ocidente, havia uns poucos grupos interessados, pontinhos de luz salpicados pelo planeta que representavam o desejo de conhecer o país como ele verdadeiramente era. Quando o Dalai Lama cogitasse ir embora de Lhasa, esses indivíduos isolados e grupos se mostrariam vitais.

Em Kalimpong, uma cidade infestada de espiões na fronteira entre a Índia e o Tibete, o jornalista George Patterson estava cutucando um ninho de marimbondos. O magricela Patterson era escocês de nascimento, médico por formação e cristão evangélico pela graça de Deus todo-poderoso. O ardente religioso expatriado estivera em busca de um relacionamento pessoal com seu Salvador a maior parte de sua vida. "Eu queria ser como Moisés e Josué", disse ele. Em 1943, aos 23 anos de idade, estava lendo um livro sobre montanhismo quando ouviu uma voz dizer: "Vá para o Tibete". Foi a primeira vez que seu Salvador falou com ele, em um tom tão claro que "foi como uma batida na porta". Ele foi para o Tibete, tratou doentes e se converteu à causa do nacionalismo tibetano. "Eu queria uma causa pela qual pudesse morrer", escreveu Patterson. "Foi por causa disso que fui para o Tibete."

Em 1959, o missionário pálido e magro era a liderança jornalística agitadora dos tibetanos. Havia se tornado colaborador do respeitadíssimo jornal britânico *Daily Telegraph*, e estava perfeitamente situado em Kalimpong para obter novos relatos de refugiados que saíam em grandes números do Tibete e cujas histórias de tortura e repressão enchiam seus boletins. No ano anterior, o *Times* de Londres havia publicado um extenso artigo de seu correspondente baseado no Nepal, dizendo que os tibetanos *aprovavam* a tomada chinesa de seu país, estavam lucrando sob a liderança de Pequim e haviam trocado sua lealdade ao Dalai Lama por Mao. Esse era um tema consistente em reportagens sobre o Tibete. Sempre que Patterson publicava suas contundentes reportagens sobre os abusos dos chineses e a liderança tibetana, essas eram chamadas de "rumores de bazar".

Muitos ocidentais pensavam na Terra das Neves mais como um ideal romântico do que qualquer outra coisa. Patterson era diferente. Ele foi um dos primeiros a assumir o Tibete como um lugar real, a viver entre os khampas, a defender sua causa política. Verificou que os tibetanos eram um povo fantasticamente rijo, excelentes cavaleiros, generosos e perigosamente brincalhões, com homens e mulheres dotados de senso de humor cáustico. E, na primavera de 1959, passou os dias instigando diplomatas, chefes de Estado e editores das seções de notícias internacionais a esquecer o *Horizonte perdido* e prestar atenção ao Tibete real, referindo-se à guerrilha que se espalhava pelo país.

Mas o sonho de Patterson colidiu com o de uma pessoa muito importante na Índia: Jawaharlal Nehru. O primeiro-ministro do país havia herdado o manto de Gandhi após este ter tirado a Índia do sistema colonial britânico, e Nehru estava decidido a fazer do país uma nova espécie de potência mundial, sem alinhá-lo com a Rússia socialista, tampouco com o Ocidente capitalista. Para tanto, precisava de boas relações com a China – e, embora fosse solidário com os apuros do Tibete, havia resolvido que aquilo não arrastaria a Índia para um conflito com seu imenso vizinho a leste. O conflito no Tibete, disse ele, era "um confronto de mentalidades e não um confronto de armas".

Nehru e seus ministros encolerizaram-se com as frequentes reportagens horripilantes de Patterson sobre a ocupação chinesa. O jornalista foi chamado a um escritório do governo e ameaçado de expulsão da Índia a menos que se restringisse a reportagens "normais e objetivas".

"George", finalmente interrompeu o alto comissário britânico, "você acha que sabe mais que o primeiro-ministro Nehru?".

"Se o que o primeiro-ministro diz é o que ele sabe", replicou Patterson, "então eu sei *mesmo* mais que ele".

Ameaças não eram nenhuma novidade para Patterson. Em 1951, o escocês percebeu que estava sendo seguido em Kalimpong por duas pessoas que presumiu serem agentes chineses. Um funcionário da segurança indiana informou-o de que os chineses sabiam de suas atividades em favor do Tibete e lhe ofereceu uma pistola para proteção. "Eu estava prestes a ser liquidado", lembra-se Patterson. Ele prontamente mandou dizer aos chineses que "nenhum seguidor de Karl Marx poderia intimidar um seguidor de Jesus Cristo", e, rejubilando-se com o gesto, recusou a arma.

Em uma das gavetas da casa de Patterson na cidade havia uma carta de um líder khampa. Os homens khampas estavam sendo forçados a cavar suas próprias sepulturas, dizia a carta, e as moças tibetanas forçadas a matá-los a facadas e empurrá-los para as covas. "Por toda parte ocorreram cenas de chacina e carnificina indiscriminada", escreveu seu correspondente. O homem então explicou, quase em tom de desculpa, que "era sabido que" a luta contra os chineses "era uma guerra sem esperança, mas não podemos mais nos conter". As palavras explicaram, como nada mais poderia fazê-lo, a raiz da quase mania de Patterson pelos khampas.

O escocês foi uma espécie de indicador avançado da opinião mundial: o caminho que ele estava desbravando em breve seria trilhado por milhares de dedicados ocidentais.

O Tibete transformou Patterson em jornalista, ou propagandista, dependendo do ponto de vista. E havia outros jornalistas profissionais espalhados ao redor do mundo que em breve convergiriam para as imediações de Kalimpong para cobrir a história que o escocês há anos vinha martelando, às vezes à beira da estridência. Entre eles estava o maior jornalista internacional de tabloides de seu tempo, Noel Barber, do *Daily Mail*, que em março de 1959 foi pego no buraco infernal africano conhecido como Nyasaland quando este ameaçava explodir em uma revolta no estilo da Mau-Mau, ocorrida no Quênia. Barber, viajante intrépido e "o homem que fez do jornalismo uma aventura", havia coberto guerrinhas sujas de Algiers a Beirute e enviado boletins desde os confins da Arábia às ilhas deslumbrantes da Oceania. Tornou-se o primeiro inglês a chegar ao Polo Sul depois de Scott, casou-se com uma condessa florentina, fez amizade com o duque de Windsor, bebeu ouzo com Maria Callas no convés do iate de Aristóteles Onassis, falou sobre mulheres com Clark Gable e sobre o destino da Europa com Churchill. Barber foi esfaqueado por um fanático marroquino em Casablanca, comeu carne humana inadvertidamente em Cingapura, levou um tiro na cabeça em Budapeste e viu um manifestante morrer em seus braços nas barricadas antes de ir até Vilna para mandar sua história em um terno ensanguentado sem perder o prazo de envio. Em 1959 ele havia ultrapassado a condição de legenda em Fleet Street para se tornar uma espécie de símbolo internacional da informação. "Onde quer que houvesse ação", escreveu o *Times* de Londres, "lá estava Barber". O *Daily Mail* publicava anúncios escarnecendo a concorrência em Fleet Street: *"Onde está Noel Barber hoje?"*. Era o inferno para os rivais. Durante a revolta húngara – uma rebelião que logo teria paralelos com a situação no Tibete – um correspondente do *Daily Express* recebeu um telegrama grosseiro que dizia:

BARBER BALEADO POR QUE VOCÊ NÃO.

Se Barber tinha um defeito, era o de ocasionalmente inventar coisas. "Jamais verifique um fato excitante", era uma de suas máximas, emprestada de um de seus bons companheiros, um editor de notícias internacionais. Isso logo o meteria em problemas notórios.

Acontece que em 1959 Barber era um dos sócios-fundadores da mesma irmandade minúscula de tibetófilos a que George Patterson pertencia. Em 1950, o correspondente viajara por terra do Nepal ao Tibete para descobrir a verdade sobre a invasão chinesa e se apaixonara pelo povo. "Eu estava lá no começo", Barber escreveria mais tarde.

Se Patterson era o louco santo, Barber era a celebridade. No que se referia ao Tibete, sua simples assinatura em uma reportagem sinalizaria que o Dalai Lama e sua causa haviam alcançado o cenário internacional.

Naquele mês de março, em Washington, D.C., um agente de nível médio da CIA chamado John Greaney estava tentando mudar o curso da história tibetana sem um único jornalista saber que ele existia. "Publicidade", ele observa, "não era uma de nossas metas". O afável Greaney, natural de Washington, com quatro filhos e uma esposa grávida, era o subchefe de uma obscura unidade de cinco homens chamada de Força-Tarefa Tibetana, conhecida por apenas um punhado de pessoas dentro da agência. Os homens estavam na faixa do final dos 20 anos e começo dos 30, todos tinham servido na Segunda Guerra Mundial e entrado para a CIA mais por necessidade do que por convicção. "Naquele tempo você não fazia planos, o Tio Sam fazia por você", diz Greaney. "Fui para a CIA porque realmente precisava de um emprego." Greaney começou na agência como mensageiro, na faixa salarial de PS3, ou US$ 1,7 mil por ano, e a partir dali abriu caminho para o que chamou de "o setor de detonações e incêndios".

Por volta da mesma época em que Greaney entrou, Ken Knaus estava lecionando ciência política em Stanford quando foi convocado para o serviço militar no subitamente quente cenário coreano. O ano de 1951 foi terrível para os americanos na Coreia: em 4 de janeiro, Seul foi abandonada aos comunistas e as forças combinadas da China e da Coreia do Norte lançavam terríveis ataques noturnos ao sul. Desesperado para ficar no país, Knaus chegou em Washington poucos dias antes de ter que se apresentar para o serviço e começou a procurar um emprego que o mantivesse fora da brutal Operação Ripper do general Matthew Ridgway. "Fui até o Departamento de Estado", recorda ele, "e aquele sujeito muito desdenhoso disse: '*Se* você voltar, avise-nos'". Quando um abalado Knaus deixava o escritório, a secretária do homem interceptou seu olhar. "Essa é a coisa mais desprezível que já ouvi", ela sussurrou. E então disse que ele deveria dirigir-se à CIA. A Guerra Fria estava a todo vapor. Os estrategistas do Departamento de Defesa haviam até selecionado a data em que esperavam que os soviéticos invadissem a Europa Ocidental: 1º de julho de 1952. O que significava que a agência estava contratando. Quando o entrevistador da CIA soube que Knaus era um ex-tenente da inteligência militar e fluente em chinês, murmurou: "Oh, venha *mesmo* para cá".

Pouca gente da equipe entrava na agência com uma causa. Mas o homem que dirigia a Força-Tarefa Tibetana, Desmond FitzGerald, era vinho de outra pipa. "Des era muito bem-apessoado", contou um amigo de longa data, "com olhar faiscante, rosto corado. Ele podia ser muito insinuante, discutir sobre os melhores restaurantes em Paris". FitzGerald vinha de um ambiente privilegiado: família rica, Harvard, uma firma de advocacia de peso depois da guerra. Possuía conexões impecáceis por toda comunidade executiva e de política internacional em D.C. Usava trajes safári sob medida da Abercrombie & Fitch e borrifava vermute em seus martínis com um atomizador. Em se tratando de Guerra Fria, FitzGerald era imbuído de um senso de honra quase arturiano. Seu nome era apropriado: o aspecto vistoso e as noções românticas — e as crises de depressão irremediável de que sofria — faziam-no parecer um personagem saído de F. Scott Fitzgerald, embora alguns acreditassem que ele fosse um amador. O agente da CIA E. Edward Hunt chamou-o depreciativamente de "o entusiasta do momento", devido ao hábito de se apoderar das últimas novidades na luta contra os comunistas e depois abandoná-las.

A China era uma especialidade. FitzGerald havia lutado ao lado de tropas chinesas na Segunda Guerra Mundial e fizera parte da Missão da China em 1954, onde viu suas forças clandestinas serem arrasadas por um esforço muito mais sofisticado comandado de Pequim. Em 1958 ele assumiu a pasta do Extremo Oriente. "Des me disse que conhecia o território", recorda um colega, falando sobre a China. "Ele conhecia aqueles desgraçados." Em uma carta para a filha Frances, em 1954, FitzGerald resumiu o que muitos sentiam ao assistir às vitórias comunistas ao redor do mundo. Era uma espécie de terror espiritual arrepiante:

> Devo dizer que o mundo é um lugar sombrio e perigoso e que a desumanização do homem fez um progresso terrível. Vejo o pior disso de onde estou — nações de formigas guerreiras cegas em ação, e o mundo da moralidade e da razão sendo forçado a recuar lentamente.

E assim o Tibete tornou-se sua causa.

FitzGerald e seus pares no Departamento de Estado não acreditavam que os tibetanos pudessem expulsar o ELP de seu país. A vantagem chinesa em homens e equipamentos era simplesmente avassaladora. Eles deixaram isso claro para os khampas: os treinadores da CIA disseram ao rebelde Athar que a meta era "perturbar o domínio chinês", não acabar com ele. O que eles esperavam fazer era estabelecer uma rede de células guerrilheiras pelo país para assediar os ocupantes.

No final de 1955, o presidente Eisenhower assinou uma ordem presidencial confidencial conhecida como Diretiva 5412/2 do Conselho de Segurança Nacional, orientando a CIA em parte a:

> Criar e explorar problemas incômodos para o Comunismo Internacional [...] complicar o controle dentro da URSS, da China comunista e seus satélites [...] desacreditar o prestígio e ideologia do CI [...] e, na medida do viável, em áreas dominadas ou ameaçadas pelo CI, desenvolver resistência clandestina e facilitar operações secretas e guerrilhas.

O Tibete enquadrou-se na rúbrica 5412. "Os tibetanos eram um povo lutando contra o inimigo comum", diz Knaus. "Acabamos nos apaixonando por eles."

Knaus, John Greaney e seus pares compartilhavam com FitzGerald de um amor genuíno por seus homens. "Eram as melhores pessoas do mundo", diz Knaus sobre os jovens khampas. Eram guerrilheiros quase peculiarmente perfeitos: adaptáveis, de inteligência perspicaz e aparentemente impermeáveis à dor. Jamais escapuliam dos alojamentos em Camp Hale para encher a cara nos bares de caubói da vizinha Leadville. Não reclamavam das longas marchas no ar gélido do Colorado. Eram engraçados e estoicos.

A CIA teve que fazer ajustes. Seus aprendizes não possuíam o conceito de jornada de 24 horas; em suas aldeias o tempo era ditado pelo nascer e pôr do sol. Não havia uma palavra tibetana para "antena", de modo que Greaney teve que improvisar um termo – "fio do céu" (assim como aviões tornaram-se "barcos do céu"). Ele ficou perplexo com a rapidez com que os homens adaptavam-se. E eram tão alegres quanto rijos, pregando peças nos treinadores constantemente. Mas havia uma exceção. No escritório e no campo de treinamento, os homens da CIA chamavam Sua Santidade irreverentemente de "o DL". Os khampas jamais aderiram a isso. "Eles eram muito reverentes em relação ao Dalai Lama", recorda Knaus. "Uniam as mãos e curvavam a cabeça sempre que diziam seu nome." Athar, o rebelde lançado de volta ao Tibete para contatar a resistência, chamava Sua Santidade de "coração pulsante de todo tibetano".

"Todo mundo queria estar na Força-Tarefa", diz Greaney, "e isso fazia toda a diferença do mundo". Ao falar com colegas agentes frustrados que trabalhavam em outras operações, como a que se tornaria conhecida como a invasão da Baía dos Porcos ("os latinos não ficaram entusiasmados com aquilo"), Greaney ficava aliviado por estar trabalhando com o que julgava tibetanos leais. Os homens da CIA entoaram: "Go Go Goloks!" ("Vão, vão goloks!") ao receber a notícia de que os goloks tibetanos haviam se levantado contra os chineses e pressionaram duramente por homens e material para apoiá-los. Quando a Força-Tarefa requisitou C130s, o maior avião da força aérea na época, para lançar socorro no Tibete, conseguiu. Quando precisou de uma base de treinamento nas montanhas do Colorado, esta foi construída em tempo recorde. Às vezes parecia que a ideia do Tibete como o "irmão estrangeiro" perdido, a mesma ideia que havia obcecado missionários com o local no século XVI, havia tomado conta de certos setores de Washington.

Aquela era sobretudo uma missão preto no branco em uma década cinzenta. "Um dos mais românticos programas de ação secreta empreendido pela agência", é como um documento da CIA refere-se a ela.

A Força-Tarefa Tibetana às vezes parecia assumir um ar de irrealidade. Greaney lembra-se das primeiras reuniões no Pentágono para obter aparelhagem para a missão. "Quando dizíamos aos generais que estávamos operando no Tibete, os olhos deles saltavam das órbitas", diz ele. "Porque todos lembravam-se do filme [*Horizonte perdido*]." Allen Dulles, o legendário chefe da CIA sob Eisenhower, era ainda menos informado sobre o verdadeiro Tibete. "Costumávamos chamá-lo de o grande espião branco", diz Greaney. Dulles, junto com o irmão John Foster, chefe do Departamento de Estado, era responsável por tudo, desde a deposição do primeiro-ministro iraniano Mohammed Mossadeq até o gigantesco trabalho de inteligência antissoviética dentro da Cortina de Ferro. Quando Greaney foi chamado para atualizá-lo sobre o Dalai Lama e a resistência, sentiu-se honrado. Entretanto, com poucos minutos de relatório, Dulles interrompeu-o.

"Então, onde *fica* o Tibete?", ele perguntou.

Greaney olhou para ele confuso.

Dulles gesticulou na direção de um mapa da *National Geographic* pendurado acima do sofá de couro do escritório. Greaney seguiu o diretor até lá, e juntos subiram no sofá. O agente então apontou o território relevante: Himalaias, Índia, China, Tibete. "Ele fez piada a respeito", recorda Greaney. "Não ficou embaraçado por não saber onde ficava o lugar."

A despeito da paixão dos envolvidos em Washington, D.C., em 1959, a situação complicada do Dalai Lama não ascendeu a nível de prioridade nacional. "Ninguém queria entrar em guerra por causa do Tibete", reconhece

Frank Halpern, um funcionário da CIA na divisão do Extremo Oriente. "Era uma pulga mordendo um elefante [...] diversão e jogos." A luta pelo Tibete seria uma "guerrinha de aporrinhação", na qual o papel dos Estados Unidos seria disfarçado. Mas os reacionários esperavam mais. Já em 1947, o diplomata norte-americano em Nova Délhi escreveu que "o Tibete pode [...] ser considerado um baluarte contra a disseminação do comunismo através da Ásia, ou pelo menos uma ilha de conservadorismo em um mar de turbilhão político". Outros queriam transformar o Dalai Lama de um "deus-rei" obscuro em símbolo global – "o papa dos budistas" – e a partir disso fazê-lo um herói da resistência da Guerra Fria, especialmente entre as centenas de milhões de seguidores budistas na Ásia. Para isso, precisavam que o Dalai Lama ficasse livre de controles externos e acessível ao mundo e aos meios de comunicação. Precisavam dele fora do Tibete.

Os rebeldes ocasionalmente eram ingênuos. "Eles não conseguiam entender como podíamos limitar nosso comprometimento com eles", diz Greaney, "algo que acontece com frequência no trabalho de inteligência". Um líder rebelde, Gompo Tashi, pediu aos norte-americanos para enviarem uma arma que, segundo os boatos, haviam desenvolvido: um espelho cujos raios incinerariam os chineses com um jato de fogo. Os khampas, que guardavam uma foto de Eisenhower (assinada: "Para meus amigos tibetanos"), acreditavam até mesmo que o exército norte-americano forneceria uma bomba atômica.

Os tibetanos não conseguiam compreender sua esmagadora insignificância no cenário mundial. Como os cidadãos de muitas nações pequenas ameaçadas por enormes potências, acreditavam nos boatos de tropas estrangeiras desembarcando aos montes no aeroporto, em uma única ligação telefônica de um primeiro-ministro europeu que daria fim à crise numa questão de minutos, em um *deus ex machina* vestido com o uniforme de um aviador norte-americano fortão.

Até mesmo Athar foi vítima disso. "Realmente sentíamos que os deuses estavam conosco", disse ele. "Ninguém podia derrotar os norte-americanos." Com o apoio dos Estados Unidos, ele e os khampas acreditavam que retomariam o Tibete.

SETE

Através do Kyichu

Em Lhasa, o dia 17 de março amanheceu claro e quente. Os habitantes estavam acostumados a ouvir os sinos e trombetas que normalmente soavam dos templos e do Potala logo após o amanhecer, chamando os monges para as preces. Não ouviram nada naquela manhã a não ser o chilreio dos pássaros. Os monges que normalmente puxavam as cordas dos sinos estavam em alvoroço nos depósitos do Potala e outros locais secretos onde velhos rifles britânicos escondidos estavam à espera, ou carregando caixas de munição para os mosteiros de Drepung, Sera e Ganden, para distribuir aos rebeldes.

Ao passar de carro pelas ruas de Lhasa, o jornalista chinês Shan Chao não viu monges, mas rebeldes em Chakpori, a montanha no limite de Lhasa, construindo fortificações. "É como se fosse haver luta em breve", ele escreveu. "Não podemos ficar sentados esperando." Os guerrilheiros aumentaram as apostas, enviando um telegrama a seus compatriotas em Kalimpong: "O país independente do Tibete foi constituído no primeiro dia do segundo mês do calendário tibetano [10 de março]. Por favor anunciem a todos".

Com o recuo dos chineses para trás de seus muros, aparecendo apenas em patrulhas fortemente armadas, os tibetanos foram tomados de um fervor quase revolucionário. Pôsteres cobriram as paredes da cidade, indo dos nacionalistas ("Tibete para os tibetanos") aos belicosos ("Vamos aniquilar os chineses!"). Sem qualquer orientação vinda de cima, as pessoas agruparam-se em unidades protomilitares. Duzentos e cinquenta voluntários do Do-Sing Chesa (Associação de Pedreiros, Carpinteiros e Construtores) juntaram-se em unidades de cinquenta homens cada, e suas esposas e irmãs foram instruídas a, caso irrompesse a guerra, ir para os telhados de Lhasa e atirar rochas e pedras nos batalhões chineses. Coureiros, pintores e alfaiates foram organizados em esquadrões militares, com poucas armas e um punhado de balas. "Em nossa empolgação, não tínhamos dúvida nem medo", disse o carpinteiro Landun Gyatso, que se alistou em um dos esquadrões paramilitares. "Queríamos ser livres." Proprietários de casas em Lhasa haviam coberto seus telhados com fios de arame farpado e obstruído as janelas com sacos de areia e sacas de sal para deter as balas. Outros fabricaram paliçadas improvisadas e encheram as despensas com comida suficiente para resistir a um cerco.

Mesmo enquanto entoavam seus *slogans* de independência, as multidões deixavam clara uma exigência imediata: a segurança do Dalai Lama. Muitos estavam começando a acreditar que ele jamais poderia ser protegido em uma Lhasa ocupada por chineses. "Ele estava em perigo", lembra Narkyid, um jovem funcionário do Norbulingka. "Se o perdêssemos, perderíamos tudo."

O gabinete havia mandado o camareiro-mor fazer planos de fuga, caso isso fosse necessário. Suas instruções foram codificadas em velhos provérbios tibetanos: "Agarre o ovo", foi a ordem dada a ele, "sem assustar a galinha".

O camareiro-mor enviara uma mensagem a Ratuk Ngawang, um líder khampa em um lugar chamado Tsethang, a pouco mais de 160 quilômetros a sudeste de Lhasa. "Recebi uma carta solicitando minha presença no Norbulingka", recorda Ngawang, "mas um combate pesado estava em andamento, e eu era necessário para liderar nossas forças". Os rebeldes vinham lutando com o ELP perto de Tsethang há quase um ano, sofrendo pesadas baixas, e agora a carta informava Ngawang que Sua Santidade precisaria fugir pela região rumo à segurança no sul. O comandante enviou uma mensagem dizendo que seus homens poderiam garantir a região de Lhoka, que abrangia Tsethang e alguns dos sítios culturais mais antigos do Tibete, inclusive Samye, o primeiro mosteiro budista. "Não me preocupava com o Dalai Lama uma vez que ele chegasse a Lhoka", diz Ngawang, "mas me preocupava com o que aconteceria a ele no caminho. Tínhamos motivos para temer que Sua Santidade pudesse ser abduzido pelas autoridades chinesas e nos preocupávamos com isso desde 1958".

O camareiro-mor havia convocado seu alfaiate pessoal e pedido que fizesse um uniforme de soldado tibetano nas medidas do Dalai Lama. Ele contatou grandes líderes khampas que, em 15 de março, enviaram uma caravana de cavalos pelo Rio Tsangpo com o que pareciam sacas de adubo nos lombos. Dentro havia mantimentos para uma tentativa de fuga: comida, cobertores e outros artigos. Os khampas também arrebanharam barcos em forma de cesto, feitos com couro de animais esticado sobre um esqueleto de madeira, de modo que estivessem a postos caso o Dalai Lama aparecesse. Também queriam evitar que os batalhões de busca chineses pusessem as mãos em alguma das escassas embarcações.

Na manhã de 17 de março, após levantar-se e comer seu desjejum, o Dalai Lama reuniu-se com o gabinete. Decidiram mandar outra carta a Tan Guansan, a terceira, pedindo-lhe que tivesse paciência. Era mais uma manobra para ganhar tempo. Os guardas do Norbulingka agora proibiam qualquer funcionário do governo de sair, mas um servo podia convencer os soldados de que iria apenas fazer algumas compras em Lhasa. O criado saiu, a carta bem escondida em suas vestes, e rumou para o quartel-general chinês. Enquanto isso, o Dalai Lama e seus ministros aguardavam no palácio de verão.

As horas arrastavam-se. Às quatro da tarde, o Dalai Lama apoquentava-se, sentindo vividamente a futilidade de outra carta que levaria apenas a outro adiamento. Decidiu tentar o Oráculo de Nechung uma última vez. Com os atendentes a reboque, foi até a sala onde a atual manifestação do oráculo aguardava – um jovem monge chamado Lobsang Jigme. Como o próprio Dalai Lama, o espírito de Dorje Drak-den passava de um mortal a outro em reencarnações contínuas, o princípio da impermanência budista apresentado na carne, a substância passando à forma antes de partir, infinitamente.

A cerimônia teve início tão logo o Dalai Lama sentou-se em seu trono. Em geral o oráculo apresentava uma dança com espada, algo que o Dalai Lama, por natureza atraído por exibições vistosas de habilidade militar, muito apreciava. Mas nessa noite o oráculo postou-se direto diante de Sua Santidade sem quaisquer preliminares, o peito arquejante, e ali ficou "como um magnífico e feroz chefe de clã e guerreiro tibetano do passado".

O Dalai Lama olhou nos olhos de aspecto enlouquecido do oráculo e fez uma única pergunta: ele deveria ficar em Lhasa ou tentar uma fuga?

Ele não sabia o que esperar. Dorje Drak-den poderia proferir outra de suas respostas evasivas. Mas a vacilação que havia marcado o comportamento do oráculo na última semana, na ocasião em que o funcionário subalterno Barshi confrontara suas respostas inúteis, agora havia desaparecido. "Vá!", urrou o oráculo. "Vá hoje à noite!" Ele cambaleou para a frente, o espelho em seu peito lançando lampejos da luz das velas nos cantos escuros da sala. O oráculo agarrou uma caneta e escreveu alguma coisa num papel. Quando o Dalai Lama inclinou-se para olhar, percebeu que eram orientações precisas para a fronteira indiana, "até a última aldeia tibetana".

Enquanto o Nechung tombava no chão e Sua Santidade voltava às pressas a seus aposentos, duas bombas de morteiro explodiram dentro dos muros do palácio.

Os chineses negariam para sempre ter disparado contra o palácio de verão, com a Rádio de Pequim mais tarde chamando a acusação de "franca e gritante invenção". Mas muitos tibetanos ouviram as explosões, inclusive Sua Santidade. Ele percebeu que as bombas atingiram as proximidades do portão norte (de acordo com testemunhas oculares, caíram em um lago tranquilo e lançaram jatos de água e lama pelos ares). E o som de uma bomba de morteiro colidindo na água teve o efeito de selar o destino do Dalai Lama. "Dentro do palácio, todos sentiram que era chegado o fim", disse ele. "Eu tinha que deixar o palácio e a cidade imediatamente."

O bombardeio do Norbulingka enfureceu os tibetanos. As bombas apenas confirmaram a eles que os chineses pretendiam decapitar o Estado tibetano e destruir o Dharma assassinando o Dalai Lama. Um membro do gabinete teve que correr até o portão da frente do Norbulingka e impedir os guardas de investir contra uma posição do ELP em uma central de transportes nas imediações. Sua Santidade realizou uma última adivinhação. Ele executou o ritual dos dados *Mo*, e a mensagem foi clara: parta agora. Ele e seus ministros tomaram uma decisão rápida. Fugiriam naquela noite, embora "as probabilidades contrárias à realização de uma fuga bem-sucedida fossem aterrorizantemente altas".

Choegyal, de 13 anos de idade, estivera à solta por dias, escapulindo do Norbulingka para conferir o ânimo da multidão do lado de fora. "Perambulei por toda parte", ele recorda. "Eu era muito travesso." Ele considerou o palácio de verão um estudo de contrastes. "Era tão pacífico do lado interno dos muros, mas lá fora havia uma tremenda comoção." Por todos os lados havia as cores e os sons de uma revolução: a multidão cantava, agitava bandeiras, pedia, comia, marchava, bebia, debatia. O garoto, ainda vestido em trajes de monge, conversava com os khampas, as armas deles encostadas nos muros do Norbulingka, com fitas azuis, vermelhas e verdes socadas nos canos para não entrar poeira. Choegyal, a reencarnação de um lama destacado, havia herdado uma Luger alemã de seu predecessor. "Ele deve ter obtido-a na Rússia", diz Choegyal. "Ele viajou para lá e para a Mongólia." Como o irmão que cresceu no Potala, o menino era fascinado por soldados – "meus super-heróis", como ele os chamava. Agora estavam por toda parte, talvez uns 1,5 mil soldados regulares tibetanos e mais centenas de khampas e civis armados. "O cenário era espantoso, e fiquei completamente deslumbrado", ele recorda. "Eles tinham um jeito severo, decidido e fantástico, e eu sentia um arrepio de excitação ao observá-los."

Mas na tarde do dia 17 Choegyal notou uma mudança no ar já eletrizado do palácio de verão. "Todo mundo estava ansioso", diz ele. "E eu fazia perguntas para todos, o que os irritava." Choegyal era o preferido da família, uma espécie de mascote exasperante, e estava acostumado com risos, intimidades e uma sensação de proximidade, com o tio gordo agarrando-o "e me fazendo cócegas até eu não conseguir respirar". Agora os tibetanos estavam aterrorizados com o que os chineses poderiam fazer, e em segredo também temiam confiar naqueles que amavam e nos amigos, caso se revelassem fofoqueiros ou espiões do ELP. O garoto notou que, sempre que entrava em uma sala, os mais velhos calavam-se imediatamente.

Às seis e meia da tarde a mãe chamou-o ao quarto dela.

"Vá se trocar, coloque roupas de leigo", disse ela. "Estamos indo para o sul."

"Para a Índia?", ele indagou.

"Não, para o sul. Para um convento do outro lado do rio."

Choegyal deu as costas para zarpar para seu quarto. "Mas...", a mãe gritou.

Ele virou-se. Ela estava nervosa, a voz trêmula.

"Você não pode contar para ninguém."

Choegyal assentiu com a cabeça. "Eu sabia que estávamos indo para a Índia, mesmo sem ela me dizer."

Os instintos do menino haviam antecipado o verdadeiro plano. O camareiro-mor e o Dalai Lama haviam concordado em rumar para o sul até um baluarte rebelde na região e ali tentar instituir um governo dissidente. A despeito dos tiros de morteiro, eles ainda nutriam esperanças de um acordo negociado. O Dalai Lama havia escolhido como destino Lhuntse Dzong, o forte onde Athar, o rebelde treinado pela CIA, estava de momento estacionado. Sua Santidade ainda não estava pronto para evadir-se para a Índia. Sair de Lhasa tornaria seu rompimento com os chineses claro e inequívoco, mas ir embora do Tibete era outra questão. Sua Santidade sentia que seria um passo desesperado, que deixaria seus súditos sem um líder espiritual e daria carta branca aos chineses para soltar de vez o ELP.

Choegyal correu para o quarto. Tirou o manto castanho e dourado de monge e colocou uma velha *chuba*, o casaco comprido tibetano. Por baixo, prendeu a Luger com cuidado no cinto. Saltitou escada abaixo e correu para o quarto do tio, onde encontrou o homem gordo e bonachão – um de seus favoritos na família – costurando sacas para mantimentos, "alinhavando sacos como um doido". Choegyal estava prestes a perguntar se o verdadeiro destino deles era a Índia quando o tio vociferou: "Vá embora! Estou ocupado!". Ávido por algum mexerico, o menino esgueirou-se escada acima e encontrou a criada de sua mãe, Acha, com ar preocupado. "Acha, adivinhe! Estamos indo para a Índia." Ela fuzilou-o com o olhar e rebateu: "Calado!".

Choegyal saiu de fininho, esperando encontrar um soldado que lhe cedesse alguma preciosa munição para a Luger, cujo peso agradável ele podia sentir a cada passo. Choegyal imaginava-se emboscado por uma patrulha chinesa no caminho para o sul, abatendo a tiros uns vinte soldados do ELP de forma heroica. "Em meu coração eu não tinha dúvida de que, se tivéssemos um confronto com os chineses, eu seria vitorioso."

Choegyal subiu as escadas e aproximou-se do quarto da mãe. Todas as lâmpadas estavam acesas, e o quarto brilhava iluminado. Dentro ele deparou com uma cena até então inimaginável: a mãe e a tia sendo vestidas pelos criados como soldados tibetanos comuns. A mãe usava uma saia curta de pele, emprestada pelo irmão dela, vestida sobre um par de calças masculinas surradas e botas com lama espalhada sobre o couro para parecer que acabara de voltar de uma patrulha. "Pendurei no ombro um pequeno rifle de brinquedo que teria parecido ridículo de dia, mas que não dava para notar à noite", ela lembrou. O toque final foi um chapéu comum emprestado de um serviçal. No aposento fartamente iluminado, que para Choegyal não parecia o quarto de onde ele saíra mais cedo, mas um palco de teatro onde a mãe era vestida para algum tipo de farsa, o menino começou a balbuciar.

"Não consegui evitar", ele argumenta. "Comecei a rir. Ficaram furiosos comigo."

Choegyal logo recebeu um disfarce também. Deram-lhe um chapéu de lã, conhecido como "boné de macaco", que podia ser baixado sobre o rosto. A irmã contribuiu com uma echarpe cor-de-rosa de *mohair*. Alguém deu-lhe uma tigela para comer durante a viagem e um rifle. Choegyal olhou a arma com admiração enlevada antes de colocá-la sobre o ombro.

Para evitar suspeitas, os fugitivos partiriam em três grupos: Choegyal e sua família iriam primeiro, seguidos pelo grupo do Dalai Lama e depois pelos tutores e ministros do gabinete. Um esquadrão de quatro soldados tibetanos chegou à casa de Diki Tsering por volta das oito e meia da noite, liderado por um capitão dos guarda-costas de Sua Santidade. "Eles disseram: 'Aprontem-se, estamos de saída'", lembra Choegyal. Para o garoto de 13 anos, a animação que crescia dentro dele agora era temperada pela tristeza; pela primeira vez ele sentiu não a liberdade nem a excitação de toda a convulsão ao seu redor, mas a separação iminente das pessoas encostadas nas paredes dos quartos, olhando para ele e para os outros membros do grupo de fuga. "Comecei a me despedir das pessoas que cuidavam de mim no mosteiro", diz ele, "um rapazola que deveria ter uns 15 anos e um criado mais velho, com cerca de 24 anos, que era uma espécie de mordomo, que tratava da minha comida. E o mais velho me disse: 'Não se esqueça dos textos que você memorizou até agora'. Rememorando, essas palavras meio que me comovem. Por que ele de fato se importaria?" Os criados foram indagados se desejavam ir junto, mas declinaram. Muitos tinham família em Lhasa, ao passo que outros talvez pensassem que seria melhor se arriscarem com os chineses do que em uma escapada de última hora para o sul. "Havia uma tristeza por deixar aquelas pessoas para trás", acrescenta Choegyal. "E por pensar que eu jamais tornaria a vê-las."

Em outra parte do Norbulingka, o Dalai Lama estava redigindo uma carta para os líderes do movimento de protesto e para seus ministros de governo. Ao redor dele, uma centena de atividades de último minuto era verificada. Os ministros recolheram o Selo do Ministério e o Selo do Gabinete que estampavam todas ordens oficiais; toda comida e água que havia na cozinha do Norbulingka foi surripiada para dentro das sacas recém-costuradas; e cada membro do grupo de fuga escolheu às pressas um mínimo de roupas – no caso do Dalai Lama, dois trajes completos – para a jornada.

Mas tudo o mais teria que ficar para trás. Quanto ao Dalai Lama, os cofres do Potala estavam repletos de despojos de seus antigos eus, não apenas as colossais câmaras mortuárias (uma delas contendo 3.271 quilos de ouro e outros metais preciosos), mas joias e ouro dados a ele como tributo, presentes de czares russos e rainhas inglesas, inclusive os de sua própria posse no cargo, um relógio finamente trabalhado e uma barra de ouro maciça fundida pela Casa da Moeda de Calcutá. Um patrimônio equivalente a mil anos de Tibete seria deixado para trás. O gabinete tibetano havia dado sumiço em quantidades "substanciais" de ouro e prata do tesouro durante a invasão de 1950, mas restava o equivalente a muitos milhões de dólares em objetos preciosos. E as salas e capelas estavam repletas de manuscritos insubstituíveis e de arte budista que o Dalai Lama nem podia imaginar sendo entregues a Tan Guansan e aos burocratas chineses.

O Dalai Lama sentiu uma pontada de tristeza, mas pouca apreensão física a respeito da jornada a ser empreendida – não porque não fosse perigosa, mas porque ele passara a acreditar muito profundamente em sua própria reencarnação. "Não tenho medo da morte", disse ele. "Não temia ser uma das vítimas do ataque chinês." Mas ele sabia que a morte de outro Dalai Lama convenceria o povo de que "a vida do Tibete havia chegado ao fim". E ele temia intensamente ser capturado pelos chineses e forçado a fazer o papel de fantoche. Sua Santidade acreditava que, se o pegassem, os chineses o forçariam a trair publicamente tudo que ele prezava.

Em seu quarto, Sua Santidade pegou um livro de ensinamentos do Buda e deixou as páginas abrirem-se ao acaso. Seu olho pousou na página aberta. "As passagens eram sobre tentação e coragem", diz ele. O Dalai Lama fechou os olhos e começou a pensar sobre as palavras "coragem" e "altruísmo". Então imaginou o grupo serpenteando através das vastidões do sul do Tibete e, outro dia, em outro grupo liderado por ele mesmo, voltando para o palácio.

Por mais coração mole que pudesse ser às vezes, o Dalai Lama era um homem decidido. Uma vez que estabelecesse um curso de ação, ele raramente se arrependia. "Não tem volta", ele pensava consigo mesmo.

Ao anoitecer, o Dalai Lama foi ao templo de seu protetor pessoal, Mahakala, de seis braços, com cinco crânios brancos em volta do rosto com dentes arreganhados, cada um deles representando uma diferente transformação do mal em bem: ignorância em sabedoria, ciúme em realização. A pesada porta de madeira rangeu quando ele a empurrou para abrir, e lá dentro Sua Santidade viu "o brilho de uma dúzia de lamparinas de manteiga dispostas em fileiras de pratos de ouro e prata". Ele deteve-se antes de apresentar o *kata*, ou echarpe cerimonial, que estendeu à estátua do protetor. Possivelmente ele estava vendo todas aquelas coisas muito triviais pela última vez, e assim, enquanto seus olhos repousavam em uma de cada vez, o Dalai Lama tentou gravá-las na memória: as cores dos afrescos religiosos na parede, os monges a cantar (muito provavelmente cientes da presença dele, mas, por reverência, desviando os olhos), o pedacinho de *tsampa* deixado no altar como oferenda para Mahakala, e um servo retirando conchas de manteiga derretida dos castiçais. Um monge ergueu uma trombeta e soprou uma "nota longa, lastimosa", pegou um par de címbalos dourados e bateu um no outro. O *pissssh* metálico encheu a sala e depois desvaneceu-se.

Sua Santidade voltou para seus aposentos para colocar seu disfarce. Tirou o manto de monge e, pela primeira vez em muito anos, colocou um par de calças e um casaco preto comprido. Deram-lhe uma *thangka* – um estandarte budista pintado – de Palden Lhamo, a mesma protetora de rosto azul que havia presidido a adivinhação que o orientara a partir da Índia três anos antes. Ele a colocou em uma embalagem de viagem que pendurou no ombro esquerdo. Um velho rifle foi colocado no ombro direito. Ele tirou os óculos de aro preto habituais, desconhecidos das pessoas de Lhasa que conseguiam ver seu Protetor Precioso de relance (usar óculos em público era considerado uma afetação ocidental, e o Dalai Lama com frequência evitava fazê-lo), e meteu-os dentro do bolso, colocou um gorro de pele e um lenço quente que podia puxar sobre a boca. Agora parecia um humilde soldado tibetano meio cego. O disfarce era tanto para a multidão de manifestantes – que verificavam a identidade de todos que saíam do palácio de verão – quanto para os chineses.

O Dalai Lama caminhou até o térreo, fazendo uma parada para afagar a cabeça de um cão que, refletiu ele com certa satisfação, nunca havia gostado muito dele e, portanto, não sentiria muito a sua falta. "Ao sair, minha mente estava drenada de toda emoção", ele recordou. Anos de meditação haviam dado a ele a capacidade de se retirar do momento. Enquanto andava, podia ouvir o estalido de seus pés no chão e o tique-taque de um relógio do saguão, como se estivesse de volta ao cinema de seu palácio assistindo a um dos filmes que amava. As despedidas dos varredores que praticamente o haviam criado desde os 4 anos de idade foram mais sofridas, embora seu amado cuidador Ponpo estivesse entre os homens que iriam com ele. Finalmente, na porta da frente de seu pequeno palácio, ele deu a volta e caminhou pelo pátio, "fazendo uma pausa na parte mais afastada para visualizar a chegada à Índia a salvo". Ao voltar, visualizou de novo o eventual retorno ao Tibete. Acredita-se que todo grande lama do Tibete é capaz de ver o futuro "com tanta clareza como você se vê no espelho", mas o Dalai Lama não estava retratando o futuro, e sim desejando que aquilo acontecesse. Ao observar o jovem monge ir e vir, o camareiro-mor de cabelos grisalhos sentiu que aquela era "a cena mais triste, o momento mais terrível que jamais passei em minha vida".

Os soldados guiaram Sua Santidade pela escuridão até o portão no muro interno, onde encontrou-se com o cunhado, chefe de seus guarda-costas. Quase aos tropeções na escuridão, ele atravessou o gramado tranquilo do Norbulingka, sossegado e verde-escuro àquela hora, e chegou ao portão sul. À frente ele viu a imagem borrada de um de seus guarda-costas brandindo uma espada, junto com um contingente do exército tibetano. Um soldado tibetano de 29 anos fora designado para acompanhar o Dalai Lama pelos

Himalaias. Quando Sua Santidade adiantou-se, piscando por causa da miopia e vestido como um soldado comum, o soldado teve uma sensação estranha, nefanda. E quase desmaiou. "Senti como se fosse apagar ao ver Sua Santidade com aquela aparência", disse ele. "Percebi que tempos ruins abatiam-se sobre o Tibete." Enquanto os homens aguardavam, ele tentou esconder o desespero cochichando com os amigos e verificando o equipamento.

Os soldados abriram as portas rangentes de madeira, e um deles anunciou em voz alta que um esquadrão do exército estava saindo em patrulha. Os manifestantes que guardavam o portão voltaram-se para dar uma olhada rápida no pequeno destacamento antes de recuar para deixá-lo passar. Ao longe os alto-falantes zumbiam a mesma mensagem que transmitiam há dias: "Vocês são como formigas arranhando a pata de um elefante. A China é poderosa como o sol, e onde quer que o sol esteja, lá estão os chineses também". Ao dar um passo para fora, o Dalai Lama sentiu o medo da captura transpassá-lo. A ideia de ser pego, e do quanto isso seria terrível para o Tibete, cruzou sua mente. Ele olhou para si mesmo quase que friamente, não como Lhamo Thondup, o menino de Amdo, mas como Chenrizi, o receptáculo do Dharma no Tibete e no mundo. Ao caminhar pelas pedras do calçamento, seguindo o vulto do guarda-costas à sua frente, ele ficou ansioso a respeito do que a perda daquela pessoa, o Dalai Lama, significaria para o povo que ele podia sentir ao seu redor, a grande massa de manifestantes que ele podia ouvir e sentir mais do que ver. Se ele fosse capturado, aquelas pessoas cujos cotovelos e flancos apertavam-se contra ele simplesmente se desagregariam.

O grupo passou por um círculo de manifestantes – o Dalai Lama sentia a multidão dissipando-se diante dele – e seguiu nas pegadas do destacamento de Choegyal. As luzes do acampamento chinês, a uns 60 metros apenas, eram claramente visíveis, e o Dalai Lama teve certeza de que qualquer tropeço na ribanceira salpicada de rochas alertaria o ELP para a fuga. "Precisei tomar muito cuidado", diz ele. "Chegamos tão perto dos chineses que podíamos ouvi-los. Aquilo foi perigoso."

Uma lua delgada pendia da abóbada negra do céu. O vento lufava vindo da direção do acampamento chinês, o que os fugitivos esperavam que mascarasse o barulho que estavam fazendo. Quando chegaram ao Rio Kyichu, o Dalai Lama ficou aliviado, e o grupo começou a entrar rapidamente nos barquinhos feitos de pele de iaque esticada sobre estruturas de madeira. Mas o barulho da travessia logo atiçou seus nervos outra vez. "Eu estava certo de que cada pancada dos remos na água atrairia fogo de metralhadora para nós", ele diz.

Na margem oposta do rio, Choegyal e a primeira leva de fugitivos aguardavam ansiosamente pela chegada do grupo do Dalai Lama. Depois de perambular pela orla escura, Choegyal começou a tagarelar com os guardas tibetanos, mas eles estavam nervosos demais para conversar. Com as luzes do acampamento chinês tremeluzindo ao longe, o garoto afastou-se um pouco para aliviar-se. Encontrou um espaço ao abrigo da visão dos outros, soltou a *chuba*, e ergueu o olhar. Pôde ver ao longe a longa silhueta branca do Mosteiro de Drepung contra o volumoso Monte Gephel. Parado ali, Choegyal foi tomado por uma afeição súbita pelo local que detestara intensamente. Ao terminar, amarrou a *chuba* e seguiu adiante, mas continuou a fitar o mosteiro ao longe. "Não sei o que me levou a fazer aquilo", recorda Choegyal, "mas me abaixei e curvei três vezes para ele. E murmurei para mim mesmo: 'Possa eu vê-lo de novo'".

Ao voltar para a ribanceira, ouviu o som de remos. A quilha de um dos barcos deslizou sobre os seixos, e um khampa agarrou-o pela ponta, puxando-o. Outro rebelde montou guarda enquanto o Dalai Lama desembarcava. "Aquele foi um momento muito emocionante para todos nós", disse o guarda. "Ali estava o símbolo vivo de nossa nação e nossa religião tendo que se disfarçar para fugir dos chineses." Ao longo do trajeto, sempre que os guerreiros ameaçadores avistavam o Dalai Lama, imediatamente lançavam-se ao chão e se prostravam.

"De repente ouvi um monte de gente e cavalos passando na escuridão", recorda Choegyal. E então é possível escutar a voz do camareiro-mor murmurando: "*Tasbidelek, tasbidelek*", uma saudação tradicional de Ano-novo que significa "boa sorte". Atrás dele vinha Sua Santidade. O Dalai Lama virou-se para um guarda e perguntou o nome dele. Atônito, o guarda deu uma resposta apressada. "Ele era jovem e... muito diferente de todo mundo", relembrou o soldado. "Mesmo vendo-o de relance, existe um carisma especial que simplesmente não dá para se descrever."

O terceiro grupo – com os ministros do Dalai Lama, dois ministros do gabinete e o jovem Soepa, funcionário do Norbulingka – chegou pouco depois na margem do rio. À meia-noite, todos os fugitivos estavam reunidos e montados em cavalos trazidos pelos khampas. Partiram para o Vale de Lhasa.

Havia agora mais de setecentos khampas reunidos para escoltar o Dalai Lama e sua comitiva até a próxima meta, Tsangpo, o rio mais alto do mundo. Mas diante deles impunha-se a primeira barreira geológica: o desfiladeiro na montanha conhecido como Che-La, a 5 mil metros de altura, que separa os 24 quilômetros do Vale de Lhasa do Vale do Tsangpo, 64 quilômetros ao sul de Lhasa. Eles cavalgariam sem parar.

A FUGA DO DALAI LAMA PARA A ÍNDIA

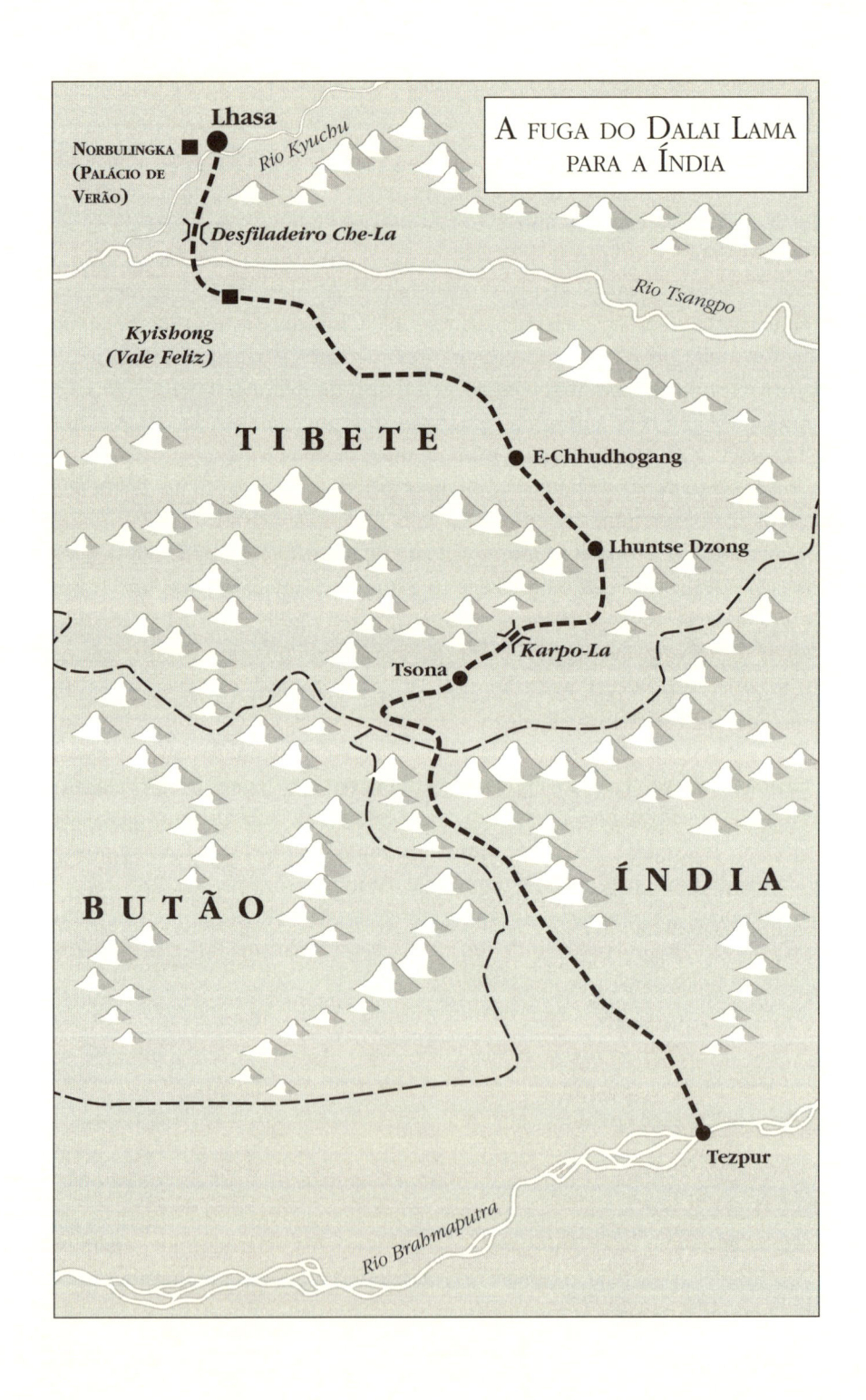

OITO

Escapada

Os fugitivos apressaram-se noite afora, com o grupo do Dalai Lama arrancando na frente, impondo duas horas em relação aos outros foragidos. Rumavam para um local chamado Kyishong ("Vale Feliz"), que ficava junto a uma trilha bem menos percorrida que a rota direta Lhasa-Tsangpo, na esperança de reduzir as chances de toparem com um esquadrão do Exército de Libertação Popular. A temperatura despencava a cada hora que passava. "Meus pés ficaram dormentes", lembra Choegyal. "E meu cavalo ficou extremamente cansado." A Luger enfiava-se em seu flanco, mas Choegyal recusava-se a retirá-la do cinto. Ele também havia obtido um rifle Mauser, presenteado pelos homens do Regimento de Kusung, e escondera um pente extra de balas nas pregas de sua *chuba*. E acrescentara uma adaga de 45 centímetros a essa coleção. "Eu parecia o soldado perfeito", diz ele. "Exceto que era um pouco baixo demais." Mais tarde, ele foi obrigado a entregar a Mauser, substituída – de forma humilhante – pelo guarda-chuva do Dalai Lama.

Sua Santidade verificou que, mesmo em trânsito, velhos hábitos são difíceis de abandonar. Ao se aproximarem de Che-La, ele decidiu caminhar um pouquinho. Deslizou a perna direita pela sela e pulou para o chão, as botas de couro macio levantando uma pequena nuvem de pó quando ele pousou no solo seco. Ao virar-se para andar, ele notou que o ministro no cavalo ao lado dele desmontou rapidamente e começou a caminhar. Como dominós, todos os tutores e até membros de sua família começaram a descer dos cavalos um por um e a se arrastar a pé. Ao que parecia, ninguém poderia ser visto cavalgando se o Dalai Lama havia decidido que era hora de caminhar. "Tudo bem", o Dalai Lama disse aos outros fugitivos. "Voltem para os seus cavalos." Mas, com as cabeças curvadas, continuaram andando vagarosamente, homens de idade que na maioria haviam amolecido em função dos anos de vida na corte. Por fim o Dalai Lama desistiu e pulou de volta para a sela. A fila de caminhantes lentamente fez o mesmo, e em poucos minutos estavam todos cavalgando outra vez.

A inclinação do terreno começou a aumentar. Os fugitivos pararam rapidamente em uma fazenda onde os camponeses haviam sido alertados que Sua Santidade viria comer (ele não havia jantado) e descansar um pouco. Um homem idoso, antigo cavalariço do 13º Dalai Lama, apareceu conduzindo um cavalo branco com uma echarpe branca atada ao pescoço. O homem estava preocupado com que o pônei de Sua Santidade não conseguisse vencer os altos desfiladeiros à frente. Ele começou a chorar quando o Dalai Lama aceitou o presente. Sua Santidade confortou o velho e garantiu que não iria longe, que foi tudo que ele conseguiu pensar em dizer no calor do momento. O homem acompanhou-o até Che-La, onde chegaram por volta das oito da manhã. O sol estava alto o bastante no céu para iluminar a planície atrás deles, mas a montanha à frente lançava sombra sobre os andarilhos.

Começaram a escalar o aclive arenoso (Che-La significa "Desfiladeiro Arenoso"). À medida que subiam a encosta, o solo movia-se sob o peso dos animais. Para cada passo à frente, os cavalos deslizavam quatro para trás. Os cavaleiros começaram a ficar para trás dos líderes à medida que os cavalos cansavam, e o restante achou a trilha "acidentada e fatigante". Choegyal viu seu tio gordo quase despencar do cavalo. "Sua sela estava escorregando do cavalo porque ele era pesado demais", diz Choegyal. "Ele berrava e se agarrava na crina." Quando o Dalai Lama chegou à crista do desfiladeiro, um ajudante foi até ele e mencionou que seria a última chance de olhar para Lhasa. Sua Santidade desmontou e fitou o conglomerado de prédios ao norte, diminuto na paisagem. Daquela distância, até o Potala perdia seu volume imponente. "A antiga cidade parecia serena como sempre ao espalhar-se lá embaixo", ele recordou. O Dalai Lama disse uma prece e começou a descer a encosta arenosa, iluminada pelo sol, que levava ao vale do Tsangpo.

Quando o sol incidiu sobre seus rostos e os fugitivos colocaram uma cadeia de montanhas entre eles e o quartel-general do ELP, os ânimos alegraram-se. "Eu ria de forma incontrolável", admite Choegyal, que não conseguia tirar os olhos do tio que lutava para ficar na sela. "Mas ele era um homem tão bondoso, não gritou comigo." Tendo escapado de Lhasa, o tio começou a recobrar o senso de humor. "Sempre que eu fazia alguma travessura", recorda Choegyal, "ele sacudia a cabeça e dizia: 'Oh meu deus, ele fez de novo'. Ele era um camarada muito bondoso". Os foragidos desmontaram dos animais e começaram a seguir o Dalai Lama, que desceu a montanha correndo a toda velocidade. "Estávamos todos muito felizes", diz Choegyal. "Havíamos escapado. Ficamos eufóricos. Agora podíamos dizer o que havia em nossos corações."

O Dalai Lama desceu a encosta a largas passadas. "Um dia depois de ter escapado de Lhasa, senti uma tremenda sensação de alívio. Na verdade o perigo ainda estava muito presente." Mas, pela primeira vez em anos, o constrangimento que ele sentia em Lhasa havia sumido. Ele poderia amaldiçoar os chineses se quisesse: "'Tenho o direito de dizer coisas ruins sobre eles', lembro de ter pensado. A sensação de liberdade foi muito vívida; minha reação mais intensa na sequência da fuga". Quando atingiram o vale do outro lado da montanha, levantou-se uma tempestade de areia que cegou os fugitivos. O Dalai Lama confortou-se com o pensamento de que a poeira os esconderia de quaisquer tropas do ELP enviadas para capturá-los.

O grupo da dianteira cruzou o Che-La e seguiu veloz para o Rio Tsangpo, a 16 quilômetros. Rebeldes estavam à espera nas ribanceiras, com barcos para a travessia. Quando chegaram do outro lado, encontraram um grupo de aldeões que haviam sido informados de que o Dalai Lama se aproximava. A imagem dos tibetanos ao longo das trilhas era quase sempre a mesma: homens e mulheres vestidos com simplicidade, curvando a cabeça em oração, com varetas de incenso ou *katas* nas mãos. Um aldeão recordou ter espalhado feno e esterco por um trecho de gelo que o grupo atravessaria, chorando tanto de alegria quanto de desgosto ante o pensamento de que Sua Santidade estava escapulindo para a Índia. Outros levaram comida e roupa de seus parcos estoques e ofereceram para os foragidos, "chorando de pesar pela sina do Tibete". Sabendo que aquela poderia ser a última vez que veriam o encarnado, todos pediam sua bênção. À vista dos aldeões, o estouvamento dos fugitivos evaporou-se.

Depois de vinte horas de cavalgada ininterrupta, Choegyal e o segundo grupo de fugitivos pararam em Rame, um dos primeiros mosteiros Sakyapas do Tibete, construído no século XII. Àquela altura, a mãe do Dalai Lama era a pessoa em pior condição do grupo. "Eu não tinha uma echarpe ou óculos e, visto que trajava uma saia curta de homem, congelei no caminho", ela recordou. "Mal conseguia ficar de pé, numa mistura de frio, fadiga e cãibras nas pernas." O rosto dela estava coberto por uma camada espessa de poeira, e a pele havia começado a descascar devido ao vento e às tempestades. Choegyal estava gelado e cansado, mas cheio de alegria por ver o irmão mais velho, que chegara horas antes. Ele encontrou o Dalai Lama no segundo andar do mosteiro, vestido com botas de cano alto de couro e uniforme de soldado. "Como você está se sentindo hoje?", o Dalai Lama perguntou. O garoto respondeu que tinha ido tudo bem, exceto pela tempestade de areia e as dores da mãe deles.

Sua Santidade fez uma pequena pausa, olhando para o irmão mais moço. "Tendzin", ele falou, "você percebe que agora estamos livres?".

Choegyal concordou com a cabeça.

Mas os fugitivos ainda estavam a centenas de quilômetros da segurança. A rota à frente era traiçoeira, marcada por perigos tanto naturais quanto de origem humana. Eles estavam deixando o Vale de Lhasa, o coração da civilização tibetana, e aventurando-se em um território despovoado. Os Himalaias, ainda envoltos na neve de inverno, aguardavam; apenas os desfiladeiros mediam 5,8 mil metros ou mais, e na maior parte do ano eram totalmente intransponíveis. O Rio Tsangpo, com 450 metros de largura, gelado e rápido com a neve de inverno derretida, teria que ser atravessado. Os rebeldes dominavam o território à frente, mas lutavam com grandes contingentes de forças do ELP em lugares como Lhoka. Traidores entre o povo do Dalai Lama, militantes que preferiam a rebelião armada e desdenhavam de seu voto de não violência, podiam facilmente estar emboscados nas aldeias adiante, ou mesmo entre seu grupo, e entregá-lo para os chineses. Havia ainda lobos e leopardos nativos do sul do Tibete e o *de-mong*, um urso legendário com pelagem cor de mostarda. Havia deslizamentos de terra, frio intenso e queda de rochedos. Viajantes daquelas rotas com frequência encontravam rochas do tamanho de carros bloqueando vias que no ano anterior eram transponíveis.

Os grupos de fuga seguiram reto para o sul através de um cenário de sílex e areia. "Era tudo novo para mim, aquela terra", lembra Choegyal. Ele nunca havia se aventurado além de jornadas a um dia de Lhasa e agora via o antigo leito de mar que formou o enorme platô tibetano. "Lembrou-me a Palestina, árida e plana."

Mas os chineses eram a verdadeira preocupação. "Todos nós pensávamos que eles poderiam nos interceptar de repente", conta Choegyal. "Por isso viajamos muito depressa e não paramos mais do que o absolutamente necessário." Um líder khampa qualificou a rede de inteligência chinesa, mesmo em algumas zonas rurais, de "excelente". "Eles sabiam de antemão o que esperar", disse ele, "e podiam se preparar de acordo".

Se o grupo do Dalai Lama chegasse até a fronteira indiana, o primeiro-ministro Nehru, cada vez mais ansioso quanto ao relacionamento com os chineses, poderia se recusar a deixá-los entrar. O camareiro-mor mandara recados para Athar e Lhotse, que ele sabia que possuíam rádios capazes de chegar a Washington, mas os dois guerrilheiros ainda não haviam alcançado o grupo em fuga, e mesmo que conseguissem mandar uma mensagem com os rádios fornecidos pela CIA, não havia garantia de que Nehru concedesse asilo aos fugitivos. Antes de partir o camareiro-mor havia tentado notificar os indianos de que poderia ser feito um pedido de asilo, mas a mensagem jamais foi recebida em Nova Délhi.

Para enfrentar algum possível ataque do ELP, os guardas no trajeto andavam fortemente armados até mesmo para os khampas, as *chubas* atopetadas de espadas, adagas com pedras incrustadas, pistolas, rifles Lee-Enfield e caixas de amuletos budistas que eles acreditavam que iriam protegê-los das balas chinesas. Até o cozinheiro do Dalai Lama carregava uma bazuca nas costas e uma bandoleira com os enormes projéteis no peito. Em dado momento, querendo impressionar Sua Santidade com sua "arma magnificente e de aparência terrível", ele soltou a bazuca, carregou-a com um projétil, colocou-a no chão e disparou contra uma rocha. A bomba explodiu com poder impressionante, mas levou quinze minutos para a coisa ser carregada. Uma segunda demonstração demorou ainda mais. "Se vamos usar essa bazuca durante a guerra", comentou o Dalai Lama secamente, "talvez tenhamos que pedir ao inimigo para que não se mexa".

Os fugitivos cavalgaram em um ritmo punitivo, de cerca de 32 quilômetros por dia em altitudes de 4,8 mil metros ou mais através de trilhas acidentadas. À medida que avançavam, um erro de cálculo ficou claro. Alguns dos animais trazidos dos estábulos do Dalai Lama não eram adequados para a jornada. "Só tínhamos cavalos 'da corte', animais aristocráticos, pode-se dizer", contou um guarda. "Tudo que eles sabiam fazer era comer, beber e dormir." Até mesmo as parcas provisões que os guardas haviam carregado no lombo dos animais estavam se revelando pesadas demais, e os cavalos começaram a colapsar na estrada. Quando os fugitivos chegaram a um povoado, solicitaram animais de carga aos aldeões. "Por que precisam deles se vocês mesmos podem carregar os fardos?", retrucaram os aldeões, aparentemente sem perceber que aqueles não eram fazendeiros nem nômades robustos, mas professores e velhos criados na cidade. Finalmente quarenta camponeses, inclusive mulheres, prontificaram-se a pegar os fardos e carregá-los pelas montanhas. "Fiquei surpreso por ver mulheres dispostas a carregar cargas tão pesadas", disse um fugitivo. "Elas retrucaram que, em se tratando de carregar peso e subir montanhas, as mulheres eram mais fortes que os homens."

Sua Santidade despachou às pressas uma carta para seu rival ocasional, o Panchen Lama, em sua sede no Mosteiro de Tashilhunpo, informando-o de que havia fugido e encorajando a jovem encarnação a unir-se a ele. Fazia meses que os dois não se comunicavam, mantidos afastados não só por invejas centenárias, mas também pela aliança do Panchen Lama com Pequim. Mas, no inverno, o Panchen Lama de 21 anos de idade havia mandado um bilhete secreto dizendo ao Dalai Lama que os dois precisavam agir juntos em uma estratégia única. "Foi o primeiro indicativo que ele forneceu de que não estava mais sob servidão de nossos mestres chineses", disse o Dalai Lama. O líder tibetano também sabia que, com ele fora de cena, a pressão sobre o Panchen Lama para se curvar ao poder chinês aumentaria de modo exponencial. Pequim iria querer que ele se tornasse o que o Dalai Lama jamais fora: o rosto tibetano da ocupação chinesa.

Um dos ministros do Dalai Lama saiu à procura de Tenpa Soepa, um jovem e empreendedor funcionário do Norbulingka que ajudara a organizar a fuga. Quando encontrou o rapaz, o ministro perguntou se ele faria um trabalho para o Dalai Lama. Sua Santidade ainda levava consigo a carta que havia escrito aos ministros no Norbulingka – ou havia esquecido de entregá-la na correria da fuga, ou ficara preocupado de que deixá-la revelasse o plano dos fugitivos. Agora alguém precisava entregar a carta em mãos para o secretário pessoal do Dalai Lama em Lhasa. O ministro pediu a Soepa para aceitar a missão.

Soepa não queria deixar Sua Santidade nos confins do sul do Tibete. "Uma grande sensação de tristeza e depressão abateu-se sobre mim", disse ele. "Nunca na vida havia me sentido mais triste que naquele momento." Quando a emoção passou, ele começou a considerar o que o esperava em Lhasa. Era um lugar fadado a ser perigoso, especialmente para alguém que havia ajudado o Dalai Lama a fugir. "Os chineses estão lá", ele pensou consigo mesmo, "prontos para começar a matança. [...] Se eu voltar...".

Soepa juntou suas coisas, avisou seu criado e partiu para o palácio de verão.

NOVE

O Norbulingka

Soepa refez a rota dos foragidos de volta ao norte. Chegou ao Rio Kyichu, que havia atravessado poucas horas antes. Na ribanceira, encontrou alguns aldeões pobres à espera de um barco para Lhasa, onde venderiam galhos e ramos que juntavam para fazer fogo. Soepa advertiu-os contra isso: "Disse a eles que, em vez de vender a lenha, era provável que perdessem a vida". Ele ficou melancólico ao fitar a margem oposta: "Senti que, uma vez que cruzasse o rio, poderia talvez jamais tornar a fazê-lo".

O instinto de preservação levou-o a ficar fora da capital. Soepa considerou outro modo de fazer a carta chegar ao Norbulingka: pedir ao criado para levá-la. "Ele poderia passar e entregar a carta enquanto eu esperasse aqui", pensou Soepa. Incapaz de decidir, pegou o envelope sem lacre, puxou a carta e começou a ler. Se fosse importante o bastante, ele arriscaria a vida.

A carta informava os líderes sobre a fuga e indicava dois primeiros-ministros interinos e um novo comandante em chefe do exército, visto que o titular estava acompanhando os fugitivos. Instruía os homens a negociar com os chineses, evitar a violência e manter o Dalai Lama atualizado sobre os acontecimentos. No fim havia a assinatura de Sua Santidade.

A carta era obviamente essencial. Soepa decidiu que não podia simplesmente entregá-la ao criado. "É meu dever moral ir ao Norbulingka e entregar eu mesmo esta carta", ele pensou. "Mesmo que eu morra, então terei que morrer, mas não haverá arrependimentos." Ele lembrou de uma cláusula curiosa redigida nas Normas e Regulamentações Gerais com que todos os funcionários públicos tibetanos concordavam na contratação. "Pelo dever e responsabilidade", dizia ali, "deve-se saltar para dentro do inferno e deixar o pai para trás".

Soepa persuadiu um soldado que guardava a margem a mandar vir um barco e trinta minutos depois deslizava pelo rio. O barco tocou a margem arenosa, e um Soepa nervoso rumou para o Norbulingka. "A situação parecia delicada e vulnerável", diz ele. "Senti que o lugar inteiro poderia estourar em caos quando os chineses descobrissem que o Dalai Lama havia escapado." Soepa sabia que, dentro do palácio, apenas umas poucas pessoas suspeitavam de que os aposentos de Sua Santidade estivessem vazios naquela manhã. As atividades normais estariam em andamento. Os enormes mastins das dependências palacianas tinham que ser alimentados ao amanhecer. Os cavalos do estábulo tinham que ser levados para trotar, escovados e penteados. O macaco de estimação tinha que receber água. A vida no palácio de verão seguia como se fosse apenas mais um dia de primavera na Terra das Neves.

Quando Soepa chegou ao palácio, viu que a multidão ao redor não havia se modificado. Os manifestantes claramente não tinham conhecimento de que sua Joia Preciosa fora embora. Mulheres cozinhavam *tsampa* em fogueiras fumacentas, e guardas cochichavam ou lubrificavam os rifles. Enquanto o sol aquecia a névoa fria da manhã, homens pegavam pipas feitas em casa e corriam com os filhos, tentando erguer o artefato de papel no ar. A vários quilômetros dali, na Praça Barkhor, comerciantes chineses em suas tendas sopravam nas mãos enquanto arrumavam os estoques de lanches picantes, lã granulada, lindas sedas indianas e LPs do Ocidente. A única coisa que os comerciantes notavam é que as balas que vendiam a dois xelins a unidade estavam sumindo das prateleiras.

Havia um ar de contentamento nervoso, de se fazer algumas coisas antes da chegada do inevitável. "Não é preciso perguntar o que vai acontecer", escreveu o jornalista chinês Shan Chao. "Aqueles que estão de olhos e ouvidos atentos estão polindo seus rifles e balas. Peguei minhas granadas de mão e vou colocá-las ao lado de meu travesseiro." Havia sinais na cidade de que a liderança chinesa suspeitava de que o Dalai Lama tivesse escapado. Funcionários chineses apareceram nas embaixadas indiana e nepalesa e solicitaram permissão para vasculhar os prédios em busca de Sua Santidade. Ambos os cônsules recusaram. O oficial chinês Tan Guansan mais tarde enviou um segundo mensageiro à embaixada indiana sugerindo que os funcionários evacuassem o local, um mau sinal.

O Norbulingka

Soepa abriu caminho na direção do Norbulingka. Ele ainda mantinha sigilo. Os rumores de que o Dalai Lama havia escapulido do Norbulingka eram abundantes, mas milhares de boatos circulavam por Lhasa na ocasião, e ele tentou tratar as indagações sobre Sua Santidade como apenas mais um mexerico. Quando os manifestantes o interpelaram perguntando o que ele tinha ouvido, Soepa deu de ombros. "Sua Santidade?", disse ele. "Deve estar aqui ainda. Estivemos todos juntos aqui. Para onde mais ele poderia ir?"

Quando Soepa aproximou-se do muro externo do Norbulingka, uma arma estrondeou. Ele não deu bola. A cidade estava cheia de atiradores nervosos, e nos últimos dias "disparos acidentais", como ele colocou, eram comuns. Mas então houve outro disparo, e uma bala passou zunindo por sua orelha. Ele atirou-se no chão. Soepa não tinha ideia de quem havia disparado o tiro. Levantou-se lentamente e aproximou-se do portão. Só então um tanque chinês adentrou no campo de visão, rugindo estrada afora. Havia uma metralhadora fixa no topo, e um jovem atirador do ELP apontava a arma para os manifestantes. As pessoas ao redor dele abaixaram-se, mas Soepa procurou sua arma embaixo da *chuba*. O tanque avançou para os tibetanos por mais alguns segundos e afastou-se com uma guinada.

Soepa cumprimentou os guardas no portão, e eles o deixaram passar. Ele entregou a carta ao secretário pessoal do Dalai Lama e relatou que Sua Santidade estava a salvo. Tomou uma xícara de chá de manteiga, e a seguir deu início à segunda missão recebida dos ministros do Dalai Lama: reunir toda munição e armas que pudesse e levá-las para sua casa por medida de segurança. Naquela noite ele teve o primeiro sono decente desde o começo da revolta.

Ao amanhecer do dia 19, as ruas de Lhasa pulsaram aos sons de outro comício. A associação de mulheres havia planejado uma enorme marcha, e agora milhares de mulheres amontoavam-se nas ruas estreitas gritando *slogans* contra o ELP, agitando bandeiras de oração e expressando apoio irrestrito ao Dalai Lama. Era uma questão de honra para muitas famílias de Lhasa – de camponeses a aristocratas – que pelo menos um membro do clã estivesse lá para representá-los, as mulheres casadas em seus aventais coloridos finamente tecidos, as solteiras sem. Os soldados chineses observavam dos telhados dos prédios, alguns batendo fotos dos manifestantes, outros com o rifle apontado para a marcha lá embaixo. "Não tive medo de que os chineses atirassem em nós", disse uma monja de 28 anos que marchou naquele dia. "A situação era muito tensa, mas não podíamos imaginar o que estava por vir." O jornalista chinês Shan Chao, porém, relatou algo em que os chineses insistiram ao longo dos protestos: as marchas "espontâneas" na verdade eram realizadas na mira de uma arma. "Os rebeldes mandaram!", ele recordou dois vira-casacas tibetanos gritarem enquanto as mulheres passavam em marcha. "Disseram que qualquer um que não comparecer ao encontro no Norbulingka será multado; se ainda assim não comparecer, terá a cabeça cortada!" O observador ainda disse a Shan Chao que os tibetanos estavam sendo espancados até a morte por se recusar a protestar e que "nenhuma única das dezenas de monjas" alojadas no Templo de Jokhang havia escapado de estrupo pelos bandidos.

Os relatos quase que com certeza eram falsos. Nenhum dos tibetanos que estava em Lhasa naquele dia relatou ter sido forçado a protestar. Mas os rebeldes pediram aos comerciantes e escolas locais que fechassem na data em solidariedade, e muitos concordaram.

Soepa decidiu passar a noite no palácio de verão. A uma da manhã, estava adormecido no posto de guarda perto do portão norte do Norbulingka quando uma tremenda explosão acordou-o de súbito. Fogo de artilharia irrompeu na escuridão, acompanhado de abalos e som de vidro quebrado. Soepa correu para fora e viu que uma bomba atingira a residência particular do Dalai Lama, deixando um buraco no telhado. Ele conseguiu ver pedaços de madeira e argamassa espalhados pelo gramado. A investida chinesa contra o palácio de verão havia começado.

Soepa agarrou um rifle – um modelo novo em folha que jamais havia sido disparado – e correu para a barricada mais próxima, perto do muro norte do Norbulingka. Ele já podia ouvir as séries de tiro tornando-se mais intensas. Ele chegou à posição tibetana. Tiros de metralhadora eram dirigidos à paliçada térrea que os rebeldes haviam erguido às pressas, e os tibetanos respondiam com tiros de rifle. Soepa tirou o rifle do ombro, agachou-se e mirou nos clarões das armas, que era tudo que ele conseguia ver dos chineses. Mas a arma travou. Ainda tinha excesso de óleo e graxa do caixote de carregamento. Ele sacou sua pistola e começou a atirar. O estalido da pistola perdeu-se no retumbar aterrorizante dos disparos da metralhadora detonados do outro lado da estrada na direção dele, e Soepa pensou em um ditado tibetano: "Sabe-se quem ganhou e quem perdeu uma batalha pelo som de suas armas". *Realmente é verdade*, ele pensou.

A coisa que ele temia quando considerava um retorno a Lhasa finalmente havia acontecido. Soepa viu-se no meio de uma troca de tiros na qual os tibetanos estavam em desvantagem em homens e armas. As luzes do Norbulingka foram apagadas tão logo iniciou-se o fogo de barragem do ELP, de modo que ele via apenas vultos e sombras movendo-se ao redor, iluminados pelos clarões das armas e o luar pálido. Mas ele pôde ver homens – khampas e soldados tibetanos – cair atingidos por tiros e pôde ouvir seus grunhidos rudes ao cair. Alguns gritavam de dor, mas não havia serviço médico, nenhum planejamento de qualquer tipo de ajuda para os feridos. Ao recarregar a pistola, Soepa ficou aterrorizado porque seria morto a qualquer momento. Mas, depois de cinco minutos, viu sua mente desanuviada de qualquer ansiedade, quase fria, enquanto ele continuava a atirar contra os clarões do outro lado. "Você esquece o medo", disse ele. Ajudou ele ver mais e mais tibetanos chegar, pegar as armas dos soldados tombados e começar a atirar.

O Norbulingka foi o primeiro cenário de batalha na luta por Lhasa, mas escaramuças eram travadas pela cidade. Os tibetanos controlavam a maioria dos lugares altos. Estavam entrincheirados em Chakpori, a montanha com vista para Lhasa, e na Faculdade Médica perto de seu cume, com armas leves de artilharia, morteiros e uns canhões antigos que lá se encontravam há décadas. Dias antes, durante um protesto, Lobsang Yonten, adolescente de 16 anos, havia testemunhado um espetáculo perturbador na montanha. "Um punhado volumoso de bandeiras de oração pegou fogo, iluminando todo o céu", relembra Yonten. "Foi como se o ar fosse engolfado por chamas. Fiquei aterrorizado quando avistei aquilo." As pessoas na multidão discutiram se as bandeiras em chamas eram um bom ou mau presságio, mas Yonten sentiu a ansiedade revolver-se na boca do estômago.

Os rebeldes também controlavam o Potala e os mosteiros que circundavam a capital, onde centenas senão milhares de monges haviam se juntado à resistência e agora transportavam armas para os rebeldes ou atacavam o ELP. Os chineses estavam em desvantagem estratégica: controlavam a parte baixa, sempre a pior posição para se começar uma batalha. Mas eram superiores em todos os outros aspectos: em efetivo militar, treinamento, equipamento e planejamento, o ELP superava os tibetanos em ampla escala.

A artilharia chinesa pulverizou a área do Norbulingka. Mas quando os rebeldes tibetanos no Norbulingka tentaram avisar os atiradores da montanha sobre as posições do ELP, descobriram que os cabos para as posições do exército em Tez e Chakpori haviam sido cortados. Os tibetanos não possuíam rádio sem fio, de modo que o único jeito de se comunicar com a artilharia era enviando mensageiros montanha acima. No meio do combate, chegou um comandante vindo de Chakpori em busca de mais munição. Ele disse aos combatentes do Norbulingka para irem com ele. "Permanecendo dentro do Norbulingka vocês não têm como revidar", ele disse a um jovem oficial do governo. "Vocês serão simplesmente massacrados."

Soepa ouviu a mesma coisa de um rebelde: a batalha era inútil, e eles deveriam abandonar o palácio e correr para um terreno mais elevado. "Minha boca disse: 'Sim, você está certo, devemos correr'", ele lembrou. "Mas em minha mente eu não queria fugir naquele momento. 'Sua Santidade mandou-me de volta', pensei." Soepa imaginou escapar da batalha, fugir para o sul e de lá ir ao encontro do Dalai Lama. "Ele iria perguntar: 'Qual é a situação em Lhasa, no Norbulingka?'. Se eu tivesse que dizer: 'Bem, estão trocando tiros, e quando ouvi o som das armas eu saí correndo', seria vergonhoso."

Por mais despreparados que os chineses estivessem para a revolta, ficou claro nas primeiras horas de batalha por Lhasa que eles ao menos possuíam um plano para o fim da ação militar. Aqueles eram soldados supremamente disciplinados que haviam combatido os nacionalistas e aguentado as agonias da Longa Marcha. Muitos combatentes tibetanos recordaram que jamais viram um único soldado do ELP nas horas e dias seguintes enquanto as tropas cavavam trincheiras e construíam barricadas que superavam de longe as defesas amadoras que os tibetanos, com pouco ou nenhum treinamento militar, erguiam às pressas.

Mas os tibetanos tinham a adrenalina da esperança. Haviam desejado aquela guerra desde que o rumor de uma ameaça à vida de Sua Santidade varrera as tendas do mercado.

Yonten estava em uma casa a dez minutos do Norbulingka quando o bombardeio começou. Ele caiu no chão. "Ficamos lá deitados enquanto o céu enchia-se de tiros e bombas", diz ele. Enquanto comprimia o corpo no chão, uma moeda de prata caiu de seu bolso e rolou embora lentamente. Ele a observou girar e virar em cima da pedra do piso. "Sendo um garoto, eu estava mais preocupado com minha moeda de prata do que com qualquer outra coisa."

Ele logo transformou-se de manifestante em contrabandista de armas. Agora que a luta aberta havia eclodido, ele e o pai correram para o quartel-general tibetano para buscar armas e munição para os combatentes. Conseguiram levar nos braços onze rifles ingleses pesados e 1,2 mil balas. De volta ao centro da cidade, Yonten corria pelas ruas com calçamento de pedra quando um enorme projétil de artilharia explodiu nas proximidades. A onda do impacto derrubou-o no chão. Seus companheiros juntaram-no e foram à procura de combatentes que esperavam as armas nos becos e barricadas. Mas as ruas estavam envoltas em fogo cruzado entre os atiradores e tornara-se impossível andar sem levar tiro. O ar sobre a cidade tornara-se "escuro e horrível", com fumaça causticante dos incêndios provocados pelas bombas. "A situação era caótica e apavorante enquanto a batalha irrompia ao nosso redor", recorda Yonten. "O povo de Lhasa estava frenético, dizendo: 'A guerra começou'."

Yonten e o pai enfim conseguiram chegar a Shöl, pequena aldeia embaixo do Potala, e começaram a entregar os rifles, com a barulhada e o abalo do bombardeio por toda parte e as preces em voz alta de mulheres idosas reunidas com os soldados. Alto-falantes ao redor ribombavam a diretriz chinesa: "A menos que os tibetanos rendam-se e entreguem as armas, os chineses vão abrir fogo com armas mais poderosas e fazer o Potala virar pó". O anúncio era alternado com a voz de Ngabö, um conselheiro do Dalai Lama que estava rapidamente tornando-se um arquitraidor na mente dos rebeldes. A voz dizia a eles para entregar as armas. Se não o fizessem, Lhasa seria explodida em pedacinhos.

Naquele caos, o amado pai de Yonten entregava os rifles calmamente e pedia a cada combatente que assinasse um recibo para cada bala.

Logo ficou claro que as armas chinesas de fato estavam apontadas para o Potala acima deles, o símbolo do Estado tibetano. Yonten olhou para o palácio no morro enquanto esse desaparecia por trás de uma nuvem de poeira levantada pelas bombas. "Fiquei extremamente preocupado", ele recorda, mais preocupado naquele momento com o palácio do que com os homens ao seu redor. Espectadores em fuga da cidade viram a fumaça e dias depois diriam ao Dalai Lama que o Potala havia sido destruído, causalhando-se profunda aflição. Mas quando a fumaça dissipou-se depois de uma barragem de dez bombas, Yonten pôde ver os prédios brancos característicos do Potala quase intactos.

Foi uma rara vitória dos tibetanos.

Após umas poucas horas de troca de tiros com os chineses na estação de transporte, Soepa percebeu que o ELP estava vencendo. "As balas deles estavam acertando o alvo, e muitos do nosso lado foram mortos." Quando a manhã chegou, e os primeiros raios de sol iluminaram o céu, Soepa olhou em volta e contou dez corpos nas imediações, "sangue pingando por toda parte", com muitos mais feridos, gritando por água ou gemendo ao perder a consciência. Ele correu de volta para dentro do Norbulingka, agora morto de fome, e encontrou um local atrás do escritório do gabinete tibetano que parecia abrigado das bombas que caíam nos jardins e prédios do governo. Outro combatente sentou-se e comeu com ele, mas minutos depois um projétil de morteiro caiu a poucos metros, lançando estilhaços e uma enorme nuvem de pó sobre os homens agachados. Enquanto Soepa sacudia a poeira, seu companheiro cambaleou, com a xícara ainda na mão, e então tombou e morreu.

O terreno do palácio de verão, ornado com esculturas, tornou-se uma zona de matança regida pelo acaso. Não havia ninguém no comando. Nenhum comandante tibetano possuía um plano de batalha ou na verdade um objetivo além de manter os chineses a distância. Não havia uma cadeia de comando a ser consultada. Parecia que ninguém possuía qualquer noção de tática de guerra de rua nem fazia ideia das vulnerabilidades do ELP. O inimigo não era sequer visível, só suas vítimas. Os tibetanos, totalmente despreparados para a guerra, eram lentamente despedaçados pela artilharia chinesa e abatidos um a um por seus atiradores de elite. Contudo, poucos fugiram. Os rebeldes sentiam que tinham que ficar para defender o palácio e Sua Santidade, que muitos acreditavam que ainda estivesse escondido no local. Soepa e centenas de outros homens corajosos e completamente confusos correram de um lado para o outro, dos portões para os prédios no interior, enquanto a fumaça vinda das baterias de artilharia chinesa espalhava-se e irrompiam incêndios em palácios e capelas. Soepa recordou cada conversa com as pessoas que saíam da escuridão e da poeira crescente, cada uma delas relatando seu fragmento pessoal da situação da guerra, apenas para desaparecer de novo em uma tarefa ou para ser estraçalhada por uma bomba caída do céu.

A morte agora estava "por toda parte":

> Havia um homem com a nádega arrancada, ele respirava. Eu pude ver o sangue jorrar. Ele me chamou e pediu que eu atirasse nele, mas não consegui me forçar a fazê-lo. As bombas explodiam corpos humanos em pedaços. Pernas, mãos e pedaços arrancados choviam com a poeira.

Outro combatente disse a Soepa que eles estavam indo embora e que ele deveria ir junto. Enquanto Soepa indagava a si mesmo o que fazer, de pé no gramado do Norbulingka, uma bomba explodiu a poucos metros, e um jovem criado do palácio parado ao lado dele tombou no chão, morto por estilhaços. "Pensei: 'Tudo bem, se me matarem, é isso aí. Não há nada que eu possa fazer'." O grupo de combatentes partiu sem ele, e muitos seguiriam o Dalai Lama pelos Himalaias até a Índia. Mas Soepa, importunado por um senso de dever para com Sua Santidade, permaneceu.

Ele rumou outra vez para o portão norte. Quando aproximou-se, um miliciano tibetano emergiu da fumaça e espetou o cano de seu rifle no peito de Soepa. "Vou dar um tiro em você!", ele gritou. "Vocês do governo – nós pedíamos armas, mas até agora não haviam nos dado nada." O homem atribuía a queda do Tibete a burocratas como Soepa. Agora faria este último pagar o preço.

Soepa pegou sua arma rapidamente. Quando sua mão agarrou o cabo da pistola, outra bomba caiu nas proximidades e levantou uma nuvem de poeira. Corpos tombaram à direita e à esquerda. O miliciano prestes a matá-lo não estava à vista em lugar algum. Semissurdo, Soepa correu. Quando se recuperou do abalo poderoso da bomba, verificou que sofrera apenas um ferimento: estilhaços haviam penetrado no ombro esquerdo, provocando um fluxo constante de sangue braço abaixo e fazendo que a região atingida latejasse dolorosamente. Todavia estava vivo. Seu "protetor de armas", o amuleto que ele usava no pescoço, com uma imagem sagrada e pedacinhos dos despojos de um grande lama, havia salvo sua vida. Soepa fez uma prece de agradecimento em silêncio.

Os chineses estavam lutando e morrendo também. Uma batalha feroz acontecia em Chakpori, localizada entre o centro de Lhasa e o Norbulingka. Uma companhia do ELP avançava contra rebeldes tibetanos entrincheirados acima dela. Quando as forças chinesas lançaram sinais luminosos para o alto, para iluminar o céu antes do alvorecer, Fu Lo-min, um líder de esquadrão com o primeiro pelotão do ELP na montanha, investiu contra um ninho de metralhadora que havia sido instalado em uma casa de telhado plano. "A colina era muito íngreme, mas em oito minutos chegamos ao telhado", ele lembrou. "Fui atingido por uma bala na perna, mas continuei no comando até outras unidades invadirem e cobrirem nosso avanço." Os rebeldes fugiram.

Mesmo os relatos oculares de soldados do ELP foram recobertos com a insistência chinesa de que os tibetanos estavam unidos *contra* os guerrilheiros. Atrás do pelotão de Fu Lo-min, um soldado chamado Chang estava varrendo o morro com fogo de metralhadora para cobrir o avanço do pelotão. "Liquidamos com pontos rebeldes importantes", disse ele, acrescentando: "O povo tibetano local nos encorajou e ajudou a carregar o equipamento para acabar com os bandidos".

Com certeza havia gente de Lhasa furiosa com os rebeldes por causa do levante. Os tibetanos jamais foram um monólito, e havia pró-chineses salpicados entre a população das classes baixas e altas. Sem dúvida havia pessoas que acreditavam que os chineses haviam trazido prosperidade e até mesmo liberdade das elites e dos burocratas. Mas a afirmação de que os rebeldes compunham uma minoria da população e que foram os conspiradores de um golpe de Estado impopular simplesmente não é digna de crédito. Por si só, as fotos de multidões maciças em protesto refutam isso. Nenhum tibetano em Lhasa por ocasião da batalha lembra de algum vizinho ajudando o ELP. Fazer isso seria inimaginável.

O Templo de Jokhang, perto da Praça Barkhor, de telhado guardado por estátuas hediondas de homens-pássaro com cabeças de criança, asas de abutre e badalando sinos de vento embaixo do queixo, havia se tornado uma combinação de quartel-general e posto de refúgio dos rebeldes. Cerca de duzentos soldados do exército tibetano e cem policiais tibetanos haviam se refugiado no enorme templo de paredes brancas com telhados dourados e esculturas budistas cobertas com lâminas de ouro, junto com centenas de mulheres e crianças foragidas do combate. Os muros de dois andares do local sagrado escondiam pátios amplos, onde entrava a fumaça dos combates abertos, enquanto os habitantes de Lhasa aguardavam nervosos por notícias do que estava acontecendo do lado de fora.

Um monge alto e magro andava apressado pelos pátios enquanto os sons da batalha ecoavam do lado de fora. Era Narkyid, de 28 anos de idade, funcionário que servia no Conselho de Lhasa junto com três monges mais velhos e um quarteto de funcionários leigos. O esperto Narkyid havia se tornado a figura-chave no conselho, o homem a quem os mais velhos voltavam-se quando precisavam que algo fosse feito. Ele até falava um pouco de mandarim, o que facilitava muito as tratativas com os chineses.

Dias antes, membros do gabinete do Dalai Lama haviam abordado Narkyid e dito: "Você deve ficar no Jokhang e assumir a responsabilidade pelo lugar", ele recorda. "Eles disseram: 'Esse é um de nossos locais mais importantes'." Era um eufemismo: o Jokhang era a Basílica de São Pedro tibetana. Nos dias seguintes a 10 de março, Narkyid ficara no vaivém entre o Norbulingka e o templo, organizando defesas e se inteirando das últimas fofocas palacianas. Quando visitou o palácio de verão em 18 de março, imediatamente notou uma diferença. "Senti que faltava alguma coisa", diz ele. "Não havia energia no palácio. Ela de fato tinha desaparecido." Os funcionários mantiveram uma agenda normal de reuniões e compromissos, mas "nós sabíamos, sabíamos" que o Dalai Lama havia se evadido. Naquela manhã, Narkyid ficara aliviado ao sentir o curioso vazio espiritual do palácio. E agora que Sua Santidade se fora, o Jokhang era o ponto espiritual do Tibete.

As lajes do piso dos pátios foram erguidas, e cavaram-se poços até o lençol freático. Centenas de mulheres afluíram através das portas de madeira e acenderam fogueiras, fervendo chá e assando *tsampa*. Narkyid mandou trazer enormes bolas de lã nepalesa grossa e encharcarem-nas com água, o que as deixou ainda mais densas; depois de saturadas, as bolas foram enfiadas nas fendas que riscavam as paredes do Jokhang para impedir que as balas penetrassem na área interna. Foram trazidos mantimentos: imensas quantidades de cevada, manteiga e carne – carcaças secas no ar da montanha – foram amontoadas ao longo das paredes internas. Narkyid providenciou a construção de duas barricadas. Soldados encheram sacas de areia e as empilharam ao longo do portão dos fundos, acrescentando vigas de madeira e tapando os buracos com lama e barro, enquanto uma segunda barricada foi para outra entrada, essa construída com lajes pesadas, mobília e trastes desencavados do Jokhang e das casas da vizinhança. Os soldados instalaram uma metralhadora no centro do baluarte e distribuíram uma dúzia de armas Lewis – metralhadoras leves usadas inicialmente na Primeira Guerra Mundial – e pequenos morteiros pelo terreno do templo. Não havia como saber de que direção os chineses viriam, e o pequeno arsenal era o que todas as centenas de tibetanos apinhados nas capelas e áreas abertas do espaçoso complexo do templo tinham para resistir.

Quando as armas do ELP abriram fogo nas primeiras horas de 20 de março, Narkyid estava no Jokhang. Ele sabia que o som era o fogo de barragem inicial sobre o Norbulingka e as posições rebeldes. O Jokhang de momento escapara incólume. Ao amanhecer, quando as armas pararam por um momento, ele subiu até uma passagem no telhado do templo. De lá podia ver Lhasa a seus pés, a fumaça erguendo-se dos incêndios e o palácio de verão queimando lentamente ao longe. Mas o Norbulingka ainda mantinha uma beleza espectral, emoldurado contra as montanhas baixas, tudo vívido mesmo a distância. "Dava a impressão de que você estava olhando um quadro."

Com a batalha ainda grassando no palácio de verão a quilômetros de distância, Narkyid mandou soldados cortar o telégrafo e os fios elétricos dos alto-falantes que circundavama Praça Barkhor, a poucos passos do portão principal do Jokhang. "A cada vez que subiam num poste e cortavam um fio, eles penduravam-se ali e gritavam: 'Ah, feito'." Mas parecia que os tibetanos nunca conseguiam calar todos os alto-falantes, e a voz com sotaque mandarim seguia no mantra: "Rendam-se agora". Sob outros aspectos, o Jokhang havia retornado aos tempos anteriores à ocupação. A eletricidade trazida pelos burocratas chineses estava cortada; ao anoitecer, o templo era iluminado pelas fogueiras de cozinhar e por tochas, as sombras esvoaçando pelas paredes de pedra bruta. Os chineses, instalados no cinema do outro lado da rua, trocavam barragens de fogo de metralhadora com os rebeldes que guarneciam as barricadas do templo. Mas as balas do ELP produziam pequenos jatos de areia nas sacas ou afundavam sem fazer ruído nas bolas de lã encharcadas.

Tarde naquela noite, Soepa obteve uma metralhadora e, enquanto seguia às pressas para uma posição rebelde a fim de começar a usá-la, o secretário do Dalai Lama correu até ele e disse que Chakpori, a principal posição da artilharia tibetana, fora tomada pelos chineses. Os rebeldes deviam reunir alguns combatentes e retomá-la, disse o secretário. Soepa concordou, vestiu roupas limpas e foi recolher munição para o combate que se seguiria. "Esperei com uns mil cartuchos, mas ele não apareceu", lembra o secretário. Outro homem agarrou Soepa e disse, pela quinta ou sexta vez em 24 horas, que os combatentes deviam escapar do Norbulingka. Finalmente convencido de que a situação dos rebeldes era irremediável, Soepa foi atrás de cavalos para a jornada. Chegando aos estábulos, viu que todas as baias estavam vazias. "O que aconteceu com todos os cavalos?", ele gritou ao chefe dos cavalariços. "Foram levados", o homem respondeu. "Ameaçaram me matar se eu não desse as montarias." Soepa sacou a pistola e apontou para um homem que levava um cavalo embora. "Ele entregou-me o cavalo na mesma hora", conta.

Mais rebeldes chegaram correndo ao estábulo e disseram a Soepa que os chineses haviam tomado as únicas posições rebeldes que poderiam oferecer refúgio e naquele momento avançavam sobre os muros do Norbulingka. Mais uma vez os planos de Soepa mudaram no mesmo instante. Ele e outros combatentes decidiram lutar até o anoitecer e depois fugir por Ramagang, uma travessia no Rio Kyichu perto de Lhasa.

Uma bomba estourou nos estábulos. Soepa foi jogado ao chão e caiu inconsciente, a metralhadora colidindo com suas costas na queda. Um jovem aristocrata tibetano estava a alguns metros de distância. Os estilhaços rasgaram a coxa direita do aristocrata e abriram uma veia em seu rosto. O sangue jorrou e cobriu suas roupas; pouco depois ele podia sentir o sangue chapinhando dentro dos sapatos enquanto tentava sair à força do prédio despedaçado. "Muita gente dentro dos estábulos, bem como cavalos e mulas, estavam mortos ou feridos", disse ele. "Os vivos gritavam para que os outros os ajudassem a sair dos escombros." Quando o bombardeio, que sempre parecia vir em ondas, começou de novo, o aristocrata saiu em um cenário carbonizado e ardente. Os prédios estavam em chamas, e uma fumaça cinzenta dispersava-se entre os álamos. Mas o que atraiu seu olhar foi um macaco, aquele que por anos havia sido a figura central do zoo particular do Dalai Lama. O animal estava preso a um poste no estábulo do pátio, "saltitando para cima e para baixo em terror". Quando havia uma explosão, o macaco escondia a cabeça em um toldo de algodão. "Ele olhava ao redor para os mortos e feridos com os olhos esbugalhados e ficava ainda mais aterrorizado." O jovem tentou em vão soltar o macaco, mas o animal estava assustado demais para deixá-lo chegar perto. Por fim o rapaz deixou-o ali e cambaleou embora.

O "Comitê Militar do Exército de Libertação Popular do Tibete" fez uma oferta aos rebeldes. "Não serão levados em conta os crimes passados daqueles que desertarem dos bandidos rebeldes e voltarem para nós; aqueles que cooperarem serão recompensados; todos os capturados serão bem tratados, não serão mortos, insultados, surrados ou revistados nem privados de seus bens pessoais". Homens foram aos mosteiros em torno de Lhasa e disseram aos monges para sair – mais tarde os monges perceberiam que os homens eram traidores trabalhando para o ELP, tentando atrair os tibetanos para fora, de modo que pudessem ser presos.

Ao cair da noite, Soepa viu-se capturado no estábulo destruído, incapaz de se levantar. Havia mortos e moribundos por toda parte. Tirando a metralhadora pendurada nas costas, usou-a como bengala e andou até a próxima sala, onde os sobreviventes tentavam recobrar os sentidos. E então outra carga atingiu o lugar. "O telhado caiu em cima de mim", recorda Soepa. "Fui prensado e só consegui me desencavar com grande esforço." A perna esquerda foi dilacerada pelas vigas que caíram, e ele não conseguiu erguer-se sobre ela. Subitamente sedento, Soepa começou a rastejar em busca de água.

Não havia água nenhuma. Arfando e sangrando, ele deitou-se no chão do prédio destroçado e avaliou a enrascada. "Não posso mais lutar", ele pensou, "e agora não tenho chance de escapar. Se for capturado, com certeza irão me torturar". Concluiu que era melhor morrer, e por isso parou de tentar encontrar abrigo das balas que voavam vindas das posições chinesas e da procissão de bombas de morteiro e de artilharia. Mas, passada uma hora, Soepa não fora atingido por nada maior que pedaços de lama. "Finalmente concluí que uma bala chinesa não iria me matar, de modo que saquei a pistola e decidi dar um tiro na cabeça." Mas mudou de ideia. No budismo, a forma ideal de morte é na água, o que garante "uma mente clara e lúcida" na próxima encarnação. O suicida budista deve considerar seu estágio seguinte na vida, e o lago do Norbulingka, onde o Dalai Lama quase se afogara duas vezes na vida, oferecia o método mais vantajoso. Soepa guardou a pistola no coldre e começou a rastejar na direção da água. Os pacíficos jardins do palácio de verão agora eram um abatedouro destroçado de homens e animais moribundos, mas o lago estava tranquilo como sempre, a superfície calma e de uma serenidade convidativa. Soepa rastejou até a margem e tombou dentro d'água. Sentiu-se afundar à deriva até a bota tocar o lodo do leito barrento. O jovem oficial tentou ficar ali, suspenso na água verde-escura, de olhos abertos, mas sentiu que estava subindo. Saindo à superfície, Soepa tomou fôlego e mergulhou de novo para o lodo que sugava as solas de suas botas, mas a flutuação natural continuava fazendo que ele voltasse à superfície.

Seus amuletos eram poderosos *demais*. "Eu simplesmente não ia morrer", ele percebeu. Finalmente Soepa soltou o ar, tomou um grande gole de água e afundou de novo. Sentiu o fundo debaixo dos pés e agarrou o lodo com as mãos. Mas não havia plantas para segurá-lo. Ele começou a subir.

Trinta minutos depois, ele desistiu e decidiu viver.

Alguns tibetanos aproveitaram o caos reinante em Lhasa para ajustar velhas contas. Um deles foi Ugyen, um rapaz na metade dos 20 anos, membro da classe mais baixa da sociedade tibetana, os *Ragyabas*, homens e mulheres condenados a executar tarefas deixadas para os párias: limpar esgotos, mendigar em casamentos e esquartejar corpos que depois eram dados aos abutres em sítios cerimoniais. Eles eram dirigidos por um senhor hereditário, o Dhaye, que recolhia seus rendimentos e os vergastava impiedosamente com uma vara de bambu de extremidade rachada. "Realmente não posso começar a contar o número de vezes que fui surrado", disse Ugyen ao escritor Patrick French. "Em geral se sangrava... e às vezes pedacinhos da carne saíam com o bambu." Incapaz de fugir de sua sina, os impuros *Ragyabas* não eram considerados plenamente humanos pelos outros habitantes de Lhasa, de modo muito semelhante à classe Dalit da Índia, considerada intocável. Se havia um grupo de pessoas que representavam as acusações comunistas contra a sociedade tibetana – de que era opressora e feudal – era o povo de Ugyen.

Quando o bombardeio começou, Ugyen observou os jatos de poeira expelidos pelos muros do Potala e decidiu que era a sua chance. "Pensei, é isso aí, Lhasa está em revolta, e vou me vingar do Dhaye", disse ele. Ugyen pegou uma faca e na calada da noite esgueirou-se até a casa do senhor, onde planejava matar o mestre. Mas, quando chegou ao endereço, Ugyen descobriu que o homem havia fugido com a família. Muitos aristocratas sabiam que, se os chineses assumissem o controle total do Tibete, eles seriam os primeiros alvos do ELP. Mais tarde Ugyen ficou sabendo que o Dahye fora morto por uma bomba chinesa quando seguia para o Rio Kyichu. "Fiquei muito feliz quando soube da notícia", recordou Ugyen.

O jovem *Ragyaba* ficou ao léu. Verdadeiro modelo do proletariado oprimido, ele deveria estar festejando o som das explosões na sede do poder tibetano, o Potala. Mas em vez disso fez uma coisa que os chineses, caso soubessem, não teriam entendido: juntou-se à resistência. Ugyen era leal ao Dalai Lama e em seu coração estava convencido de que os chineses ateístas destruiriam o Dharma. E ele estava disposto a entregar sua vida para impedir que isso acontecesse. "Os comunistas queriam acabar com nossos mosteiros e templos", ele disse. "Queriam destruir nossos deuses." Era um sentimento com o qual milhares de tibetanos identificavam-se. O que os chineses não conseguiram entender é que aquele era um levante de budistas, mais ainda do que de tibetanos.

A guerra mudou um fato da existência de Ugyen. Quando ele fugiu de Lhasa e se juntou aos guerrilheiros em Nagchu, no norte do Tibete, notou que sua condição de *Ragyaba* não fazia diferença. "Ninguém ligava", recordou ele. A batalha havia apagado, ainda que temporariamente, os laços hereditários de sua família. Ele lutou como um cidadão livre. E o mais importante para ele: lutou como um homem de fé.

DEZ

Operação imediata

Enquanto os rebeldes tibetanos lutavam e morriam, o grupo do Dalai Lama seguia as velhas rotas de mercadores para o sul. Estavam agora em uma das regiões mais desoladas da Terra e viam poucas pessoas à medida que seus cavalos e pôneis moviam-se hora após hora ao longo das trilhas cobertas de pedras. A rota lhes permitiria, caso fossem interceptados, virar para a fronteira do Butão. "Se o que já estava ruim piorasse, ainda teríamos uma linha de retirada atrás de nós", disse o Dalai Lama. Agora que haviam imposto uma boa distância entre eles e os acampamentos do ELP em Lhasa, o medo mais pungente era o de acabarem capturados pelos esquadrões chineses que se deslocavam dos acampamentos em Gyantse e Kongpo.

No dia 20 de março os fugitivos chegaram a Drachima, onde encontraram uma dúzia de rebeldes à espera montados, chefiados pelo alto e imponente líder khampa Ratuk Ngawang. Sua Santidade, "jovem e energético", nas palavras de Ngawang, imediatamente encetou uma conversa. "Ele disse que não havia por que se aborrecer com as várias declarações emitidas contra nossos combatentes da resistência", conta Ngawang. "Ele falou que estávamos fazendo o que era necessário e que nosso trabalho duro não seria em vão." O líder khampa concordou, comovido com essa garantia. O Dalai Lama finalmente estava revelando seus verdadeiros sentimentos sobre a rebelião.

"Você tem alguma notícia de Shudup Rinpoche?", perguntou o Dalai Lama, indagando por um guru do Mosteiro de Lithang, a "terra nativa" de Ngawang. O khampa, um homem que havia matado dúzias de soldados do

ELP e assistido à morte de seus próprios homens, tentou falar, mas foi tomado pela emoção. "Meus olhos encheram-se de lágrimas." Shudup Rinpoche era seu "lama de raiz", alguém querido a seu coração, e Ngawang sabia que ele fora capturado em Lithang.

"Foi um erro perguntar", disse o Dalai Lama gentilmente. "Lamento." Ele olhou para a espada do líder rebelde.

"Quantos chineses morreram por essa lâmina?", perguntou Sua Santidade.

"Dois chineses gravemente feridos tiveram que ser mortos com ela, Sua Santidade. Puramente por misericórdia, para tirá-los do sofrimento."

O Dalai Lama assentiu. Seu olhar deslocou-se para o rifle do khampa. Vendo o quão interessado ele estava na arma, Ngawang soltou-a e a ofereceu a Sua Santidade.

As armas e os soldados de brinquedo com que o Dalai Lama brincava quando criança agora eram subitamente bem reais. Sua Santidade estendeu a mão para o rifle.

"Não brinque com suas armas tão perto de Sua Santidade!", gritou o camareiro-mor. "Poderia haver um acidente."

"Não se preocupe", disse o Dalai Lama calmamente. "Esses homens sabem como manejá-las."

Naquele momento, Athar e Lhotse cavalgavam rumo ao norte para se unir aos fugitivos. Eles alcançaram o grupo do Dalai Lama em 21 de março em Chongye Riwo Dechen, a cerca de um terço do trajeto de Lhasa para a fronteira indiana, carregando o aparelho RS-1, rifles e outro presente da CIA – uma pequena filmadora, que mais tarde usariam para registrar cenas da fuga. Encontraram os fugitivos em um pequeno mosteiro. Na mesma hora Athar solicitou uma audiência com Sua Santidade, mas o camareiro-mor explicou que o Dalai Lama precisava descansar primeiro. Os guerrilheiros poderiam vê-lo na manhã seguinte. Agora que o rompimento do Dalai Lama com os ocupadores chineses era público e notório, o jogo havia virado: era o camareiro-mor que estava ansioso para conversar com os rebeldes e ouvir os planos da CIA para o Tibete. Athar falou sobre os recursos dos rebeldes e contou algumas de suas façanhas recentes. Também revelou pela primeira vez que os americanos estavam soltando carregamentos de armas no Tibete por meio de aviões e treinando guerrilheiros em Camp Hale para reinserção no país. O camareiro-mor ficou encantado. O governo tibetano precisaria de todos os aliados que conseguisse achar apenas para ter uma chance de sobreviver. Depois do encontro, Athar sacou seus livros de código da CIA e começou a redigir uma mensagem urgente para mandar pelo rádio RS-1.

Em Washington, D.C., os membros da Força-Tarefa Tibetana não sabiam que os tibetanos estavam em meio a uma revolta. Tinham pequenas informações que sugeriam que o ressentimento contra a China estava aumentando até em Lhasa, mas não tinham como saber que uma rebelião havia estourado e Sua Santidade estava em fuga. Os agentes passavam seus dias em rotinas burocráticas: planejar lançamento de cargas por avião, pedir aeronaves da CIA, traçar orçamentos – "como gerenciar uma firma de importação e exportação", diz John Greaney. O subchefe havia sido encarregado da tarefa deveras maçante de traduzir as mensagens provenientes de Athar nos primeiros dias de março: relatórios sobre a infraestrutura do ELP, o moral dos rebeldes e números das tropas. Aquilo era vital sobre determinado aspecto, mas tinha pouco do elemento de "explodir e incendiar" que Greaney apreciava.

Todo dia Greaney arrastava-se até a sede pós-guerra da agência, um conjunto de prédios temporários infestados de ratos junto ao adorável e plácido espelho d'água, entre o Monumento a Washington e o Memorial de Lincoln. Embora estivessem localizadas no coração da cidade, as instalações da CIA eram feias, mal construídas e guarnecidas por guardas sonolentos desesperados para escapar da chatice do posto de trabalho. Com o Tibete treze horas à frente do horário padrão da Costa Leste, as mensagens de Athar invariavelmente chegavam no meio da noite, exigindo que Greancy – nas raras ocasiões em que entrava um boletim urgente – deixasse a jovem esposa na cama em sua casa em Chevy Chase, pulasse na caminhonete Ford e percorresse as ruas desertas de Washington até o Centro de Sinais.

Para traduzir as mensagens que chegavam de Athar – o criptônimo dos boletins era "ST Budwood" – e enviar as instruções da agência, a CIA tinha um monge mongol, Geshe Wangye, escondido em uma casa de segurança não muito longe do espelho d'água. O monge era devotado à missão, mas reconhecível demais para o gosto da agência. "Geshe andava pela rua com os mantos cor de açafrão, um sobretudo e um chapéu de feltro", diz Greaney. "Tentávamos mantê-lo longe das ruas o máximo possível." E o trabalho com frequência era entediante: traduzir mensagens cheias de frases como "35 caixas de armas e 2 de rifles sem recuo e explosivos". Era um pouco enervante também que o monge fosse o único a falar tibetano na sala. "Lembro que uma vez Des FitzGerald me perguntou: 'Como você sabe o que ele está colocando naquelas mensagens?'", recorda-se Greaney. "'Pelo que sabemos, ele poderia estar mandando eles se matarem uns aos outros.'" Greaney concordou. O mesmo pensamento havia lhe ocorrido. Mas com o tempo ele viria a confiar no paciente Geshe, que era profundamente grato pela chance de morar nos Estados Unidos e, Greaney sentia, não iria trair os homens que agora tentavam ajudar seu povo.

Entretanto, desde a tentativa abortada de Athar de chegar ao Dalai Lama e obter sua aprovação para a rebelião, a CIA não estava nada empolgada com Sua Santidade. Ele "era tão pacifista", na visão de Greaney, que se recusava a endossar os combatentes da liberdade, tornando os esforços da CIA em favor deles quase discutíveis. Entre os membros da Força-Tarefa havia uma certa sensação de que o Dalai Lama levava a não violência a sério demais para o bem de seu povo. Eles ansiavam por um homem de ação – ou pelo menos alguém que apreciasse seus esforços. "Essa era a coisa difícil de entendermos" admite Greaney. "Estávamos tentando ajudar o cara a resistir aos chineses, *e ele não gostava nem um pouco daquilo.*"

Contudo, em Washington não havia dúvida de que o jovem monge era o eixo da resistência. Àquela altura, a missão da Força-Tarefa era simples, e Greaney sabia: "proteger o Dalai Lama e tirá-lo de lá".

Mas as mensagens de Athar no meio de março eram chatíssimas. O Tibete parecia adormecido.

Até a noite de 21 de março. A uns 12 mil quilômetros de Lhasa, em Chevy Chase, Maryland, Greaney estava ferrado no sono quando o telefone tocou. Era o Centro de Sinais da CIA. "Tinham uma OpIm do Tibete", diz ele. Uma "OpIm", ou "operação imediata", era a segunda classificação mais urgente da agência para mensagens recebidas. Apenas "Flash" era superior. "E em todos os meus anos de CIA", Greaney acrescentou, "jamais vi uma única 'Flash'". O agente pulou na caminhonete Ford, tirou-a de ré da entrada de casa e rumou para a cidade adormecida, o rádio sintonizado em sua estação favorita de *country* e *western*, que tocava *Chattanoogie Shoe Shine Boy*, o sucesso de Red Foley. Vinte minutos depois, chegou no Centro de Sinais, mostrou sua identificação para um guarda semiadormecido e agarrou uma folha cheia de grupos de cinco números em tinta púrpura. Dando uma olhada, pulou para dentro do carro e voou pelas ruas desertas até a Avenida Wisconsin, onde Geshe Wangye, o monge e tradutor mongol, estava à espera.

Wangye começou a converter os números para tibetano e de tibetano para inglês. "Ele ficou lá sentado, coçando a cabeça e dizendo: 'Acho que os rapazes estão dizendo isso, mas podem ter querido dizer aquilo'." Greaney sentou-se com ele à mesa da cozinha, montando as palavras à medida que apareciam através da névoa da linguagem em código. Ele estava nervoso. Aquele boletim seria transmitido ao presidente dos Estados Unidos dentro de poucas horas e podia-se supor que contivesse o destino do Dalai Lama e do Tibete em sua teia de números aparentemente aleatórios. "Não havia tradução literal para o que eles diziam", reconhece Greaney. "Era: 'O que eles estão tentando dizer?'. Foi por palpite e pela graça divina que deciframos aquelas mensagens."

A mensagem de Athar incluiu detalhes da rebelião em Lhasa. A CIA ficou exultante. O fato de o Dalai Lama ter escapado do controle chinês seria de enorme proveito nos esforços para deslegitimar a ocupação chinesa. Ter o Dalai Lama no sul do país concedia credibilidade instantânea ao respaldo da CIA à resistência tibetana. Para onde o Dalai Lama ia, o Tibete ia também.

Em 22 de março, Athar e Lhotse foram levados à presença do Dalai Lama. Sua Santidade examinou os homens que tinham ido aos Estados Unidos, olhando cada item do equipamento e arma que carregavam. "Ele queria ver especialmente o equipamento de rádio", recordou Athar, "mas dissemos que estava escondido nas montanhas". De fato, o aparelho estava ali perto, mas a CIA havia dito a Athar para não mostrar o RS-1 para ninguém. O agente da CIA então perguntou ao líder tibetano quais eram seus planos para o futuro imediato, e Sua Santidade disse que conduziria o grupo foragido à fortaleza de Lhuntse Dzong, rejeitaria o Acordo de 17 Pontos e instalaria um governo tibetano provisório. "Lá... eu devo ficar", disse o Dalai Lama, "e tentar abrir negociações pacíficas com os chineses". Para Athar era óbvio que Sua Santidade queria permanecer no Tibete e não previa cruzar a fronteira para a Índia, um passo que talvez levasse a seu exílio permanente. Quando o Dalai Lama perguntou sobre os rebeldes e a CIA, Athar falou de Camp Hale e das armas que a agência enviara para o Tibete de paraquedas, descreveu o rádio RS-1 que proporcionava uma ligação direta dos rebeldes com Washington e com o presidente Einsenhower. "Deu para ver que ele ficou muito animado com isso", relembrou Athar.

Athar rabiscou uma mensagem para a Força-Tarefa Tibetana, e a CIA respondeu rapidamente, dizendo que planejavam mais envios aéreos para os rebeldes tibetanos no futuro próximo, inclusive um envolvendo dois carregamentos de munição com poder de fogo suficiente para abastecer dois mil soldados. Os aviões aguardavam em uma pista de pouso no leste do Paquistão, e Athar respondeu que as armas deviam ser lançadas em Tsethang, perto do quartel-general dos rebeldes. Mas a base logo foi invadida por batalhões chineses, forçando o cancelamento da entrega. A fuga reenergizou a investida do ELP contra os guerrilheiros. A batalha pelo Tibete agora era para valer.

Sua Santidade e seu grupo deixaram o líder khampa Ratuk Ngawang e seus rebeldes em Chongye Riwo Dechen. Os homens haviam conduzido os fugitivos a salvo por sua área de operações e agora voltavam para lutar contra o ELP. Sua Santidade puxou o líder montanhês de lado e disse que ele e seus homens poderiam acompanhá-los para o sul se quisessem.

"Eu disse a Sua Santidade que meu dever era voltar e liderar os combatentes tibetanos", explicou Ngawang. "Também disse que não me arrependeria se morresse lutando."

O Dalai Lama concordou. "Mas não há motivo para sacrificar sua vida simplesmente por bravura", ele respondeu. "Precisaremos de homens como você. Fique vivo se isso for possível."

Sua Santidade sabia que Ngawang e seus homens muito provavelmente morreriam se voltassem para combater o ELP, mais bem armado, em especial no momento em que os chineses acirravam seus esforços à medida que se espalhava a notícia da fuga. Com tristeza ele deu sua bênção a Ngawang, os homens curvaram-se, depois açoitaram os cavalos para dar a volta e partiram em tropel pela trilha rumo ao norte.

Enquanto Sua Santidade assistia à partida dos rebeldes, foi como se as lendas e histórias que estudara quando criança nas paredes do Potala agora acontecessem diante dele, com homens que ele havia tocado e com quem conversara. Ele saiu de uma fábula para entrar no meio de uma guerra vermelha ensanguentada.

A fuga do Dalai Lama havia aumentado a temperatura da questão do Tibete — para os norte-americanos, que viam o Dalai Lama vindo para o seu lado; para Pequim, que via intrigas estrangeiras por trás de cada gesto que Sua Santidade fazia; e para os próprios tibetanos, que finalmente haviam encontrado um aspecto de unidade ao longo da trilha para a Índia.

De momento aquela era uma jornada conduzida em segredo. Isso estava prestes a mudar.

ONZE

"Vermelhos ateus *versus* um deus vivo"

Enquanto o Dalai Lama seguia para o sul, o repórter escocês George Patterson permanecia em Kalimpong, na Índia, aguardando sua expulsão iminente do país por "reportagens enganosas sobre a situação no Tibete". Mas os acontecimentos estavam avançando rápido demais para os indianos cumprirem a ameaça. Nehru anteriormente havia negado ao Parlamento indiano que houvesse "alguma violência em larga escala" acontecendo no Tibete, mas agora estava claro que Lhasa estava em guerra franca. Patterson teve permissão para ficar – talvez porque Nehru estivesse constrangido com os políticos da oposição que exigiam saber por que ele estivera "enganando a Câmara" sobre a situação geral no Tibete – e na mesma hora voltou a agitar as coisas, enviando matérias sobre a revolta para o *Daily Telegraph*. Em breve as fontes de Patterson estavam lhe contando que Lhasa estava em chamas e que o paradeiro do Dalai Lama era desconhecido. E, pelo menos uma vez, Patterson não estava sozinho no relato da revolta que se espalhava. Reportagens de violência maciça provenientes do Tibete estavam desaguando nos principais jornais do mundo.

As notícias sobre o levante de Lhasa eclodiram no Ocidente em 21 de março, enquanto Athar juntava-se ao Dalai Lama na terça parte do caminho para a Índia. A história chegava às manchetes dos diários ingleses e norte-

-americanos, e logo liderava os informativos das rádios e os noticiários noturnos das TVs ao redor do mundo (embora os meios de comunicação soviéticos declinassem de cobrir a história). O primeiro tom do assunto no Ocidente foi uma variação da história de Davi e Golias: "sacerdotes brandindo espadas" estavam combatendo "soldados chineses com metralhadoras", de acordo com um jornal. O Dalai Lama foi retratado como um "místico gentil", um monge de óculos que adorava rir e que agora era forçado a fugir pelos ermos do sul do Tibete para salvar sua vida.

Os repórteres lutavam para captar o Tibete como um lugar real e com frequência fracassavam. No *Daily News* de Nova York, embaixo da manchete gritante: "Vermelhos ateus *versus* um deus vivo no Tibete", a primeira reportagem começava assim:

> Nas regiões montanhosas e assoladas por ventos do Tibete – a Shangri-Lá do livro e do cinema – os chefes marxistas da China comunista estão lutando com uma força nunca conjeturada no manual de Marx: os sacerdotes-soldados fanáticos de um sorridente deus vivo de 23 anos de idade. Ele usa óculos, conta piadas e adora fazer filmagens e exibi-las em seu projetor. Ao mesmo tempo, é um erudito budista que debateu com um abade culto em termos de igualdade aos 14 anos.

Mas o resumo do conflito mais antigo também estava sendo traçado. "De acordo com fontes tibetanas bem informadas", registrou o *Daily Telegraph* de Londres, "ele não é um exilado religioso fugindo para algum retiro seguro... mas o deus-rei de um povo orgulhoso, irado e corajoso indo exigir reconhecimento moral e ajuda em nome da religião daqueles que declaram acreditar nela contra as forças do materialismo".

Na cozinha de seu pequeno apartamento em Nova York, para onde tinha ido fazer pressão pela ajuda norte-americana para sua pátria, o irmão mais velho do Dalai Lama, Norbu, mexia a sopa no fogão. Estava escutando o programa de notícias da rádio quando o locutor anunciou que havia eclodido um combate em Lhasa. "Esqueci da sopa e ouvi ansiosamente", recordou Norbu. "Fiquei ali parado com minha mente rodopiando. Aquilo que eu mais temia há muitos anos enfim tinha acontecido."

"Vermelhos ateus *versus* um deus vivo"

A transmissão trouxe lembranças de seu primeiro encontro com os chineses, quando oficiais comunistas haviam passado sete meses vivendo, comendo e falando com Norbu, na época abade de um mosteiro. Os oficiais haviam sido designados para convertê-lo à filosofia de Mao. Ele considerou-os pessoas curiosas, estranhamente persistentes. "Ficavam falando, fazendo perguntas", ele lembrou. "Ficavam dizendo que os comunistas eram bons, que Stalin era bom, que britânicos e norte-americanos não eram bons." Seus contatos chineses faziam-lhe perguntas bizarras – quantas peças de roupas íntimas ele possuía, por exemplo – e bisbilhotavam os nomes de seus amigos e conhecidos, tentando montar um quadro da elite monástica e como ela funcionava. Mas acima de tudo exaltavam as virtudes do comunismo.

Tendo escapado para os Estados Unidos, Norbu então ligou para amigos tibetanos na cidade – em uma cidade de imigrantes obscuros, os tibetanos estavam entre os mais raros – e à meia-noite correu para a rua quando ouviu o jornaleiro anunciar uma edição especial com notícias da fuga na primeira página. Ele comprou tudo que conseguiu encontrar. "O que vai acontecer agora?", indagou-se, pensando em especial no irmão. Norbu sentiu que, devido àqueles sete meses de contato próximo, ele possuía uma percepção especial da capacidade chinesa de inflexibilidade que seu meigo irmão não tinha. E ele sabia o quanto Pequim queria Sua Santidade. "Os chineses com certeza moveriam céus e terra para impedir sua fuga", ele pensou consigo mesmo. Norbu não dormiu a noite inteira.

Quando as notícias da fuga do Dalai Lama espalharam-se, uma horda de vinte dos principais correspondentes internacionais do mundo reuniu-se em Kalimpong e Darjeeling, a ponta do que se tornaria uma lança muito grande e pesada. Para os jornalistas, a fuga estava se tornando uma das "histórias do século", um acontecimento para se fazer carreira, algo parecido com a corrida ao Polo Sul e a conquista do Everest, na qual obter um furo de reportagem virou uma façanha semelhante à escalada de Hillary. Para editores internacionais ao redor do mundo, a história aparentemente tinha tido: uma localização exótica, um potentado entendido vagamente como "deus" e "rei" ao mesmo tempo (pelo menos aos olhos ocidentais), um opressor infame, um final emocionante ainda a ser decidido. A questão obscura do Tibete tinha agora uma narrativa clara e envolvente e um personagem imensamente atraente para humanizar a causa.

A fuga do Dalai Lama fez do Tibete uma importante história internacional. Sem ele, o combate teria sido relegado às últimas páginas e ocupado lugar ao lado de Burma e Mongólia como mais outra controvérsia obscura do Extremo Oriente.

Mas ansiedades maiores e mais sombrias também nutriam o apetite por notícias sobre Sua Santidade. Os ocidentais viam no destino do Dalai Lama um espelho de seu próprio futuro possível. O que estava acontecendo no Tibete já acontecera em lugares como Budapeste e Berlim Oriental, e havia uma preocupação muito real de que acontecesse em Londres, Paris e Nova York. Na semana em que a notícia da fuga chegou às manchetes, as histórias foram publicadas em jornais norte-americanos com títulos como "Uma mensagem inspiradora do prefeito de Berlim Ocidental: nunca deixem os russos pensar que vocês são fracos!". O Dalai Lama era, por mais estranho que possa soar, uma espécie de dublê para o Ocidente, um homem pinçado do conjunto que estava em fuga dos comunistas malignos e ateus. O velho conceito do "irmão estrangeiro", o tibetano que compartilha dos valores do Ocidente, ressurgiu mais uma vez em uma atmosfera de paranoia quanto à própria sobrevivência do Ocidente.

Em 22 de março, um editorial do *New York Times* fulminou Pequim: "Isso é um indiciamento completo dos comunistas chineses sob a acusação de genocídio. [...] Estão empreendendo a completa absorção e extinção da raça tibetana". Os protestos irromperam em cidades asiáticas como Bombaim e chegaram até Nova York, onde budistas que consideravam Sua Santidade seu líder foram às ruas. Guardas da fronteira do Butão reportaram o aparecimento em seus postos de "tibetanos em pânico", quase incapazes de falar. Foi dito aos expatriados na Índia que vendessem todos seus pertences e rumassem para Délhi para lutar pelo Dalai Lama. Em Bombaim, manifestantes pediram ao mundo que resistisse à China e atiraram ovos e tomates em uma foto de Mao.

Do lado de fora das Nações Unidas, uma das demonstrações mais notáveis ocorreu quando um grupo de kalmuks, descendentes de Genghis Khan, apareceu na Primeira Avenida, liderado por seis lamas em "mantos esvoaçantes púrpura, cor-de-rosa e amarelos". Carregavam placas dizendo "Protejam o Dalai Lama do Terror Vermelho" e explicaram pacientemente aos repórteres que eram os remanescentes de um grupo de mongóis trazidos de campos de refugiados da Segunda Guerra Mundial depois de sua república minúscula ser liquidada por Stalin. Profundamente familiarizados com os métodos de terror estatal, temiam pela vida de Sua Santidade. Enquanto isso, Gyalo, segundo irmão mais velho do Dalai Lama, anunciava no *Times of India* que a fuga do Dalai Lama era o prelúdio do genocídio. "Seremos aniquilados pelos chineses", disse ele. Henry Cabot Lodge, chefe da delegação norte-americana nas Nações Unidas, falou sobre a "brutalidade indescritível" e apresentou o Tibete como um alerta para o restante do continente: "O Tibete é a prova para o povo da Ásia de que existe em Pequim um imperialismo que visa a escravizar outros povos asiáticos e não hesita em usar de guerra e traição nesse processo".

Os chineses, melindrados pelo que consideravam histórias enganosas, revidaram depressa. "Esses rebeldes representam o imperialismo e os mais reacionários e maiores senhores de servos", reportou a Agência de Notícias Nova China. "Sua rebelião foi organizada pelos imperialistas, pelos bandidos de Chiang Kai-shek e por reacionários estrangeiros. Muitas de suas armas foram trazidas de fora." Acusaram os rebeldes tibetanos de uma longa lista de atrocidades: "saque, estupro, incêndio e assassinato", às quais a jornalista americana Anna Louise Strong acrescentou o crime de "arrancar olhos com as mãos". O discurso da China era de que o ELP havia sufocado de forma paciente e humana um golpe de Estado de traidores tibetanos que haviam atacado seu próprio povo por não aderir ao golpe. Pequim destilou veneno: "O espírito desses reacionários foi às nuvens, e eles estavam prontos para tomar o universo inteiro. [...] As forças reacionárias do Tibete por fim escolheram a via de sua própria extinção".

Os chineses entenderam o que os tibetanos ainda não haviam captado: a luta pelo Tibete estava chegando ao clímax em Lhasa. A batalha sobre como o Tibete era *percebido* estava apenas começando.

A história era um prato-cheio para estrelas do jornalismo como Noel Baber. Mas a crise pegou o correspondente do *Daily Mail* em Nyasaland, protetorado britânico que logo seria conhecido como Malawi, sacudido por violência nacionalista. Quando contatou seus editores em Londres e ficou sabendo das novidades no Tibete, lembrou de sua expedição ao país em 1950. "Voltei no tempo, aos dias empolgantes em que escalei os Himalaias", ele recordou, "para tentar descobrir a verdade sobre a guerra oculta no Tibete. [...] Foi como se eu agora retornasse para ver o último episódio de uma história terrível e verdadeira". E, ele poderia acrescentar, para moldá-la, pois a história do Tibete era transformada diariamente de uma narrativa sobre uma guerra em uma parte obscura do mundo na busca pelo homem cujo destino em breve viria a representar a tragédia do Tibete em si.

Barber correu para o local. Voou para Salisbury, no sul da Rodésia, para pegar um voo para Nairóbi. O avião atrasou duas horas, o que faria o repórter perder o voo de Nairóbi para Bombaim. Para um homem da natureza de Barber, isso era inaceitável, de modo que telefonou para alguns amigos bem relacionados de Londres e pediu-lhes que solicitassem à Air India para retardar o avião até ele conseguir chegar, o que foi prontamente feito. ("Muito atencioso da parte deles", disse Barber.) O jornalista dormiu toda a noite no voo, desembarcou em Bombaim, tomou banho e pulou em um bimotor Dakota rumo a Nagpur, e de lá para Calcutá às seis da manhã. A seguir voou para Bagdogra, pegou um ônibus ocupado por galinhas e camponeses indianos, percorreu 16 quilômetros até Siliguri e finalmente tomou um táxi para a corrida até Kalimpong antes de alugar um avião monomotor para o último trecho da viagem. "Foi uma das jornadas mais desgraçadas que fiz", suspirou Barber. Era também a viagem que dúzias de jornalistas de todas as partes do globo estavam fazendo à medida que a história explodia nos meios de comunicação mundiais.

Enquanto isso, George Patterson tornara-se um homem marcado em Kalimpong. Como ele era visto como o repórter com as melhores fontes locais, alguns jornalistas ocidentais recém-chegados contrataram gente local para espionar o escocês, postando-se do lado de fora de sua casa no calor tórrido e observando cada uma de suas chegadas e depois seguindo-o pela cidade enquanto ele se encontrava com suas fontes. Desesperado para saber o que era feito do Dalai Lama, Patterson apostou que Sua Santidade seguiria a rota que Gyalo, seu empedernido segundo irmão mais velho, havia usado quando fugiu para a Índia em 1952. Patterson plantou-se na casa de Gyalo e, quando este esgueirou-se dali rumo ao aeroporto de Siliguri, o jornalista escocês concluiu que a Índia de fato era o destino de Sua Santidade. Ele calculou que os foragidos "apareceriam" perto de Tsona Dzong, na fronteira Índia-Tibete, o que os colocaria na Agência da Fronteira Nordeste, um imenso território limítrofe entre China e Índia vetado a todos, exceto às forças armadas indianas. E foi exatamente para lá que Patterson decidiu que iria.

Na noite seguinte, Patterson acordou cedo, empacotou suas coisas, checou a rua em busca dos "vigilantes" contratados pelos rivais, depois esgueirou-se para as ruas de Kalimpong. Foi até Darjeeling, onde locou o avião particular de um amigo, dono de plantações, decolando de uma pista no meio de um enorme canteiro de chá e voando para Tezpur, cidade modorrenta no Rio Brahmaputra, em Assam Superior, no nordeste da Índia. Patterson não queria apenas obter a história primeiro e fazer seu nome, ele também queria alcançar o grupo foragido antes que os burocratas de Nehru agarrassem os fugitivos e "ocultassem e calassem o Dalai Lama para impedir que ele divulgasse a situação de seu país enquanto estivesse em solo indiano". Patterson sabia muito bem com que ferocidade os indianos resguardavam sua relação com Pequim.

"Vermelhos ateus *versus* um deus vivo"

O escocês queria que o Dalai Lama expressasse o que ouvira dos rebeldes durante anos e concedesse legitimidade aos relatos de atrocidade perante os olhos do mundo. Patterson sabia que Nehru faria tudo que pudesse para evitar que isso acontecesse.

O Tibete estava passando por uma transformação notável. Estava ficando famoso no momento em que deixava de existir. Enquanto o ELP assegurava-se do controle, o Tibete lentamente tornava-se não um lugar físico, com fronteiras delimitadas, lagos e montanhas, mas uma causa, um lugar mental. E isso devia-se principalmente à figura do Dalai Lama, ao romance e à tragédia que cercavam a história de um jovem governante retirado do trono pelos odiados comunistas. Eram pessoas como Noel Barber – que, com sua fama, sua sede maníaca de aventura e sua competitividade implacável sob certos aspectos sintetizavam uma certa ideia do Ocidente – que estavam fazendo as introduções. O que ele e seus pares escreveram, o modo como apresentaram o Dalai Lama, teria um notável poder duradouro.

Os fugitivos agora estavam a 1,1 mil quilômetros de seu alvo, o forte rebelde conhecido como Lhuntse Dzong, situado em uma das regiões mais agrestes que eles enfrentariam. Eles não sabiam quase nada sobre o que havia acontecido na capital; a Rádio Lhasa ainda estava fora do ar e, embora o rádio deles tivesse conseguido sintonizar a Voz da América por um breve momento, falava-se apenas de "inquietação na cidade", o que poderia referir-se aos protestos diante do Norbulingka. Mas, enquanto rumavam para a fortaleza, com Athar agora enviando sua localização para Washington diariamente, o Dalai Lama sofreu o primeiro de três choques graves.

Percorrendo uma das trilhas pedregosas que levavam ao sul, o Dalai Lama viu que os fugitivos eram seguidos por um grupo de cavaleiros. O grupo era liderado por um funcionário tibetano que meses antes fora enviado aos líderes rebeldes para pedir que desistissem da resistência armada. Em vez disso, o funcionário juntara-se aos rebeldes. Agora ele aparecia na paisagem descampada para dizer ao Dalai Lama que os chineses haviam atacado o Norbulingka, Lhasa fora cenário de lutas terríveis e centenas, senão milhares, estavam mortos. Seus primeiros relatos eram uma mistura de mexericos insensatos (inclusive a falsa afirmação de que tanto o Potala quanto o Norbulingka haviam sido completamente destruídos) e relatos acurados em segunda mão de uma grande batalha.

"Meus piores temores haviam se tornado realidade", disse o Dalai Lama, desanimado. As notícias acabaram com quaisquer esperanças de que ele conseguisse chegar a um entendimento com os chineses. O vínculo que ele havia formado com Mao durante aqueles dias notáveis em Pequim havia se quebrado de forma irrecuperável: "Percebi que seria impossível negociar com pessoas que se comportavam daquele jeito cruel e criminoso". O Dalai Lama ouviu os relatos horripilantes e percebeu que, se tivesse permanecido no palácio de verão, não teria sobrevivido. "Os chineses teriam me considerado sacrificável. Mas, mesmo que tivessem me mantido vivo, o Tibete teria sido liquidado."

A crença do Dalai Lama na compaixão não se formou nas trilhas para a Índia, mas ali enfrentou seu teste mais severo. Nem a invasão chinesa o abalou tanto quanto as notícias sobre Lhasa, porque ele havia passado a acreditar que modernizar seu país era um mal necessário – a ocupação, ele dizia a si mesmo, no fim levaria ao progresso. O Dalai Lama havia crescido a vida inteira dentro de uma redoma de vidro. Tivera apenas os mais fugazes vislumbres da vida real das pessoas, seu sofrimento, as injustiças que enfrentavam. Exceto pela solidão que sentia quando criança, ele só conhecera a dor de modo indireto. Mesmo a realidade de algo enorme como a Segunda Guerra Mundial ele teve que elaborar por meio de traduções ruins de livros de referência de segunda categoria. Ele não tinha experiência pessoal de ódio e ambição. Para ele, o mal era uma figura em um livro, ou um prisioneiro nas lentes de sua luneta no Potala. O açoite pendurado na parede de seu tutor, jamais usado, era uma imagem apropriada para seus primeiros anos de vida.

Assim, Sua Santidade de início achou difícil compreender o que estava ouvindo. "Por que os chineses fizeram isso?", o Dalai Lama perguntava-se repetidamente. Ele só conseguia chegar a uma resposta, e ela fundamentava-se no desejo chinês de poder sobre seus súditos. "Oito anos depois do início da invasão, nosso povo – não especialmente nossos ricos ou as classes dominantes, mas nosso povo comum – havia finalmente convencido os chineses de que nunca aceitaria de bom grado seu domínio estrangeiro. Assim, os chineses agora tentavam aterrorizá-lo, por meio de chacina impiedosa, para que aceitasse esse domínio contrário a sua vontade."

O primeiro instinto dos tempos de menino, a simpatia violenta pelos fracos, voltou, e o Dalai Lama ficou enraivecido. Agora era o próprio Tibete que estava sendo vitimado, despedaçado, sangrado. O velho adversário, o gênio selvagem que era muito difícil de ser domado, voltou enquanto ele sentava-se no frio e umidade ao longo da trilha e pensava no assassinato de homens e mulheres que haviam lutado para protegê-lo.

Ele fechou os olhos e recitou para si mesmo o ensinamento do Buda: "O inimigo de alguém pode ser seu maior professor". Era horrivelmente difícil. A raiva subiu como bile por sua garganta. A selvageria de seu jovem eu queria soltar-se.

A amargura do momento, de fato da viagem inteira, era acentuada pela história dos lugares pelos quais ele e seus companheiros fugitivos avançavam penosamente em seus pôneis exaustos. Ao fugir para a Índia, o Dalai Lama de certo modo estava revertendo a história do budismo no Tibete, apressando-se pela trilha por onde a fé havia entrado no país séculos atrás. Sua Santidade era a culminação do país obcecado pelo lama, e agora batia em retirada para o lugar onde a religião havia começado, mas como refugiado, como um homem sem pátria. Cada passo que ele dava na trilha, deixando Lhasa nas mãos de um poder veemente na negação da religião, era um apagamento. O Dharma no Tibete fora despedaçado. O Dalai Lama fora levado para Lhasa em um palanquim dourado, mas havia partido como um fugitivo.

Não era a primeira vez que o Budismo Tibetano estivera sitiado. No meio do século IX, quarenta anos após a morte do grande rei budista Trisong Detsen, uma facção de seguidores da antiga religião bön atacou o trono e ali colocou seu favorito, Lang Darma. Seguidores do budismo foram perseguidos, mortos, forçados a se esconder ou exilados, assim como o Dalai Lama estava sendo exilado por uma ideologia rival. Mosteiros foram incendiados, e o panteão de demônios e deuses do bön reapareceu de uma ponta a outra do Tibete. Lang Darma tornou-se a eminência das trevas da história da nação, sendo sempre descrito como tendo chifres e língua preta. (O antigo costume tibetano de botar a língua para fora como saudação era para mostrar a ausência da cor nefasta de Lang Darma.) A sorte dos budistas não mudou até um monge chamado Paljor Dorje ter uma visão na qual recebeu ordens de matar Lang Darma para que a fé pudesse sobreviver. O monge vestiu um manto especial, negro por fora e branco por dentro, cobriu o cavalo com pó de carvão e cavalgou para o palácio, onde encantou o rei com uma dança rodopiante. Enquanto girava, o monge sacou um arco e flecha e acertou Lang Darma no coração, depois fugiu virando sua capa e conduzindo seu cavalo por um rio, removendo o pó negro. É uma grande ironia que o budismo, a fé do pacifismo, tenha sobrevivido no Tibete por meio de um regicídio.

Mas a solução mítica não estava disponível para o Dalai Lama. Seu povo havia acreditado em fábulas por tempo demais. Assim como ele.

DOZE

O JOKHANG

Enquanto o Dalai Lama lutava para se resignar com a morte de seus súditos, a batalha por Lhasa chegava ao auge. Narkyid, o monge de 28 anos que herdou a responsabilidade pelo Templo de Jokhang e por centenas de tibetanos em seu interior, estava tão perto do inimigo que quase podia ouvi-los conversar. Os soldados do ELP estavam fortificados atrás de sacas de areia em uma esquina da Rua Shagyari, e Narkyid podia ver alguns deles dormindo no telhado, enquanto outros desmontavam uma metralhadora e a limpavam e lubrificavam. A calma, o semblante entediado dos soldados, as atividades rotineiras que estavam executando, tudo contrastava com a defesa totalmente caótica e casual que os tibetanos tinham conseguido organizar às pressas. Como muitos tibetanos, Narkyid jamais havia considerado os chineses brutais até o começo da revolta. Agora ele percebia o quanto havia sido ingênuo. "Os chineses sempre estiveram prontos para nos matar", percebeu Narkyid. "Eles estavam *preparados*."

De repente, uma metralhadora disparou na rua abaixo. Narkyid desceu correndo do telhado do templo para um dos pátios principais e viu soldados e civis correndo em desordem para os portões principais. "Os chineses estavam vindo", disse ele. "Era o que acreditávamos." Mas, quando os tibetanos espiaram pelas frestas entre as barricadas, viram apenas as sacas de areia e o lampejo de uma metralhadora. Os disciplinados soldados do ELP permaneciam atrás de suas fortificações, tentando atrair os rebeldes para campo aberto.

Mais disparos irromperam nas ruas das redondezas. A posição chinesa visível pelos espaços na barricada estava sob fogo cerrado. Mas vindo de onde? Nenhum dos homens de Narkyid estava fazendo disparos. Narkyid logo ficou sabendo que, na noite anterior, rebeldes tibetanos tinham dado um jeito de se esgueirar para dentro de uma das casas da vizinhança e montar um ninho de morteiro e metralhadora no telhado. Ele correu de volta para o telhado do Jokhang para assistir o desenrolar da batalha. Totalmente expostos às armas do ELP, os rebeldes começaram atirando no posto avançado da Rua Shagyari, descarregando carga depois de carga no espaço acima das sacas de areia. Um rebelde despejou um projétil de morteiro dentro do cano e abaixou-se. O *vuuuuuufff* da bomba saindo do cano foi seguido de uma explosão no interior da posição do ELP segundos depois. Levantou-se uma enorme nuvem de pó, e Narkyid soube que os homens que ele olhava minutos antes agora estavam mortos. Ele e os outros que aguardavam com ele compreenderam que os rebeldes no telhado estavam condenados, que o ELP logo os avistaria e os abateria. E Narkyid estava convencido de que eles logo acabariam com o Norbulingka e voltariam a atenção para o Jokhang.

"Jamais dormíamos", diz ele. "O perigo era constante."

No palácio de verão, Soepa, o funcionário do Norbulingka, ainda estava vivo na tarde do dia 21. Ele moveu-se até a base de um conjunto de degraus que subia do lago. Soepa sentia-se esgotado pelo esforço para se matar. A água havia encharcado suas roupas e, sobrecarregado com granadas e cartucheiras de balas, ele não conseguia içar-se degraus acima. Tirou a *chuba* e o máximo de equipamento que pôde. Finalmente o jovem tibetano teve condições de se arrastar para fora do lago.

Mas ele ainda esperava morrer, e lhe ocorreu que o trono do Salão de Audiências onde o Dalai Lama sentava-se para receber seus convidados mais importantes seria um local auspicioso para fazê-lo. Soepa arrastou-se com força, "deixando um rastro de sangue e água atrás de mim".

As balas ainda ricocheteavam nas árvores e prédios ao redor. Em uma exibição de coragem bruta, os rebeldes ainda forçavam o recuo de toda tentativa do ELP de entrar no palácio de verão. O jornalista Shan Chao, assistindo as levas de soldados ser rechaçadas, ofereceu talvez a única nota de admiração nos relatos chineses da revolta: "Quando os bandidos rebeldes do Norbulingka foram encurralados, travaram uma luta desesperada, destruíram cantoneiras de casas, derrubaram paredes, cavaram buracos e ali colocaram os rifles". Mas nada puderam fazer contra as bombas de morteiro e de artilharia que continuaram a ser arremessadas sobre as paredes no meio deles.

Soepa foi até o Salão de Audiências e arrastou-se para o trono, depois repousou a cabeça brevemente no assento. Por fim deitou-se e adormeceu. Dormiu até a manhã seguinte. Ao nascer do sol, acordou com vozes. Elas vinham do lado de fora do muro externo do Norbulingka. "Os chineses estão nos portões! Vão ocupar o Norbulingka! Deveríamos incendiar o local!" E então: "Vamos queimá-lo!".

Ele saiu na direção de um dos portões do palácio. De repente, uma bala perdida ricocheteou na sua testa e caiu dentro da camisa, queimando a pele do peito. Ele procurou freneticamente o cartucho até este cair no chão. Parecia que o amuleto estava impedindo a morte pela qual ele agora ansiava, como se os espíritos zombassem dele com acidentes de raspão.

Ele encontrou o cunhado percorrendo o terreno a passos largos. Ao ver seu estado medonho, o homem tirou sua *chuba* e enrolou-a nos ombros de Soepa.

"Você não pode ficar aqui desse jeito", o cunhado gritou abafando o som do tiroteio. "Cruze o rio. Se não conseguir, você simplesmente será morto."

Mas Soepa sentia-se tão perto da morte que ignorou o conselho. Ele não achou que conseguisse chegar ao Kyichu, que dirá cruzá-lo. Se ia morrer, queria que fosse no Norbulingka, a casa de Sua Santidade, motivo pelo qual ele tinha voltado a Lhasa.

"Não posso ir", disse Soepa. "Por favor, dê um tiro em mim."

Mas o cunhado recusou-se. Ele foi embora, e Soepa fez a volta e cambaleou para o Salão de Audiências de novo. Soepa filou um cigarro de um adolescente que lhe disse que todas as saídas do Norbulingka estavam bloqueadas pelo ELP. Deu algumas baforadas e depois desmaiou.

No Mosteiro de Drepung, os monges ouviam a batalha desenrolar-se a 8 quilômetros de lá. "Ao amanhecer dava para sentir o cheiro de pólvora na brisa", recordou um deles. "O barulho do tiroteio e das bombas de morteiro prosseguiu sem intervalo." Durante a noite, esquadrões do ELP tinham aparecido no sopé da montanha abaixo de Drepung. Enquanto a luta grassava, um homem tibetano apareceu a pé no caminho que levava ao portão do mosteiro. O mensageiro disse que os rebeldes haviam dominado um acampamento militar chinês e que de momento os monges deviam ficar onde estavam. Disse ainda que os tibetanos estavam vencendo a batalha por Lhasa, notícia que deixou os monges radiantes. Mas, quando outros informes sobre a tomada de Chakpori e as mortes de centenas de combatentes tibetanos vieram à tona, os monges logo perceberam que o mensageiro era um vira-casaca mandado pelos chineses para mantê-los em suas instalações e fora da batalha.

Os jovens dos mosteiros lançaram-se à rebelião. Um grupo de monges de Sera enfrentou o tiroteio para recuperar armas para a batalha. Vestidos com seus mantos castanho-avermelhados e dourados, pegaram os caminhos na montanha que sempre usavam para visitar o Palácio Potala em dias especiais. Ao chegar aos portões, pegaram espelhos de mão e, usando um código combinado, sinalizaram para os companheiros monges que haviam conseguido. A seguir os voluntários foram rapidamente para o depósito onde sabiam que os rifles estavam escondidos. "Enquanto retirávamos as armas do depósito, os chineses bombardeavam o Norbulingka lá embaixo e a Montanha de Ferro, do outro lado do morro onde estávamos", contou um deles. Enquanto os monges seguiam para um depósito no último pavimento do palácio, onde havia um suprimento de balas à espera, os atiradores chineses voltaram sua mira para o Potala. E, pela pontaria, ficou claro que, conforme os rumores haviam sugerido, o ELP havia observado o palácio muitos dias antes, porque as bombas imediatamente começaram a atingir o alvo, lançando penachos de fumaça branca para o ar.

Ao sair em um dos pátios do palácio, ofegante em busca de ar, um dos voluntários de Sera viu corpos esparramados pelo piso de pedra. "Havia dúzias de pessoas mortas, e outras gemendo de dor, cobertas de sangue", ele contou. "Pensei comigo mesmo: 'Oh, vou morrer também'."

O ELP então voltou a atenção para os remanescentes no Templo de Jokhang. O volume do fogo da metralhadora aumentou até tornar-se um rugido plangente e agudo. Narkyid – o oficial monge no comando – e os outros com ele decidiram que estava na hora de deixar o Jokhang. Se ficassem, apenas encorajariam o ELP a bombardear o templo, como haviam feito com o Potala e o Norbulingka. Lhasa havia caído, o Dalai Lama se fora, e tudo que eles podiam esperar caso fossem capturados era prisão ou morte. Ele e um grupo de soldados tibetanos procuraram uma saída. Encontraram um pequeno portão ignorado pelo ELP em um dos muros do Jokhang. Reuniram-se, os soldados segurando os rifles, abriram o portão e foram para a rua.

O Jokhang

Quando o grupo rente à parede do templo virou na primeira esquina, caiu sob o fogo. Desarmado, Narkyid começou a correr. Embora fosse em frente, o jovem monge era fatalista. "Depois que três ou quatro balas passaram, não me preocupei mais", ele recorda. Mas Narkyid sentiu-se bizarramente preocupado com os homens que atiravam nele, um impulso budista excessivamente arraigado para ceder tão depressa. "Aqueles soldados eram tão jovens", ele recorda. "Eu gritei em chinês: 'Por favor, não avancem, pois não queremos matar vocês! Vocês são tão jovens. Por favor, não atirem!'." Os soldados do ELP vieram, e os soldados tibetanos com Narkyid abriram fogo com suas armas Lewis, e os soldados contorceram-se e caíram. "Eles não tiveram escolha", percebeu Narkyid, "porque atrás deles havia outros que os matariam se eles não fossem em frente".

A aleatoriedade da batalha impressionou Narkyid enquanto ele procurava um jeito de sair da cidade. Ele virava em uma esquina e encontrava a rua calçada com pedras entulhada de corpos e civis feridos recentemente, mas umas duas quadras adiante seu bando deparava com um grupo de mulheres tratando dos afazeres diários calmamente, ou uma família sentada para a refeição de *tsampa* e chá, meninos correndo depois de juntar bombas usadas e mostrá-las aos pais entediados, todo mundo completamente alheio à violência a duas ruas dali. Perto do Jokhang, bombas e balas cortavam o ar, e cada esquina apresentava uma nova cena. Tanques chineses despejando fogo. Quatro homens caídos, sem pernas, em uma poça de sangue que se alastrava. "Uma bomba havia arrancado as pernas deles", contou Narkyid. "Segurei a mão de dois deles, mas não havia nada que eu pudesse fazer por eles."

Outro jovem monge não conseguiu ir além dos muros do Jokhang. Quando fugia, um esquadrão de soldados do ELP capturou-o. Ele seguiu vagarosamente com os soldados chineses atrás dele, vendo "as marcas das balas e das explosões de bombas por toda parte, e inúmeros corpos". Um corpo sobressaiu-se. Era o de um mendigo, pego por uma bala quando tentava correr da luta, que agora jazia de rosto para baixo nas pedras do calçamento. Ele carregava cobertores nas costas, provavelmente para dormir ao relento nas noites frias. Mas o que prendeu o olhar do monge foi um cachorro que o mendigo trazia junto. O cão também fora baleado no lombo – o monge pôde ver o ferimento – e jazia ao lado de seu dono, ainda preso à trela.

Enquanto isso, Narkyid contornava o muro leste do Jokhang, transversal ao Rio Kyichu. Ele assistiu a várias mulheres correrem até um tanque chinês com coquetéis molotov nas mãos e os jogarem na torre de tiro. Outras derramaram querosene diante das casas e lojas onde os chineses estavam escondidos e atearam fogo apenas para ver as sacas de areia apagar as chamas. Elas foram abatidas pelos atiradores chineses atrás das barricadas; Narkyid jurou que algumas das mulheres tinham bebês nos braços. "Perdemos tanta gente", diz ele. "As mulheres foram tão corajosas!" Enquanto Narkyid corria pela Praça Barkhor e na direção do rio, tibetanos feridos nas ruas gritavam para ele. "'Mate-me, por favor', eles diziam. Mas não podíamos parar, ou não conseguiríamos." Ao percorrer as ruas, Narkyid imaginava que as cenas com que havia deparado não eram reais, que se tratavam de pedaços de um filme assistido há muito tempo.

Os fugitivos cruzaram a estrada de ligação na ponta nordeste de Lhasa e correram para as montanhas. Atravessaram um campo árido, passando um de cada vez para evitar que fossem detectados pelo ELP. Um observador chinês deve ter flagrado o grupo com seus binóculos, porque de repente uma bomba caiu na frente de Narkyid. "Apenas ouvi o som e vi a imagem de minha protetora no Potala, e vi o altar dela e disse: 'Deidade, proteja-me', e em seguida perdi a consciência." Quando Narkyid acordou, cerca de uma hora mais tarde, começou a correr de novo.

Não havia soldados por perto, nada de bombas lançadas pelas baterias do ELP. Os chineses aparentemente haviam se esquecido daquele grupo, um de centenas de bandos em fuga que seguiram pelas montanhas ou cruzaram o Kyichu naquela noite. Os sobreviventes se abraçaram, tiraram a poeira grudada nas roupas e começaram a caminhar. Os dias seguintes seriam um pesadelo. "Perdemos muita gente na estrada", lembra Narkyid. O monge viu-se fazendo parte do êxodo que seguia seu protetor para a Índia.

Enquanto os tibetanos afluíam para o Kyichu, as ribanceiras do rio tornaram-se um campo de matança, com sobreviventes pegos em fogo de enfiada dos novos postos avançados do ELP no palácio de verão e do baluarte a meio caminho entre o Palácio Potala e Chakpori. O Kyichu estava cheio com o degelo de primavera, e os tibetanos davam-se os braços quando começavam a abrir caminho na correnteza. Muitos foram desgarrados e arrastados pela corrente. Outros chegavam na margem oposta seminus e tremendo de frio.

Soepa acordou, deitado no piso dentro do palácio de verão. Uma barragem furiosa despertou-o. Na escuridão ele podia ver vultos de soldados do ELP, os corpos agachados recortados contra o muro branco caiado, que parecia cinzento à noite. O portão de madeira fora despedaçado e rangia todo torto nas dobradiças. Os chineses finalmente haviam rompido os portões do Norbulingka.

O Jokhang

Uma metralhadora disparou em uma rajada de ruído aterrorizante. Soepa espiou pela porta e viu que os tiros vinham de uma grande despensa usada para guardar lenha. Era um atirador tibetano que mirava os soldados do ELP que inundavam o terreno do palácio. O atirador borrifou rajadas de balas no jardim, o cano de sua arma reluzindo em cor de laranja. Os soldados do ELP pareceram desaparecer, ou caindo mortos no chão ou fugindo. Era a primeira vez que Soepa via soldados chineses morrerem em quantidade, e ele ficou feliz com aquilo.

Os soldados chineses reagruparam-se e investiram contra o atirador, disparando ao avançar. Logo a posição ficou silenciosa, e as tropas do ELP abriram-se em leque pelo terreno. Entre rajadas de tiros, Soepa ouviu vozes chinesas e vozes tibetanas, com certeza intérpretes, mandando os homens dentro dos prédios do Norbulingka renderem-se. Os soldados do ELP estavam temerosos de invadir as estruturas e preferiam estilhaçar as janelas com balas e exigir rendição.

Soepa pegou a caixa do amuleto. Abriu-a e retirou a substância preciosa, o *byin rten*, e colocou-o na boca, engolindo. A seguir tateou na escuridão, procurando uma arma. Pensou em matar um ou dois soldados e então ser morto. Mas não havia nada ali, apenas a pedra fria do piso, polida pelos trapos atados aos pés dos monges.

Ele rastejou para fora. Dois soldados chineses parados perto da porta gritaram, aproximaram-se com uma lanterna e o inspecionaram. Soepa estava coberto de sangue. Os soldados apontaram para o portão principal, agora aberto, e vociferaram para que Soepa andasse naquela direção. Em vez disso, ele esperou que os soldados voltassem sua atenção para outra coisa, e então dirigiu-se lentamente para uma guarita. Encontrou cinco tibetanos deitados ali dentro e chamou-os: "Por favor, me deem um pouco d'água". Mas os homens não se mexeram. Ele olhou as pessoas no chão mais de perto e percebeu que estavam todas mortas. Uma metralhadora Bren espatifada jazia ao lado de um dos corpos, e centenas de cápsulas vazias estavam esparramadas pelo chão. Aqueles homens obviamente haviam lutado.

Soepa deitou-se com os mortos. Chegou um esquadrão do ELP com lanternas numa mão e rifles na outra. Começaram a chutar os corpos, depois abaixaram-se para olhar os rostos, lançando fachos de luz à procura de pálpebras que piscassem. Chutaram todos os corpos, nenhum moveu-se. Quando chegaram em Soepa, que se fazia de morto, um soldado deu-lhe um pontapé forte no quadril, mas ele sequer soltou o ar. Estava a salvo por enquanto.

Outro trio de soldados entrou no prédio, e a inspeção dos mortos começou de novo. Dessa vez Soepa foi chutado no estômago com tanta força que quase gritou. Mas os homens logo foram embora. Ele rastejou para um colchão instalado em cima de uma plataforma improvisada de tijolos e, exausto e sedento, adormeceu.

Horas depois, foi capturado por soldados do ELP e aprisionado no palácio de verão.

Por toda Lhasa ficou claro que a batalha estava sendo perdida. "A fim de encorajar o povo, espalhou-se o boato de que a força aérea norte-americana viria no dia seguinte para nos ajudar", lembra o manifestante Lobsang Yonten, na época com 16 anos. "Até lá tínhamos que ficar firmes e nos defender." Mas no começo do dia 22, com três dias de conflito, os tibetanos começaram a erguer pedaços de tecido branco e echarpes de oração amarradas em varetas. O bombardeio e o tiroteio arrefeceram e por fim pararam. A perda chocante da capital foi abrandada pela notícia de que o Dalai Lama havia escapado com sucesso do arruinado Norbulingka. "Senti um tremendo alívio", disse Yonten, "como se tivesse me livrado de um peso enorme".

No final do dia, a rebelião estava acabada. A voz do oficial chinês Tan Guansan saiu pelos alto-falantes e ecoou nas pedras do calçamento e das paredes da cidade. Ele disse aos últimos rebeldes que, caso se rendessem, não seriam punidos. Houve tiros de pistola pela cidade e vaias quando alguns combatentes tibetanos mandaram uma resposta escarninha à exigência chinesa. À voz do general seguiu-se a de Ngabö, o ministro tibetano a essa altura amplamente considerado um traidor notório. "Meu nome é Ngabö, e vocês sabem que eu sou membro do gabinete." A voz aristocrática lindamente modulada anunciou que o Dalai Lama estava vivo, sequestrado por contrarrevolucionários. Ngabö exortou os rebeldes a se render, por ordem não do general Tan, mas do próprio governo tibetano. "Baixem as armas e vocês ficarão livres", ele disse aos ouvintes de toda cidade, que custavam a crer que um deles pudesse realmente estar dizendo aquelas coisas.

Mais e mais echarpes brancas apareceram, acenadas nas pontas de varas ou rifles. A essas somaram-se bandeiras chinesas hasteadas por tibetanos que enfim rendiam-se. Foi uma visão amarga para muitos combatentes. "Ficamos desapontados com aquela submissão inesperada", recorda um deles.

O JOKHANG

Por toda Lhasa, os rumores da fuga do Dalai Lama foram finalmente confirmados por funcionários do Norbulingka e líderes rebeldes. Assim como no caso das notícias sobre seu sequestro iminente, houve uma reação estranhamente uniforme à informação. "Fui atingido por duas emoções extremas", disse um médico tibetano: "Alegria extrema por Sua Santidade ter escapado a salvo, e tristeza extrema por ele ter que deixar sua terra". Um monge de Sera, ferido na batalha, sentiu que seu sacrifício havia adquirido significado. "Me senti realizado", ele explica. "Perdemos nossa terra, mas não nosso rei." Outros recordam ter dito que agora podiam morrer felizes, pois a morte já não importava. Aqueles que lutaram no Norbulingka e em Chakpori perceberam que haviam dado cobertura para o Dalai Lama ter êxito na fuga, bem como prendido em Lhasa forças que poderiam ter sido usadas para persegui-lo.

Na tarde do dia 23, o ELP içou a bandeira da República Popular da China sobre o Palácio Potala. As autoridades anunciaram que as novas cores, "símbolos de luz e felicidade", precederiam o renascimento da capital.

Para Yonten, não havia tempo para prantear a cidade caída. Seu pai, nacionalista de longa data que se lançara à rebelião, reuniu-se com o comandante em chefe do exército tibetano, e juntos decidiram fugir com Yonten e três outros homens. O adolescente e seu pai foram em casa dar adeus e pegar *tsampa*, manteiga, chá, duas baionetas, rifles e uma caixa de primeiros socorros. A irmã mais nova de Yonten, de apenas 7 anos, implorou para ir com eles, mas não acharam que fosse seguro. "Tivemos que deixá-la em lágrimas", recorda Yonten. Mas, quando chegaram ao local de encontro, descobriram que o comandante-chefe já havia fugido sem avisar. O clima em Lhasa era de cada um por si.

Enquanto esgueiravam-se pela cidade com seus três companheiros, pai e filho podiam ouvir os alto-falantes que agora transmitiam a mesma mensagem sem parar: "Todos os tibetanos devem se render e entregar suas armas. Qualquer um encontrado com armas será acusado de criminoso". Do lado leste do Potala, eles foram avistados pelo ELP, e na mesma hora houve disparos, com projéteis luminosos vindos do posto avançado chinês traçando um arco na direção deles. "Ficamos imóveis e não demos um passo", recorda Yonten. O pai rezou em voz alta.

Os disparos cessaram, e surgiram soldados do ELP para deter o grupo, colhendo seus nomes e cargos no governo tibetano. A tropa chinesa levou-os de volta para o Norbulingka, e lá os capturados juntaram-se a uma longa fila de prisioneiros que jogavam seus rifles em uma pilha enorme de armas rebeldes perto de um prédio do governo. Os prisioneiros foram alinhados em filas e receberam ordem de olhar para a frente. Um jipe passou lentamente, e um oficial chinês apontou para cada homem, dizendo o nome dele: "Esse é Muja, esse é Tsarond, esse é Sumdho...". Por fim os homens marcharam para o centro da cidade em duas fileiras, passando por pilhas de mortos: cavalos, monges, rebeldes. A carnificina ainda não havia acabado. "Ao passarmos pelo altar de Ramoche", recordou Yonten, "vimos monges do Colégio Tântrico sendo executados".

Um grupo de mulheres tibetanas começou a gritar raivosamente. Quando Yonten chegou mais perto, percebeu que elas não berravam para os guardas, mas para os rebeldes, furiosas com eles por terem começado o levante e instigado os chineses a bombardear sua cidade. "Algumas mulheres tibetanas cruéis fizeram troça e cuspiram em nós", diz ele. "Elas gritavam: 'Vocês merecem ser presos por desafiar o Partido Comunista'." Os prisioneiros foram levados para um campo aberto, e o exército isolou o campo de detenção temporário. Yonten e um amigo da família começaram na mesma hora a juntar grama seca para fazer uma cama improvisada para o pai dele. Mas, quando o homem mais velho chegou, ignorou a grama e entoou uma prece; a seguir começou a retirar os brincos cravejados de turquesa que sempre usara. Yonten assistiu, sabendo o que aquilo significava.

"Decidi sacrificar minha vida", o pai enfim disse a Yonten, entregando-lhe os brincos. "Se você for solto, volte para casa e diga à nossa família para não se preocupar comigo."

Yonten começou a chorar, segurando os brincos na palma da mão aberta.

"Você deve viver em harmonia", prosseguiu o pai. "Não mude sua crença. Fique firme em sua opinião." Dominado pelo desgosto, Yonten só conseguia acenar com a cabeça enquanto as lágrimas escorriam por seu rosto.

Eles dormiram no ar gélido da noite e acordaram com orvalho nas roupas. Receberam comida, e Yonten observou um alto funcionário tibetano comer *tsampa* colocada em seu lenço, o que foi chocante para ele, como se aquilo fosse algo comum para um aristocrata. "Vai ser o fim da nossa civilização", pensou o adolescente. Então os chineses mandaram os homens tirar seus chapéus. Eles procuravam o *pachok*, corte de cabelo tradicional usado por todos os funcionários do governo. Dois homens receberam ordem para se levantar e sair da multidão. O pai de Yonten foi o segundo.

Yonten saltou e agarrou-se ao pai, segurando-o pela cintura. "Por favor, levem-me também", ele gritou para o oficial que avançava sobre eles. O pai virou-se e empurrou o filho. "Você quer morrer?", ele bradou. Yonten recusou-

-se a soltá-lo. O funcionário chinês perguntou quem era Yonten, e este explicou que era o filho do outro homem. "Nossa condição é a mesma", disse ele, quase soluçando. "Partilhamos de uma sina comum. Por favor, leve-me com meu pai." O funcionário acercou-se e começou a puxar seu pai. Outros prisioneiros chamaram Yonten: "Ei garoto, por que você vai junto? Fique conosco."

As mãos de Yonten por fim foram retiradas das roupas do pai, e o prisioneiro foi levado. Yonten sentiu uma premonição: estava vendo seu pai pela última vez. Alheio às vozes que o chamavam para sentar-se e tomar um chá, Yonten ficou em pé e assistiu ao pai ser levado para um jipe, a porta abriu-se, o pai foi embarcado, olhando firme para a frente.

A derrota dos rebeldes despedaçou a crença de alguns tibetanos nos poderes do Dalai Lama. Afinal de contas, supunha-se que Sua Santidade fosse um ser superior com poderes miraculosos. Ele e seus protetores, dizia-se, podiam despachar demônios e fantasmas, para não falar de meros humanos. Como então os chineses podiam ter derrotado seu protetor e o forçado a escapulir como um camponês? Alguns moradores de Lhasa retiraram os retratos de Sua Santidade e os substituíram por imagens de Mao, que se tornou uma deidade em certos lares da cidade. "Lembro de um de meus vizinhos... indagando se o Dalai Lama era realmente o tipo de monge poderoso que eles haviam acreditado que fosse", contou um tibetano que fugiu para a Índia, "ou na verdade apenas um mito?". Mas os acontecimentos de março só fortaleceram a crença de outros seguidores. Muitos sentiram que, mesmo que o Dalai Lama não tivesse derrotado o ELP e libertado o Tibete da ocupação por algum ato divino, sua fuga comprovava que ele era capaz de coisas assombrosas. "Ele realizou um milagre quando evadiu-se sem que os chineses soubessem", afirma um monge. "Era impossível ele deixar o Norbulingka de alguma outra forma."

Os tibetanos com frequência entendem os acontecimentos da vida de modo multifacetado. O Budismo Mahayana postula que existe a "percepção ordinária" (*thun mong pai snang ba*) e a "percepção extraordinária" (*thun mong ma yin*), que revela verdades ocultas até mesmo a respeito das ocorrências mais mundanas. A fuga do Dalai Lama, para alguns adeptos, era uma ocorrência que precisava ser contemplada com *thun mong ma yin*. Eles acreditavam, conforme um monge e artista disse posteriormente, que a jornada através dos Himalaias foi "parte de um plano divino maior" que ainda não se desenrolou por completo, sendo apenas o primeiro ato de uma história com muitos atos. Segundo essa interpretação, a ocupação e o esmagamento dos rebeldes só podiam ser vistos não como uma derrota de Chenrizi, mas um teste da capacidade dos tibetanos para superar o apego a coisas transitórias, um golpe que os forçaria a abraçar plenamente o desapego supremo do mundo material. Ou poderia ser um jeito de espalhar o budismo pelo mundo inteiro, uma vez que o êxodo tibetano enviou lamas para todos os cantos do globo.

Para muitos tibetanos, a derrota foi simplesmente o começo de um tempo em que suas vidas seriam, como colocou um sobrevivente, "desvastadas".

TREZE

Lhuntse Dzong

À medida que o Dalai Lama e seus compatriotas apressavam-se em direção a Lhuntse Dzong, a trilha ficava mais difícil. Os fugitivos eram forçados a cruzar um desfiladeiro himalaio por dia, os mais baixos cobertos de lama espessa da neve derretida e os mais altos congelados em gelo e neve. Cavalgavam por dez ou mais horas por dia, e ficavam cada vez mais exaustos ao percorrer quilômetro após quilômetro através de planícies açoitadas por ventos. Um ponto de parada onde estiveram, uma aldeia chamada E-Chhudhogang, era tema de um ditado tibetano: "É melhor nascer como animal em um lugar onde haja grama e água do que nascer em E-Chhudhogang". Em Sabo-La, esfalfaram-se desfiladeiro acima e viram a temperatura cair à medida que subiam. A vida mansa do Norbulingka não havia preparado os tutores e ministros para uma jornada acidentada como aquela. "Comecei a ficar profundamente preocupado com alguns de meus acompanhantes", lembra o Dalai Lama.

Os fugitivos chegaram a um baluarte rebelde em 27 de março, com dez dias de fuga. Ali descansaram os cavalos, enfraquecidos pela cavalgada constante e escassez de comida ao longo do caminho. Acomodaram-se de modo precário para passar a noite, com o Dalai Lama e seus ministros ávidos para anunciar a formação da sede de seu governo temporário.

No dia seguinte, o Dalai Lama curvou-se sobre o rádio de pilha que os fugitivos haviam trazido para ouvir uma transmissão fraca. Ali ele sofreu o segundo choque da fuga. Antes que o Dalai Lama pudesse anunciar a rejeição do Acordo de 17 Pontos, Pequim anulou-o. Sua Santidade ouviu a voz débil do premiê chinês, Zhou Enlai, anunciar que o levante havia "despedaçado" o acordo e que o gabinete tibetano e todas as instituições do governo local estavam dissolvidas, o que vigorava imediatamente. O Panchen Lama atuaria agora como presidente dos comitês que governavam nominalmente o país. (A carta do Dalai Lama ao jovem Panchen Lama pedindo ao rival para juntar-se a ele no exílio jamais chegou ao destinatário.) Ngabö, o aristocrata brilhante e sedutor que passara para o lado chinês, foi nomeado vice-presidente. Pela segunda vez na vida, o Dalai Lama ficou sabendo do destino do Tibete pelo rádio.

O Tibete havia deixado de existir.

Zhou Enlai então leu dezoito nomes dos principais conspiradores que haviam sequestrado o Dalai Lama, incluindo o camareiro-mor, os líderes khampas e os ministros do gabinete que haviam acompanhado Sua Santidade na escapada. Enquanto os tibetanos abaixavam-se para ouvir o final da mensagem, o premiê chinês anunciou sua punição caso fossem capturados pelo ELP: prisão perpétua ou morte.

O recém-empossado Panchen Lama enviou um cabograma para Mao em 29 de março. Era uma mensagem vergonhosa por qualquer parâmetro:

> Os crimes da turma reacionária da classe alta mostram que eles são traidores da pátria, inimigos do povo tibetano e a escória da nacionalidade tibetana. [...] Não haverei de poupar esforço diligente para [...] esmagar todas as desavergonhadas intrigas traidoras levadas a cabo pela turma reacionária da classe alta no Tibete com apoio dos imperialistas e da panelinha de Chiang Kai-shek. Vida longa à pátria! Vida longa ao Partido Comunista Chinês! Vida longa ao presidente Mao Zedong, o grande líder de todas as nacionalidades de nosso país!

Ngabö falou a seguir, completando sua traição ao Tibete com uma mensagem ainda mais mortificante. "Temos profunda afeição pelo Exército de Libertação Popular e nos opomos aos imperialistas e traidores", disse ele. "A rebelião não levou à divisão da pátria. Pelo contrário, promoveu a unidade nacional do país, trazendo com isso luz e felicidade ilimitadas às grandes massas do povo tibetano."

LHUNTSE DZONG

Enquanto ainda digeria as notícias, o Dalai Lama sofreu outro golpe. Com Athar na trilha com o Dalai Lama, a CIA havia começado a procurar qualquer indício de que os chineses estivessem à caça do grupo de fuga. E logo encontraram. "Por meio de várias interceptações, a CIA ficou sabendo que Mao havia emitido alertas para 'agarrarem' o Dalai Lama", disse Roger McCarthy, chefe da Força-Tarefa Tibetana durante a fuga. Os relatórios que chegavam à Força-Tarefa indicavam que o ELP estava mandando tropas e aviões atrás dos tibetanos, e que tropas chinesas naquele momento estavam se reunindo ao norte do Butão, quase que diretamente a leste de Lhuntse Dzong, e logo começariam a marchar para interceptar o Dalai Lama antes que ele conseguisse chegar à Índia. "Não seria preciso muitas bombas para liquidar com eles", diz o funcionário a CIA John Greaney. "Do jeito que os chineses estavam agindo àquela altura, não creio que o Dalai Lama tivesse sobrevivido, porque os chineses não o queriam no mundo lá fora como um símbolo."

Os rebeldes juraram refrear qualquer investida chinesa. Quando chegou a notícia de que o Dalai Lama estava fugindo rumo à Índia, um líder guerrilheiro disse a um grupo de combatentes tibetanos que eles tinham que montar uma retaguarda: "Disseram que tínhamos que bloquear desfiladeiros nas montanhas e pontes, e que deveríamos lutar o máximo possível", relembra um rebelde. Mas os guerrilheiros equipados com armas leves mediam forças com tropas do ELP munidas de morteiros e apoio aéreo, aviões que lançavam "bombas e balas enormes". Em um encontro letal no qual os rebeldes, armados apenas de espadas, lutaram contra soldados da infantaria do ELP com rifles e metralhadoras, as fileiras tibetanas foram dizimadas. O que restou da unidade deu a volta e fugiu para a fronteira indiana.

O anúncio chinês e as notícias da investida do ELP rumo a Lhuntse Dzong significaram que demorar-se no forte rebelde já não era uma opção. O Dalai Lama teria que rumar imediatamente para a fronteira indiana, a apenas 96 quilômetros de distância. Agora o inimigo era o tempo. Os boletins de Athar ficaram consideravelmente mais curtos: o rebelde agora só conseguia rabiscar a posição atual do Dalai Lama em latitude e longitude, acionar o rádio, inserir o cristal correto para o dia e mandar a mensagem. Em Washington, John Greaney ia de carro até o Centro de Sinais e recebia os números, que transpunha para um mapa do Tibete. A seguir mandava a nova localização para o Escritório de Inteligência Atual, onde nas primeiras horas do amanhecer a equipe preparava o resumo diário do presidente. Todo dia Einsenhower podia acompanhar quantos quilômetros o Dalai Lama havia feito e inspecionar o território à frente, que ele podia ver que era difícil, com desfiladeiros acima de 5,8 mil metros. A fuga havia colocado o Tibete na manchete do Boletim de Inteligência Atual do presidente Eisenhower. "Eisenhower estava encantado, colocando alfinetes no seu mapa", diz Ken Knaus, da CIA. O diretor da CIA, Allen Dulles, encontrou-se com o presidente e transmitiu-lhe uma mensagem: "Temos todos os motivos para esperar que o Dalai Lama saia do Tibete em breve". Mas ele quase falou cedo demais.

No começo da manhã de 28 de março, Athar estava adormecido dentro da fortaleza de Lhuntse Dzong quando sentiu alguém sacudindo-o bruscamente pelo ombro. Ele abriu os olhos: era o camareiro-mor. O oficial explicou apressadamente que haviam chegado relatórios de que o ELP estava marchando para a região em números que subjugariam os guardas khampas. Eles precisavam partir para a Índia, mas ainda não tinham permissão para cruzar a fronteira. Sem uma oferta de asilo de Nehru, alguma tropa chinesa avançada encurralaria os fugitivos na fronteira indiana e mataria ou capturaria o Dalai Lama e sua família. O camareiro-mor pediu a Athar para mandar uma mensagem de rádio aos norte-americanos e pedir que solicitassem asilo da Índia.

Athar imediatamente trouxe o RS-1, checou o manual de código, instalou o cristal correto e começou a redigir a mensagem.

Em Washington, eram seis da tarde de sábado. John Greaney estava em casa, em Chevy Chase, Maryland, preparando-se para sair com a esposa e três outros casais em uma rara noite de atividade social, quando o telefone tocou. Era o Centro de Sinais da CIA. Havia chegado uma mensagem de Athar. Por sorte o restaurante onde Greaney iria naquela noite, o Silver Fox, ficava perto da sede da CIA. Greaney e a esposa foram de carro para Washington, e o subchefe pegou a mensagem codificada a caminho do jantar, examinando brevemente o conteúdo enquanto saía para a instalação da CIA. Ele soube no mesmo instante que algo importante tinha acontecido: em vez da linha única com hora, data, longitude e latitude, a folha estava preenchida por um conjunto atrás do outro de cinco números cada, uma torrente de prosa em código comparada com o que ele recebia usualmente. Greaney voltou para a caminhonete Ford e foi com a esposa até a casa segura onde o monge mongol Geshe Wangye aguardava. Greaney deixou a folha escrita em tinta púrpura para ele traduzir, depois levou a esposa grávida, àquela altura já impaciente, para encontrar-se com os amigos para coquetéis e conversa trivial.

LHUNTSE DZONG

Durante todo o jantar Greaney indagou-se que mensagem Athar tinha enviado. Nenhum dos outros homens à mesa era um agente da CIA, que dirá membro da Força-Tarefa Tibetana, de modo que ele não podia falar do trabalho com eles. Quando veio a conta, ele disse aos casais que precisava encontrar-se com um amigo e voou para a casa segura. "Então eu cheguei lá", diz Greaney, "e havia aquela mensagem de que o Dalai Lama nos pedia para solicitar asilo na Índia". Greaney ficou pasmo. Ele conhecia a história muito bem: da última vez que o Dalai Lama estivera na Índia, Nehru havia resistido em oferecer asilo. Tinha que ter havido uma mudança drástica para o grupo de fuga estar encaminhando esse pedido a partir da fortaleza rebelde.

Àquela altura eram as primeiras horas da madrugada de domingo. Sob circunstâncias normais, um pedido de asilo do Dalai Lama exigiria aprovação do Departamento de Estado. Lá o assunto seria debatido por horas, se não por dias ou semanas. "O departamento podia ser o maior estorvo", diz Greaney. "Não havia como conseguirmos a aprovação naquela noite." O agente ligou para seu chefe, Roger McCarthy, que lhe disse para acordar Des FitzGerald, o cortês diretor da Força-Tarefa do Leste da Ásia. Encontrado por telefone, FitzGerald não hesitou. "Faça", ele instruiu. Ele estava dizendo a Greaney para ignorar por completo o Departamento de Estado e enviar o pedido diretamente para Nova Délhi. Greaney voltou até o monge, e eles começaram a redigir a mensagem, sentados na sala de jantar da casa segura alugada pela CIA. Em uma hora, haviam preparado o pedido; Greaney voltou depressa para o Centro de Sinais, entregou a folha com a linguagem codificada e foi para casa em Chevy Chase encontrar a esposa. Quando passou pela porta no começo da madrugada, encontrou alguns acompanhantes do jantar bebericando coquetéis na sala de visita. "Juro, hoje em dia eles pensariam que eu era um terrorista ou um traficante", diz ele. Mas, bastante altos com seus copos de Cutty Sark, os outros casais mal prestaram atenção.

Às quatro da manhã, o telefone tocou de novo. Haviam recebido uma mensagem de Nova Délhi. "De algum modo tinham dado um jeito de chegar a Nehru em questão de horas", lembra Greaney. "E ele disse, nessas condições, concederei asilo. Disse até por onde o grupo de fuga devia entrar na Índia, pela fronteira nordeste." Greaney, FitzGerald e os outros da equipe tibetana de início tiveram dificuldade em acreditar na resposta. "Não pensei que Nehru o quisesse lá", explica Greaney. "Ficamos chocados."

Com o sol nascendo, Greaney pulou de novo no Ford e fez o trajeto até a Avenida Wisconsin, onde ele e o monge debruçaram-se sobre a pia da cozinha remendando juntos uma última mensagem. Às nove da manhã, ele correu de volta para o Centro de Sinais, acenou para o guarda sonolento e entregou o código a ser enviado para Athar: "O corredor para a Índia está aberto. Prossigam para a Agência da Fronteira Nordeste".

Greaney desceu os degraus do Centro de Sinais, entrou no carro, o terno amarrotado e a cabeça grogue, e foi para casa, semiadormecido, maravilhado com os caprichos da história. O fato de o pedido de asilo ter chegado num final de semana permitiu à CIA tratar com Délhi e aprová-lo em tempo recorde.

"Se não fosse uma noite de sábado", diz Greaney, "o Dalai Lama poderia ainda estar no Tibete."

Os foragidos, agora somando 350, estavam mal preparados para a jornada para a Índia. Não tinham conseguido pegar nenhum dinheiro das reservas do Potala e não tinham acesso às quantias enviadas de antemão para a Índia após a invasão chinesa. "Éramos indigentes", lembra Choegyal, o irmão mais moço do Dalai Lama. "Não tínhamos nada além da roupa do corpo." Tudo que o fabulosamente rico Dalai Lama possuía era um jumento, um conjunto extra de roupas e umas poucas sacas de dólares tibetanos em papel, que não valeriam quase nada na Índia. Felizmente, a famosa extravagância do sistema de inteligência norte-americano estendeu-se até as trilhas do sul do Tibete. Em uma mensagem de John Greaney, Athar foi instruído a dar ao grupo de Sua Santidade 200 mil rúpias do montante de moeda indiana que a CIA havia lançado de paraquedas no Tibete. O Dalai Lama faria seu trajeto para a Índia com dinheiro norte-americano.

O evento que o Dalai Lama havia aguardado tão ansiosamente – a formação de um governo tibetano independente – agora parecia inadequado. Mas precisava ser feito; o Dalai Lama queria entrar na Índia como chefe de um poder soberano e não como um refugiado. Diante de mil monges, soldados, aldeões e ministros, Sua Santidade empossou o novo governo, que agora não tinha país para administrar. E então partiu depressa para a Índia.

A jornada tornou-se cada vez mais desgraçada, e começou a cobrar seu preço no Dalai Lama. A cavalgada incessante havia provocado ferimentos de montaria nos fugitivos, e havia tão pouco abrigo no interior árido que tinham que dormir em estábulos ou choças minúsculas de camponeses. A sensação de estar sendo perseguido estava deixando os nervos em frangalhos. Os khampas informaram que o ELP havia cruzado o Tsangpo em grande número e que outro contingente de soldados estava se deslocando do sul para interceptar o grupo em fuga.

Havia outro obstáculo, ou melhor, dois. O par dos dois desfiladeiros mais altos da rota estava à espera, ambos erguendo-se acima dos 5,5 mil metros e cobertos com gelo do inverno. Largo-La vinha primeiro, e, enquanto os fugitivos penavam até o topo do desfiladeiro, uma tempestade de neve abateu-se sobre eles. Choegyal lutou para escalar a encosta de gelo escorregadio. As sobrancelhas e bigodes dos integrantes congelaram e ficaram duras de gelo; as mãos e pés ficaram dormentes com os primeiros sinais de gangrena pelo frio. Para se manter aquecidos, os fugitivos tiveram que desmontar dos pôneis e avançar duramente a pé, as botas saindo da neve fresca com um som aspirado e mergulhando de volta na massa fofa e rodopiante. Se tivessem permanecido montados nos cavalos, teriam congelado nas selas. Do outro lado de Largo-La, pararam para uma refeição rápida de pão, água quente e leite condensado para fazer o sangue circular de novo.

Enquanto esforçavam-se para ir adiante, o tempo começou a piorar ainda mais. "Tivemos dificuldades", disse Sua Santidade. "Montanhas altas... dificuldades respiratórias. Era frio demais. Nossos pés e mãos ficaram congelados." Enquanto a altitude da trilha despencava e subia centenas de metros, nevascas alternavam-se com tempestades de areia, chuva torrencial e sol atordoante. Avalanches empurravam neve movida pelo vento para o caminho deles. "Os cavalos não tinham como andar na neve e até para humanos era difícil", lembrou um soldado. Os tibetanos têm uma expressão para nevasca pesada – "o céu quebrou". À medida que se aproximavam mais e mais da Índia, os céus pareciam permanentemente rachados.

No dia seguinte, 29 de março, encararam Karpo-La, o último pico situado entre eles e a Índia. Enquanto escalavam a encosta, o céu escureceu, e neve e ventos uivantes castigaram os foragidos. A tempestade finalmente passou, e o sol surgiu por detrás das nuvens, quase cegando-os com raios refletidos pela neve alva como cristal. Alguns do grupo amarraram trapos em volta dos olhos para bloquear a intensa luz solar, enquanto outros usaram mechas de cabelo. Pararam na encosta para almoçar, quando de repente chegou uma tempestade de pó redemoinhando pelo pequeno acampamento, cegando-os de novo.

E então apareceu o avião.

Como uma besta mítica, cada um lembrou dele de forma diferente. Alguns lembraram de um "bimotor voando baixo sobre a fila comprida da caravana que se arrastava". Choegyal, obcecado por equipamento militar, achou que fosse um modelo Douglas DC-4, o Skymaster, que se tornara famoso por seu papel no socorro aéreo de Berlim. Outros pensaram que fosse um avião militar chinês. "Se fosse chinês, como provavelmente era", disse o Dalai Lama, "havia uma boa chance de que eles agora soubessem onde estávamos". Mas todos concordaram em que o avião não identificado surgiu do nada, descendo com um zumbido do céu azul para esquadrinhar o grupo de fuga. "Não sabíamos se era chinês ou de outro país", contou Choegyal. "Mas voou diretamente por cima de nós e não pode ter deixado de nos ver, centenas de homens e cavalos na neve branca."

Os guardas começaram a entrar em pânico, saltando dos cavalos e tratando de tirar as metralhadoras dos lombos. De repente, a voz do Dalai Lama percorreu a encosta.

"Fiquem quietos", ele ordenou. "Não se mexam."

Os fugitivos pararam e esperaram, a respiração visível no ar gélido. O Dalai Lama mandou os homens tirarem as mantas vermelhas das selas, que poderiam ser um alvo fácil para atiradores do avião. Na confusão, sua calma quase sobrenatural abrandou a tensão. Foi um breve instante, mas o jovem monge agora mandava nos guerreiros khampas como se tivesse nascido para isso.

O avião foi um sinal agourento para os fugitivos. "Achamos que fosse o fim", admite Choegyal. Certo de que fora avistado, o grupo foragido dividiu-se em turmas menores que pelo menos dariam a chance de alguns tibetanos chegarem à Índia. Sua Santidade considerou a aparição do aeroplano um sinal de que parte alguma do Tibete era segura para ele. "Quaisquer receios de ir para o exílio desapareceram com essa percepção", lembra ele. "A Índia era nossa única esperança."

Quando acamparam, os fugitivos pegaram o receptor de rádio e tentaram captar alguma notícia de Lhasa. Com frequência só conseguiam ouvir a Rádio Pequim. "A antiga cidade de Lhasa", a agência oficial de notícias informou, "está cheia de vida outra vez":

> Enquanto camponeses tibetanos conduzem seus jumentos carregados de combustíveis e cereais para a cidade, estudantes com mochilas penduradas no ombro vão

para a escola, o carteiro de bicicleta começa a distribuir os jornais do dia, e mais e mais veículos de todos os tipos gradualmente chegam às ruas. No centro da cidade, as lojas que tiveram que fechar durante a rebelião estão abertas, as prateleiras mais uma vez abastecidas com mercadorias. Do curtume vem o cheiro acre do couro curtindo, e dos caldereiros e prateiros ressoa o estrondo de metal.

Entretanto, a realidade daqueles que ficaram para trás no Tibete era bem diferente.

CATORZE

Nas prisões tibetanas

Uma tibetana grávida lembra que o pior momento da rebelião aconteceu a partir de um simples gesto. Ela estava sendo levada para a prisão por tropas do ELP quando sua mãe saiu de casa correndo para suplicar aos soldados que não levassem a flha embora. Sua mãe, uma aristocrata bem-nascida, prostrou-se aos pés dos jovens camponeses chineses em seus uniformes verde-ervilha. Os soldados deram as costas e foram embora. "Fiquei tão envergonhada por as coisas chegarem a isso, minha mãe curvando-se para o invasor de nosso país", diz ela. "Mas ela fez aquilo para que pudéssemos ficar a salvo."

O Tibete estava sendo remodelado pela fuga do Dalai Lama. Os chineses começaram a deter tibetanos em massa. Lhasa tornou-se uma cidade de mulheres, já que os únicos homens nas ruas eram soldados do ELP e civis chineses. "Ficávamos muito apavoradas ao ouvir algum som de passos masculinos", explica a mulher grávida, "visto que a maioria dos homens tibetanos estava sob custódia no Norbulingka, e só havia restado uns poucos em Lhasa". Aristocrata cujo marido era um dos funcionários do governo na lista de pagamentos chinesa, ela mais tarde foi detida a despeito das súplicas da mãe e jogada em um abrigo apinhado de camponeses e pobres. Lá sentou-se no chão imundo pensando em sua empregada, que ela havia mandado para os primeiros protestos e que agora estava aprisionada – por obedecer às ordens da patroa. "Me senti muito culpada e constrangida com aquilo", ela admite. "Mais tarde encontrei-a no exílio; acolhi-a em casa, mostrei respeito e pedi perdão."

Uma monja tibetana descreve as condições de uma prisão de Lhasa naqueles primeiros dias: "Fomos mantidas em uma cela pequena com muita gente, e mais tarde trouxeram mais e mais pessoas, de modo que mal havia algum espaço para se ficar em pé. Começaram a nos interrogar um por um. [...] De acordo com o que respondia, você recebia uma sentença. Fiquei totalmente petrificada e não conseguia sentir muita coisa física ou espiritualmente. Eu estava desprovida de sensações". A monja recebeu cinco anos por ajudar os rebeldes.

Outros escaparam antes que pudessem detê-los. Um foragido de Lhasa lembrou de sentir-se como se pisasse em ervilhas secas à medida que fugia, tamanha era a quantidade de cartuchos de rifle vazios que sujavam as ruas. Em uma divisão do exército tibetano, a força original de quinhentos homens fora reduzida para apenas 37, com a maioria dos ausentes àquela altura mortos. Os chineses empilhavam corpos defronte ao Norbulingka e outros locais onde os tibetanos haviam apresentado resistência mais feroz. Em um lugar chamado Tsuklak-khang, um médico do exército viu corpos de mulheres e crianças jazendo entre os rebeldes: "A cidade inteira fumegava por causa das casas incendiadas e fedia, especialmente ao lado do Norbulingka, onde os chineses queimavam os corpos empilhados de humanos e animais". Oficiais do ELP iam de prisioneiro em prisioneiro questionando sobre o paradeiro do Dalai Lama. "Eles não tinham ideia de onde ele estava."

Os monges de Sera que transportaram armas do Potala foram capturados e detidos. Alguns foram feridos na batalha. "Quando a bala me atingiu, fiquei satisfeito e não senti arrependimento por morrer", lembra um deles. "Não era por mim que eu estava ferido, mas por causa da nação." Ele foi levado de volta ao Mosteiro de Sera, que agora era uma prisão temporária para monges "contrarrevolucionários". "Fui mantido em uma sala escura", diz ele. "As autoridades chinesas vinham todo dia e pediam para eu confessar o que havia feito. Diziam que, se eu confessasse, me deixariam ir." O monge normalmente plácido discutiu ferozmente com os chineses. "Disse que eu não tinha nada a confessar, pois nós tibetanos não fomos para a terra deles, em vez disso eles chineses tinham invadido a nossa." Os interrogadores chineses retrucaram que o Tibete fazia parte da China. "Respondi que, sendo assim, onde eles estavam quando os ingleses invadiram?"

Os interrogadores não tiveram resposta para isso.

A queda do Norbulingka deixou duas coisas claras para os tibetanos: o Dalai Lama estava evadindo-se do país e os chineses agora exerceriam controle total sobre a vida deles. Nos dias e semanas seguintes, 80 mil refugiados afluíram para o sul, rumo à Índia ou ao Butão, no rastro de Sua Santidade. Quase toda família no Tibete teve um membro que partiu para a fronteira ou conhecia alguém que fez a viagem. Outros ficaram onde estavam, queimando incenso e colocando lamparinas com manteiga fresca diante de seus altares budistas e rezando para o Protetor Precioso, o Dalai Lama, sobreviver.

Quem vivia perto da fronteira foi para o exílio em um dia ou dois de nada mais que uma caminhada vigorosa ao luar (muitos foragidos viajavam à noite para evitar as patrulhas chinesas). Outros sofreram horrivelmente. Um foragido conta que a mulher deu à luz prematuramente na estrada. O bebê morreu pela falta de cuidados e fome na rota para o Butão. Poucos haviam se preparado para deixar o Tibete, partindo sem provisões adequadas de *tsampa* ou roupas. E, nas regiões onde não havia telégrafo ou telefone, as decisões eram tomadas em total ignorância sobre o que realmente havia acontecido em Lhasa. Os boatos grassavam. Depois de aviões terem sobrevoado um grupo de fugitivos, na manhã seguinte seus membros foram informados de que a aeronave era o primeiro sinal de uma invasão norte-americana. "Não é necessário escapar para a Índia", um jovem disse a eles. "As tropas norte-americanas vieram para retomar nosso país." As pessoas ficaram exultantes.

Um refugiado que seguiu a rota exata do Dalai Lama para o sul lembrou que o ELP estava por toda parte. "Os chineses estavam nos perseguindo", abrindo fogo dos aviões e lançando bombas sobre o grupo. A comida estava acabando depressa, e as vias eram tão íngremes e estavam tão obstruídas que foram obrigados a abandonar os cavalos, cujos corpos ficaram enfileirados na rota. "Tivemos que caminhar por cima deles", disse o homem. "Não havia tempo para compaixão."

Na aldeia pedregosa de Kongpo Tham-nyen, na província rebelde de Kham, Cho Lhamo dividiu sua vida em duas partes: antes e depois dos chineses. Antes, ela era a linda filha de um fazendeiro e *genpo*, ou líder khampa, local. Jogava *mah-jongg*, lutava com os irmãos e irmãs, circundava o templo local de mãos dadas com outras crianças e andava a cavalo como uma verdadeira criança khampa. "Eu pegava um cavalo com uma corda e cavalgava sem sela", ela lembrou. "Cavalgava para dentro dos bosques agarrada na crina do cavalo com a cabeça encostada nele." Ela tinha ido a Lhasa uma vez, em 1956, com 15 anos de idade, e na ocasião pôde fitar o jovem Dalai Lama. "Olhei e achei que ele era muito claro e viçoso", diz ela. "Pensei que ele realmente fosse Deus."

Quando o Dalai Lama escapou para a Índia, a família de Cho Lhamo – temendo que pudesse ser visada como tibetanos prósperos – apressou-se para juntar-se a ele. Caminhavam durante a noite e se escondiam de dia, sempre rumo ao sul, encontrando centenas e depois milhares de outros refugiados nos desfiladeiros das montanhas. Por fim, sem contar para ela, nem para sua mãe e irmãos, seu pai deixou-se ficar para trás para se juntar a um grupo de combatentes. Quando Cho Lhamo e sua mãe descobriram, esconderam-se em uma caverna, esperando o pai reunir-se novamente a elas. Dois dias depois, o cachorro dele apareceu vagando na entrada da caverna. "O cão jamais sairia do lado de seu pai", disse a mãe para ela. "Ele foi morto pelos chineses." Mas a família não podia deixar o patriarca para trás sem saber ao certo. Segurando uma faca longa no bolso, Cho Lhamo, sua mãe, irmãos e irmãs andaram para o norte até deparar com o cenário de uma batalha recente, encontrando cápsulas de balas vazias e solo revolvido recentemente. Também acharam o amuleto protetor do pai com o conteúdo esparramado na terra.

Os chineses pegaram-nos na encosta da montanha. Um esquadrão de soldados avançou contra Cho Lhamo e gritou: "Matar! Matar! Matar!". Mas em vez disso os membros da família foram detidos, as mãos amarradas. Os interrogadores perguntaram: "Vocês ouviram os reacionários e decidiram ir?". Cho Lhamo respondeu que sim, cutucando a mãe para ficar quieta, caso fosse dar uma resposta diferente. Em vez de chegar à Índia, ela e os irmãos foram forçados a marchar pela rota de fuga de volta para casa. Pelo chão viam as trouxas de roupas e alimentos largadas por tibetanos tentando aliviar a carga. "A região estava completamente deserta", lembrou Cho Lhamo. Os chineses ficavam perguntando: "Vocês vão fugir de novo? Vão pensar de modo diferente?". Cho Lhamo disse: "Jamais fugiremos outra vez".

Parecia que metade do Tibete havia fugido para a Índia e Cho Lhamo tinha sido deixada para ver o resultado. Em sua aldeia natal, os bens dos fugitivos haviam sido distribuídos, as ovelhas e gado roubados. E lá ela ficou sabendo o destino do pai, que de fato havia sido morto defendendo seu grupo de fuga. "Chorei, chorei e chorei, tanto que quase morri", diz ela.

No sul do Tibete, um homem chamado Norbu Dhondup estava fugindo com as duas esposas. Um nômade simples, com 30 anos de idade, estava deixando a terra que se tornara amarga para ele. Seu pai, um rico proprietário de terras, fora submetido a uma série de *thamzins*, ou sessões de reeducação, depois de os chineses terem-no acusado de apoiar os rebeldes. Na verdade, quando os rebeldes chegaram à aldeia e pediram "pistolas se tivéssemos pistolas, espadas se tivéssemos espadas e cavalos se tivéssemos cavalos", o pai havia negado. Mas os rebeldes tinham levado assim mesmo.

Os aldeões voltaram-se contra a família dele. O pai de Norbu havia emprestado grãos e dinheiro em tempos difíceis, mas os aldeões aproveitaram a invasão chinesa para zerar a conta. Camponeses pobres até invadiram a casa de seu pai e a saquearam. Traído pelos vizinhos, o idoso foi detido pelos chineses junto com cinco ou seis homens importantes (inclusive um monge) sob a acusação de ajudar os rebeldes. O pai de Norbu foi conduzido à praça pública e fizeram-no ajoelhar-se. A seguir os chineses ergueram-no do chão puxando-o pelos cabelos e o fizeram curvar-se para toda a aldeia, reunida em círculo ao redor dele. A multidão gritava que o pai de Norbu havia dado cavalos e armas para os guerrilheiros. Quando incitadas pelos guardas chineses, as pessoas chegavam perto do ancião, olhavam-no no rosto e cuspiam em sua boca. O ELP chegou a exigir que Norbu ministrasse *thamzin* no próprio pai. "Foi muito ruim", ele conta. "Eu disse que não faria."

O pai recebeu uma sentença de vinte anos de prisão. O idoso foi levado para uma saleta em Khamba Superior e deixado lá até que pudesse ser transportado para a prisão. Sozinho, incapaz de tolerar a vergonha, ele puxou uma faca longa que havia escondido na *chuba*. Com ela extirpou os testículos.

"Eu não conseguia pensar", lembra-se Norbu. "Me senti terrivelmente deprimido." Os aldeões pobres vieram e pegaram o resto dos bens, comida e taças de prata, roubando até as *chubas*. E pararam para reclamar a Norbu que os casacos eram feitos de lã de baixa qualidade. Norbu começou a odiar os compatriotas.

Presenciou-os irem embora de sua casa, entorpecido pela imagem do pai sozinho com uma faca. "Aconteceu algo comigo", diz ele. Norbu não lamentava a perda das peles e *chubas*. Não parecia que lhe tivessem sobrado sentimentos em absoluto. Mas ele ansiava deixar o Tibete. Um pensamento dominava sua mente: "Eu pensava que seria suficiente se eu conseguisse ver Sua Santidade o Dalai Lama ao menos uma vez". Ele partiu para os lados do Butão com as duas esposas, com as quais nunca havia sido realmente feliz. Mas elas eram tudo que lhe restava.

Quando Lhasa caiu, Soepa, o funcionário que havia retornado ao Norbulingka por um senso de dever persistente, tornou-se prisioneiro do ELP. Ele ficou em um enorme salão de preces chamado de Templo das Oferendas, que havia sido transformado em um hospital improvisado, ou, pelo menos, em depósito de doentes e moribundos: "O chão era um charco de sangue, e o ambiente estava tomado por mau cheiro e gemidos". Vestido apenas com calças e uma camisa fina, Soepa agora congelava, tremendo quando a noite chegava. Ao cair a temperatura, ele reparou que os tibetanos com ferimentos leves observavam os pacientes críticos, esperando o momento da morte para poderem arrancar as roupas do novo cadáver. Deitado ao lado de Soepa estava um velho, um khampa de cabelos brancos, gravemente ferido na luta. Ele respirava de modo ofegante, fazendo força para inspirar. O desejo de viver havia voltado a Soepa, e quando a respiração do homem ficou mais e mais superficial e pareceu que ele estava próximo da morte, Soepa fez uma coisa vergonhosa: arrancou o capote pesado que o homem vestia. Estava prestes a se enrolar nele quando notou que estava encharcado de sangue. Colocou-o assim mesmo.

Na tarde seguinte, chegaram os médicos militares chineses. O osso da perna ferida de Soepa estava esmigalhado, e ele foi colocado em um jipe para ir ao hospital. A estrada estava cheia de sulcos e saliências, e Soepa contorceu-se de dor enquanto o jipe avançava aos trancos. Quando chegou ao hospital, ele foi deixado no chão de uma sala vazia (não havia cama). Um soldado armado do ELP ficou postado na porta. Soepa ficou lá a noite inteira com uma camisola fina e branca do hospital e um cobertor por cima. A parede de cimento tinha buracos de balas dos disparos que haviam entrado pela janela durante a revolta. Na manhã seguinte, um médico chinês veio tratar a perna de Soepa, o que ele fez enfiando o dedo nos buracos de bala e dizendo que os hans tinham vindo para o Tibete ajudar os nativos e era aquilo que tinham recebido em troca. O médico foi tão rude que, durante o exame, pegou e puxou um pedaço de carne do ferimento, segurando-o entre os dedos. Soepa desmaiou na hora.

QUINZE

A ÚLTIMA FRONTEIRA

Enquanto o Tibete era virado de pernas para o ar, o Dalai Lama corria para a fronteira indiana, certo de que encontraria uma patrulha chinesa a cada curva do caminho. À medida que os fugitivos aproximavam-se da linha divisória, começavam a descer das terras montanhosas tibetanas para as paisagens tropicais do nordeste da Índia. O ar mudou de frio de rachar para quase opressivo. Começou a chover sobre os viajantes exaustos, o que de início foi um alívio, mas logo causou resfriados e doenças nos foragidos. No dia 30, chegaram à aldeia de Mangmang, um posto fronteiriço minúsculo que representava o último povoado tibetano antes da Índia. O lugar parecia firmemente acomodado no século XIII. "Havia pouquíssimas casas disponíveis", lembra Choegyal. "Todas que encontramos tinham estábulos embaixo e os aposentos em cima, com piso de tábuas de madeira. Era como as pessoas viviam na Europa séculos atrás; e o mau cheiro enchia o ar."

O Dalai Lama foi forçado a dormir em uma tenda. A chuva açoitou a lona. Assim como com muitos tibetanos que afluíam em um imenso êxodo atrás dele, o ar quente parecia atacar sua constituição. Na manhã seguinte, ele acordou febril e fraco. "Meu estômago não está bem", ele disse ao irmão mais moço, e então deitou-se de novo, incapaz de viajar. À beira da liberdade, Sua Santidade havia pego disenteria. "Assisti a ele ficar cada vez mais doente", recorda Choegyal. Disenteria em geral é causada por um bacilo *Shigella* ou uma ameba, *Entamoeba histolytica*, que na maioria das vezes entra no corpo por meio de água poluída ou alimento estragado. A doença é bem conhecida no Tibete, e com frequência fatal: é a maior causa de mortalidade infantil nas aldeias e povoados rurais da nação. Viajando por algumas das regiões mais isoladas e pobres do país, o Dalai Lama havia pego um dos maiores matadores de seu povo. E não havia remédio para tratá-lo.

Sua Santidade permaneceu com febre alta todo aquele dia, o 13º da fuga. Seus assistentes levaram-no para uma casa das proximidades, onde ele revirou-se no leito antes de finalmente cair no sono. O ideal seria manter Sua Santidade repousando e ingerindo líquidos, o único tratamento que seus ministros podiam oferecer, mas logo chegou a informação de que os chineses estavam se aproximando da aldeia vizinha de Tsona, na retaguarda do grupo de fuga. Na manhã seguinte, o Dalai Lama foi tirado da cama e colocado em cima de um *dzo*, um híbrido de iaque e touro. Ele inclinou-se para a frente na sela, "em um atordoamento de doença, esgotamento e infelicidade mais profundos do que eu possa expressar".

À medida que se aproximavam da Índia, ele começou a dizer adeus aos khampas que haviam feito sua guarda durante a fuga, muitos dos quais estavam voltando para lutar contra os chineses. As lágrimas ardiam em seus olhos enquanto ele abençoava os homens. "Aquele foi um momento poderoso para mim em minha vida", disse Sua Santidade, "enquanto eu olhava aqueles cavaleiros khampas que haviam me salvado e eram patriotas de meu país". Ele puxou as rédeas do *dzo* e começou a se arrastar rumo à fronteira, sabendo que nunca mais veria os khampas. "Dei as costas para o Tibete e olhei na direção da Índia. Olhei em volta e não tinha um amigo no mundo."

Sem seus protetores, o Dalai Lama foi deixado com alguns ministros e tutores idosos, sua família e uma turma reduzida de guardas. Ele trajava roupas que fediam por causa da viagem, e fora acometido por uma doença de pessoas pobres. A jovem encarnação havia sido realmente destituída de tudo.

As trilhas despencaram em direção à Índia, cruzando florestas margeadas por córregos borbulhantes. Os foragidos começaram a relaxar. Fizesse o que fizesse, o Exército de Libertação Popular (ELP) não cruzaria a fronteira indiana. E o clima era lânguido comparado ao que haviam encarado. "Não tínhamos que puxar as rédeas, apenas recostar na sela", lembra Choegyal. "Alguns dos nossos companheiros relaxaram tanto que adormeceram e caíram do cavalo."

Enquanto percorriam os últimos quilômetros no Tibete, o Dalai Lama, doente e deprimido, escutava um radinho de pilha. Na All-India Radio, ouviu uma notícia de que ele havia caído do cavalo e estava gravemente ferido. Era o mais novo boato emanado das agências de notícias. O *Times* de Londres saíra na frente com a história na manhã de 30 de março: "O Dalai Lama de 24 anos de idade ficou gravemente ferido ao fazer uma fantástica viagem dia e noite em busca de segurança através dos perigosos desfiladeiros nas montanhas do Tibete", dizia a matéria de primeira página, enviada por um correspondente de Kalimpong. "Ele escorregou ao fazer um desvio em uma solitária trilha de pedestres a 5,8 mil metros de altitude ao anoitecer." A história seguia contando que Sua Santidade sofrera "fraturas múltiplas" e estava sendo carregado em uma "padiola improvisada ou escondido nas cavernas das montanhas por cinco membros de seu gabinete em fuga com ele". O Dalai Lama sorriu.

Sua Santidade sabia que tinha que se arrumar para aparecer no mundo. Tinha que chegar de uma forma que manifestasse quem ele era e qual era sua filosofia em relação aos chineses. Ele havia partido de Lhasa ainda acreditando que a cooperação com Pequim fosse possível, que a humanidade chinesa, que ele ficara tão aliviado ao descobrir naquele primeiro encontro com o general chinês, sobrepujava todas as considerações. Mas ele deixara aquela ingenuidade na trilha. Os chineses haviam atacado e assassinado milhares de seus conterrâneos. Os acontecimentos das duas últimas semanas haviam-no forçado a confrontar a maldade no mundo pela primeira vez realmente.

Observando-o, Choegyal, com 13 anos, entendeu que o irmão estava encarando uma vida sobre a qual nada sabia. "Foi um teste de realidade para ele", reconhece. "Antes, não importa o quão prático ele quisesse ser, a atmosfera na qual ele cresceu como Dalai Lama não era realista de jeito nenhum. Agora ele tinha uma prova da vida real." Narkyid, o funcionário do Norbulingka, concorda. "Ele adquiriu experiência sobre como as coisas são. Ele pensava que as pessoas eram muito boas, mas o que elas dizem e o que elas fazem não são a mesma coisa. Agora ele via a verdade." O Dalai Lama sabia que o levante e a fuga haviam liquidado com quaisquer remanescentes de suas fantasias da meninice. "Você descobre uma brutalidade cínica, o uso esmagador da força, sua própria fraqueza." Com seus ministros dispersos, seu palácio ocupado, seu lugar no mundo extinto, os suportes de sua antiga vida foram derrubados.

Por volta das quatro da tarde do último dia de março, o Dalai Lama e seu grupo desembocaram em uma pequena clareira onde um grupo de seis guardas indianos – gurkhas em botas de couro granulado e chapéus safári – aguardavam em posição de sentido, em silêncio em meio aos gritos guturais dos macacos e ao canto dos pássaros que saíam da floresta atrás deles. Quando o Dalai Lama chegou até eles montado no desajeitado *dzo*, os gurkhas apresentaram armas energicamente e seu comandante avançou para Sua

Santidade com um *kata* nas mãos. O Dalai Lama apeou, pegou a echarpe com uma leve inclinação de cabeça e começou a andar, seguido por seus ministros. Ele agora estava na Índia.

O Dalai Lama ignorava que milhares de tibetanos naquele momento seguiam seus passos e que em breve ele chefiaria uma grande comunidade exilada dentro da Índia. Mas ele sabia que a corte de Lhasa na prática havia se desintegrado, que um estilo de vida tinha desaparecido, talvez para sempre. E não lamentou por nada disso. Ele havia sido feliz na Índia antes, durante uma visita para prestar homenagens a Gandhi em 1956, e ele sabia que as políticas sufocantes e com frequência corruptas do Tibete, os rituais que o impediam de se expressar como um monge simples e compassivo, agora poderiam ser remodelados. Por mais dolorosa que fosse a queda de Lhasa, havia feito ele sair da gaiola dourada do Potala.

"Sua Santidade ficou muito feliz por estar livre", diz Choegyal. "Agora ele podia realmente dizer o que havia em seu coração."

A fuga havia sido uma espécie de sonho realizado para Choegyal. Ele brincou de soldado, misturou-se aos khampas como uma espécie de mascote, se não como um igual. Mas, enquanto passavam por trilhas com tibetanos parados em fila e chorando, ele não pôde ignorar o aspecto trágico do que estava acontecendo. "Os aldeões davam boas-vindas, mas havia muita tristeza em seus rostos." E as imagens daqueles deixados para trás no Norbulingka ficaram com ele e juntaram-se às histórias de morte violenta que muitos defensores do palácio sofreram. A fuga havia sido o grande acontecimento de sua meninice. Mas de certa forma havia causado também o fim dessa meninice.

"Aquilo me forçou a crescer", ele reflete. "Penso que aquelas duas semanas me proporcionaram um curso intensivo de vida." Ele sobreviveu a uma aventura, mas agora não tinha raízes nem a proteção das camadas de assistentes e guardiões que haviam cuidado dele desde o nascimento. Nos anos seguintes, ele atribuiria uma mudança em seu caráter àqueles dias na estrada. "Toda a experiência teve um efeito muito transformador em mim – tornou-me decidido, prático", ele explica. "E me ensinou que tudo pode acontecer. A mente torna-se mais maleável, mais flexível." De irmão mimado de Sua Santidade, ele agora era um refugiado sem tostão. Pegou as roupas quentes que havia trazido do Tibete e vendeu-as, obtendo 15 moedas de prata. Mas, em vez de sair a gastar o dinheiro em brinquedos ou munição para sua Luger, como teria feito poucas semanas antes, comprou comida. "Ainda lembro do que peguei: bolachas, manteiga e geleia", diz ele. "Estavam deliciosas."

A corrida em busca da história da fuga e para explicar quem era o Dalai Lama só disparou quando se soube que Sua Santidade havia cruzado a fronteira. Sua Santidade estava a salvo na Índia, mas ainda estava na remota Agência da Fronteira Nordeste, uma enorme área limítrofe inacessível a estrangeiros, especialmente jornalistas.

George Patterson foi o primeiro a chegar a Tezpur, 65 quilômetros ao sul da região fronteiriça. A aldeia fica junto ao Rio Brahmaputra, em geral vagaroso sob o calor do norte da Índia e margeado por pântanos perigosos repletos de sanguessugas. Era um território de plantação de chá de primeira classe e fora invadido por uma espécie desconhecida por milhares de anos da paisagem luxuriante: britânicos corpulentos queimados de sol, donos de lavouras, que se reuniam no Station Club, bebiam gim Boodles, jogavam bilhar e tagarelavam sobre a próxima caçada de tigres de bengala. Enquanto Patterson fazia os preparativos para ir ao norte, enfurecendo ainda mais o governo indiano, chegaram outros três jornalistas, inclusive o legendário Noel Barber. Patterson ficou profundamente aborrecido. As chances de um ou dois homens passarem pela "zona proibida" da região militar eram tênues. Com cinco (contando o leal criado de Patterson), elas ficavam próximas de zero. Mas Patterson e os outros sentiam que precisavam tentar. Suas redações no exterior clamavam por notícias sobre o Dalai Lama, e, ao menos para Patterson e Barber, havia um interesse pessoal em conseguir a história de Sua Santidade.

Às nove horas da noite, os jornalistas saltaram em um carro e partiram ao encontro de alguns guias indianos que os introduziriam na Agência da Fronteira Nordeste. O ponto de encontro era selvagem. "No caminho os faróis do carro incidiram sobre os olhos cintilantes e a silhueta de um tigre", lembrou Patterson, "que desapareceu na selva ao lado da estrada". Quando chegaram ao local do encontro, os guias foram informados de que os estrangeiros queriam fazer a jornada desarmados. Os indianos protestaram com veemência. Não havia apenas tigres nas florestas à frente, mas também manadas de elefantes selvagens e leopardos, para não falar dos guardas da fronteira, os Rifles de Assam, que "atirariam em qualquer coisa ou qualquer um que se mexesse à noite". A chegada do Dalai Lama teve profundos desdobramentos políticos na Índia, e qualquer um andando pela zona proibida seria considerado espião ou terrorista. Patterson e os outros aumentaram o preço até astronômicas dez libras inglesas por cabeça. Finalmente, os nativos foram para dentro da selva para debater o assunto. Depois de alguns minutos, os jornalistas perceberam que os homens tinham ido embora, deixando-os abandonados.

Desanimados, os repórteres pegaram o caminho de volta para Tezpur, que havia se tornado, de acordo com a *New Yorker*, "a capital mundial da notícia por um breve período". Em meados de abril, havia duzentos jornalistas e fotógrafos reunidos lá, e pessoas de San Francisco a Marselha encontravam boletins sobre o Tibete na primeira página de seus jornais matinais diários. O pequeno posto fronteiriço estava se tornando um ninho de rato dos repórteres mais bem pagos do mundo. "Correspondentes famosos dormiam em sofás, mesas de bilhar e onde quer que conseguissem acomodar-se", disse Patterson. A guerra dos jornais havia começado para valer: escritores endinheirados haviam contratado os dois únicos táxis (que mal funcionavam) de Tezpur pelo preço exorbitante de cinquenta rúpias por dia mais gasolina, em parte para tê-los à mão e em parte para mantê-los longe dos rivais. Um jornalista desesperado "sondou o preço de um elefante" como um possível substituto. Aos plantadores de chá eram oferecidas quantias abusivas para alugar seus aviões particulares, o que eles faziam alegremente. Nada jamais acontecia em Tezpur, de modo que ser o marco zero da história do momento trouxe consigo um sabor de vida britânica que os habitantes locais jamais esqueceriam.

De fato, na ausência de notícias verdadeiras provenientes do Tibete, a cobertura da fuga ficou quase que demente. Um correspondente reportou cem mil mortos no levante de Lhasa, mais gente do que a cidade possuía. Outro escreveu que, graças a seus poderes psíquicos, o Dalai Lama havia feito um seguro total do palácio Norbulingka e que, tão logo Sua Santidade chegasse ao exílio, receberia um polpudo cheque de um milhão de dólares. Foi relatado que o Dalai Lama estava documentando a fuga com uma Leica de ouro maciço. Noel Barber colaborou com uma história sobre um grupo imaginário de rebeldes que agiu como isca, permitindo que Sua Santidade escapasse: "Quase que até o último homem...", ele narrou, "o esquadrão suicida foi exterminado em uma terrível batalha no desfiladeiro himalaio de 4,5 mil de altitude". Aquilo que o *Times of India* chamou de "a mais louca competição da história jornalística" fez que os editores de notícias internacionais ligassem para seus correspondentes quatro ou cinco vezes por dia, exigindo matérias novas. "O que eles querem é ficção", disse um jornalista. "Ficção pura. Bem, por Deus, ficção é o que eles vão ter."

Barber superou todos eles. Enquanto esperava em Calcutá, ele tratou de alugar um avião para sobrevoar o sul do Tibete e conseguir uma foto exclusiva do grupo de fuga do Dalai Lama. Extraordinariamente, antes mesmo de chegar a Tezpur, o célebre correspondente na verdade havia *enviado uma matéria* dizendo ter avistado Sua Santidade nas geleiras nevadas dos Himalaias – erroneamente identificando o manto do monge como amarelo, e não castanho-avermelhado – e redigido uma descrição loucamente vívida de sua ousada façanha de jornalismo aéreo. A caminho da plantação de chá, Barber atormentou os outros jornalistas com seu furo mundial de reportagem. "Ele se vangloriava do fato de que não havia nada que eles pudessem fazer a respeito", recordou Patterson. Tudo que Barber tinha a fazer agora era pular no avião, achar os foragidos e na verdade relatar a história que ele já havia escrito e enviado.

Mas, quando Barber chegou em Tezpur, ficou horrorizado ao saber que a Agência da Fronteira Nordeste era tão secreta e delicada aos olhos do governo indiano que os aviões não tinham sequer permissão para sobrevoá-la. Qualquer um que fosse pego fazendo isso enfrentava cinco anos em uma cadeia indiana. Nenhum dos pilotos locais aceitaria o trabalho, nem mesmo por uma pequena fortuna, e era tarde demais para telegrafar ao *Daily Mail* e dizer para abortarem a matéria. Quando a história saiu, Barber encarou a prisão por algo que na verdade não tinha feito. O mais famoso correspondente internacional do mundo havia arriscado a carreira para obter uma das maiores histórias da metade do século. E ela se provaria sua ruína como repórter.

A cobertura da fuga de Sua Santidade tornou-se uma das farsas jornalísticas legendárias do século XX. A imprensa abandonou qualquer aparência de veracidade na corrida pelo furo de reportagem. Mas, mesmo quando enchiam a cara no Paradise Hotel de Tezpur e inventavam ficções escandalosas enquanto corriam para o posto do telégrafo, Barber e seus pares fizeram umas poucas coisas que se mostraram importantes. Eles esboçaram a ideia de que o Tibete estava sendo subjugado por uma potência que não esperava derrotar. E deixaram claro que aquela tragédia estava acontecendo para pessoas muito semelhantes aos homens e mulheres que estavam lendo a respeito. A forma melodramática com que os jornalistas escreveram sobre o levante e a fuga, por mais inexata que fosse, teve a virtude de humanizar um povo que o mundo mal sabia que existia.

O Tibete já não era outro mundo. Era como uma grande quantidade de outros lugares em 1959. Barber e seus colegas trouxeram-no para mais perto.

A avalanche da imprensa também marcou o Tibete de forma indelével na consciência mundial, ainda que o "Tibete" tenha se tornado – tomando emprestado um termo de época posterior – quase virtual, um movimento em vez de uma nação. A aflição dos tibetanos causou uma onda de simpatia ao redor do mundo. O magistrado liberal da Suprema Corte William O. Douglas e o jornalista de direita Lowell Thomas criaram o Comitê Americano de Emergência para Refugiados Tibetanos (que alguns alegaram ter sido fundado pela CIA, embora jamais tenha aparecido uma prova definitiva), e choveu contribuições. Dentro de poucos anos, doze agências – com sedes estendendo-se de Liechtenstein à Austrália – ajudavam os exilados tibetanos. Em 1959 o Dalai Lama apareceria perante as Nações Unidas, que insistiram que a China respeitasse as exigências tibetanas de autodeterminação – a primeira vez que um organismo mundial colocou seu peso em favor da pequena nação. Norbu, o irmão do Dalai Lama que ficou sabendo da fuga pelo rádio em seu apartamento minúsculo em Nova York, viu os efeitos de toda a atenção. "É engraçado", disse ele, "mas antes dessa coisa ninguém sabia o que era um tibetano, nem mesmo como era o aspecto de um. Eles pensavam que os tibetanos eram como os chineses, mas com um terceiro olho". O rosto do Dalai Lama logo apareceria na capa da *Life* e da *Time* (sob a manchete: "A fuga que balançou os vermelhos"), e sua história foi recontada em centenas de revistas e jornais. A imprensa, embora inventasse metade dos detalhes da jornada através dos Himalaias, havia em uma questão de semanas fundido a história do Tibete com a imagem do rapaz de manto castanho-avermelhado.

Mais adiante, Noel Barber pagou caro por seu relato ficcional da fuga do Dalai Lama, publicado sob a manchete "Noel Barber avança para o 'fim da linha' enquanto o Dalai Lama prepara-se para a próxima etapa rumo à liberdade". Logo depois da publicação, ele saiu do *Daily Mail* – houve rumores de que foi devido à história falsa – e dedicou-se a escrever livros. O arrojado correspondente estrangeiro desapareceu das primeiras páginas. "Acho que ele nunca mais cobriu outra grande história", recordou um jornalista veterano. À sua maneira, Barber também foi destituído de sua posição e de toda a glória.

Mas o Tibete permaneceu com Barber, como com muitos que passaram por lá. Mesmo que estivesse contando lorotas exóticas, ele produziu dois livros sobre a fuga e suas consequências, *The Flight of the Dalai Lama* (1960) e *From the Land of Lost Content* (1969). As narrativas eram repletas de farpas contra os males do comunismo, que era a lente através da qual a maior parte do mundo via a fuga do Dalai Lama. Sobre a China, Barber escreveu:

> Um dia, como outros impérios, ela há de desmoronar; e, enquanto isso, Lhasa, a cidade distante e diferente de qualquer outra no mundo, mantém-se, a despeito dos chineses que se pavoneiam por suas ruas, um símbolo (para aqueles que não esquecem) do desafio do fraco contra o forte, do espírito indestrutível de homens que, ainda que longe de nós, estão ligados por um vínculo comum a seus irmãos de Budapeste e Praga.
> Pois eles também pediram apenas liberdade.

Os guardas gurkhas escoltaram Sua Santidade e os outros refugiados através da selva indiana até Bomdila, cidade situada a uma semana de marcha. Lá o Dalai Lama recebeu um telegrama de Nehru garantindo que, "o povo da Índia, que o tem em grande veneração, sem dúvida outorgará seu tradicional respeito a sua pessoa". Sua Santidade passou dez dias em Bomdila, recuperando-se dos últimos vestígios da disenteria, e então foi levado para um acampamento na estrada chamado Contrafortes. A próxima parada seria Tezpur, onde a imprensa mundial estava à sua espera.

Enquanto o Dalai Lama percorria o interior da Índia, milhares de budistas perfilaram-se em sua rota, gritando: *"Dalai Lama Ki Jai! Dalai Lama Zinda-bad!"* ("Salve o Dalai Lama! Longa vida ao Dalai Lama!"). Em Tezpur, o então mundialmente famoso sherpa Tenzing Norgay, que seis anos antes havia sido um dos dois primeiros homens a escalar até o cume do Everest, junto com Edmund Hillary, aguardava para saudar Sua Santidade. Ele teve o cuidado de evitar cruzar para o setor VIP que reunia diplomatas e gente importante, e ficou atrás de uma barricada de madeira em meio às pessoas comuns que seguravam echarpes brancas e rezavam. Norgay tinha vindo de Darjeeling para saudar o Dalai Lama porque "estava muito preocupado com ele".

Em 18 de abril, o Dalai Lama adentrou no aparato da imprensa mundial. Quando Sua Santidade apareceu, monges sopraram búzios e tocaram uma nota em gongos de bronze; o som reverberou no ar enquanto o jovem Dalai Lama, o rosto abatido, mas com um largo sorriso, adiantou-se. Assistentes seguravam uma enorme sombrinha amarela, vermelha e branca acima de sua cabeça, e seis sacerdotes brâmanes cantaram hinos em sânscrito. Ele parecia "doente e fatigado", segundo o correspondente do *Times of India*.

"Ele parecia muito tenso", observou Robert Thurman, um erudito budista escolar norte-americano que conheceria o Dalai Lama meses depois, "e não irradiava o tipo de calma e presença imponente que ele tem hoje, mas estava muito alerta e muito ciente".

Foram entregues a ele duas cartas lacradas do presidente Eisenhower, congratulando-o pela fuga e garantindo ajuda. No dia seguinte, Eisenhower recebeu um memorando de Allen Dulles da CIA. Para Dulles, a fuga comprovou não apenas que o povo do Dalai Lama queria lutar, mas que "os tibetanos, em especial os khampas, goloks e outras tribos do leste do Tibete, são pessoas impetuosas, corajosas e guerreiras. A luta em defesa de sua religião e do Dalai Lama é vista como meio de se obter mérito para a próxima reencarnação". Com o Dalai Lama a salvo na Índia, disse Dulles ao presidente, uma nova revolta podia ser planejada.

Mas Sua Santidade ainda não era verdadeiramente livre. A ironia do exílio é que Nehru não estava mais ansioso do que Mao em ter o Dalai Lama falando em público. Os indianos instalaram uma cerca de 4 metros de arame farpado em volta de seu bangalô em uma cidade chamada Mussoorie e mantiveram todos os jornalistas e visitantes afastados. A primeira declaração pública do Dalai Lama na verdade foi escrita por burocratas em Nova Délhi.

Enquanto o Dalai Lama chegava em sua última parada, uma nova e intrigante teoria para sua fuga era divulgada em Londres. "É bem mais provável que os chineses tenham permitido que ele escapulisse", afirmou a revista de esquerda *New Statesman*, "acreditando que um Dalai Lama relutante em suas mãos daria muito mais problema que um Dalai Lama no exílio, a quem eles poderiam responsabilizar por quaisquer problemas que tenham no Tibete". A ideia de que os chineses haviam desejado ter o Dalai Lama fora de Lhasa também estava circulando entre capitais e embaixadas asiáticas nas semanas após a fuga. Os chineses mais tarde endossariam a ideia. Dos arquivos estatais emergiu um telegrama no qual Mao ordenava a seus burocratas em Lhasa que permitissem a fuga do Dalai Lama, uma vez que sua morte "inflamaria a opinião mundial", especialmente na Ásia e na Índia budistas.

Em um nível a teoria fazia sentido. Exilar o Dalai Lama desmoralizaria o povo tibetano e privaria a resistência de seu maior agente aglutinador. A panelinha em volta do jovem Panchen Lama parecia pronta para se tornar fantoches voluntários de Pequim e respaldar uma linha bem mais dura em relação aos rebeldes que o Dalai Lama. E havia um registro de descontentamento com o Dalai Lama entre a liderança chinesa. Em 1956, quando o Dalai Lama estava na Índia e decidia se voltaria para Lhasa, Mao disse a uma plateia: "Não se pode ter um [relacionamento de] marido e mulher simplesmente amarrando duas pessoas juntas. Se uma pessoa não gosta mais de seu lugar e quer zarpar, deixe que vá. [...] Não ficarei triste se perdermos o Dalai". Ele reiterou o pensamento mais adiante, dizendo a um membro das Secretarias Provinciais e Municipais do Partido: "Mesmo que o DL não retorne, a China não vai afundar no mar". Mais tarde, o líder chinês Jiang Zemin afirmou até mesmo que o ELP havia cercado o Dalai Lama em uma montanha fora de Lhasa, mas o deixara ir.

Porém, a teoria de que os chineses deixaram o Dalai Lama ir embora do Tibete não se alinha com seu comportamento nem antes, nem depois da fuga. Mao e seus representantes haviam se empenhado em cooptar, não em eliminar Sua Santidade. O ministro do Departamento da Frente Unida de Trabalho da China disse em 1950: "Converter o Dalai será a nossa maior vitória". E durante a estada do Dalai Lama na Índia em 1956-57, o premiê chinês Zhou Enlai havia seduzido e ameaçado o jovem líder tibetano para que voltasse para seu palácio em Lhasa. O objetivo da abordagem diplomática chinesa naquele momento crucial era ter o Dalai Lama de volta ao Tibete. E, se a morte do líder tibetano inflamaria a opinião mundial, como Mao sugeriu no telegrama, o que fariam seu exílio e a capacidade de falar livremente sobre os abusos no Tibete? O líder chinês era um propagandista de talento fenomenal, e com certeza sabia quanto estrago Sua Santidade poderia causar – e, conforme se veria, causou – uma vez que estivesse na Índia.

Outras fontes contradizem o telegrama. Após a fuga, Mao encontrou-se com o líder soviético Nikita Khrushchev, e a questão do Dalai Lama surgiu repetidamente. A discussão foi brutalmente franca. Khrushchev chamou o Dalai Lama de "figura burguesa" e depois culpou Mao por deixá-lo escapar. "Os acontecimentos no Tibete são culpa sua", disse ele ao líder chinês. "Você mandava no Tibete, devia ter agências de inteligência lá e devia ter sabido dos planos e intenções do Dalai Lama." Mao retrucou que Nehru também o culpava pelo incidente e que "nosso erro foi não desarmar o Dalai Lama de imediato". (Presume-se que ele estivesse juntando o líder tibetano com a resistência tibetana.) Khrushchev não engoliu nada daquilo:

Quanto à fuga do Dalai Lama do Tibete, se estivéssemos no seu lugar não o teríamos deixado escapar. Seria melhor se ele estivesse num caixão. E agora está na Índia e talvez vá para os Estados Unidos. Isso é vantajoso para os países socialistas?

"Isso é impossível", rebateu Mao. "Não podíamos prendê-lo. Não podíamos impedi-lo de partir, uma vez que a fronteira é muito extensa e ele poderia cruzá-la em qualquer ponto." Mais adiante, o líder chinês maldosamente acusou Khrushchev de ser hipócrita, visto que os inimigos mais mordazes da URSS haviam escapado por suas fronteiras. "Não posso entender o que se constitui nosso erro", disse ele. "Kerensky [referindo-se a Alexander Kerensky, político russo que se esquivou da captura por bolcheviques e acabou em Paris] e Trostsky também escaparam de vocês." O caso Trotsky havia sido uma mancha negra na história soviética pregressa. Khrushchev cedeu o ponto.

O sentido do que Mao estava dizendo era claro: os chineses não queriam que o Dalai Lama escapasse, mas a logística para mantê-lo em Lhasa era atemorizante e a fuga subsequente pegou-os desprevenidos. Tudo nos leva a crer que não houve um complô chinês para fazê-lo ir para a Índia.

DEZESSEIS

Encontro com um poeta

A fuga deixou um rastro de turbulência. Os chineses seguiram o Dalai Lama em direção à fronteira, avançando pelo sul em um território antes dominado pelos rebeldes e esmagando os pequenos bandos de resistência que lá havia. Muitos guerreiros khampas cruzaram a fronteira, entregaram as armas para funcionários indianos e foram viver em tendas oferecidas aos exilados. Quando seu líder, Gompo Tashi, atravessou a divisa em 28 de abril, a rebelião de base ampla acabou. Tudo que restou foram pequenas forças rebeldes em Kham e no sul do Tibete, que agora contavam com táticas de ataque rápido para importunar os chineses.

George Patterson assistiu à destruição da rebelião khampa em desespero. Ele não conseguia esquecer o Tibete. Em 20 de junho, dois meses após a fuga, ele enfim encontrou-se com o homem a quem Deus o havia, de certo modo, guiado. "Eu ouvi muitas coisas sobre o *Khamba Gyau* [o khampa barbudo]", Sua Santidade disse a ele, "e sobre o grande auxílio que você prestou ao Tibete. Mas, mais ainda que no passado, você deve nos ajudar agora, de qualquer maneira que possa".

Porém, depois dos dias impetuosos de março de 1959, Patterson sentiu que a questão do Tibete, que resplandecera durante a fuga do Dalai Lama, havia desaparecido da consciência mundial. Ele ficou deprimido. "Vivi por anos com a expectativa diária de que um conjunto de circunstâncias desconhecidas, mas preparadas de forma divina, estava à minha espera, e que a partir disso eu aprenderia algo novo sobre Deus." Ele também havia esperado ajudar a salvar o Tibete. Nada disso havia se concretizado. Em sua decepção, Patterson estabeleceu um novo plano radical: esgueirar-se de volta aos territórios dominados pelos chineses e filmar um ataque khampa verdadeiro a uma tropa do ELP, e depois transmitir para o mundo. Ele queria provar que os khampas, com o devido apoio, podiam desafiar o controle do ELP sobre o Tibete e que "eram um aliado bem mais valioso para o Ocidente que a Coreia ou o Vietnã, sendo que este último no início dos anos de 1960 já estava consumindo tropas e equipamentos norte-americanos em um nível alarmante.

Em maio de 1964, Patterson e sua equipe de documentário levaram dezessete dias para chegar à remota região de Mustang, no vizinho Nepal, onde um grupo de guerrilheiros tinha uma base para ataques de surpresa no Tibete. A CIA, que apoiava os guerrilheiros de Mustang com comida e armas, ouviu falar da missão de Patterson e emitiu ordens para que a equipe do documentário fosse detida a qualquer preço. Patterson voltou a um papel familiar: importunar uma grande potência. A última coisa que a CIA queria era anúncios de seu apoio secreto a um inimigo mortal dos chineses. Mas Patterson, como de costume, passou a perna nas autoridades. Escalando a altitudes de 6 mil metros, ele e sua equipe chegaram a uma encosta de montanha quando os khampas preparavam-se para atacar um comboio de quatro caminhões do ELP na estrada do vale abaixo. Quando os rebeldes abriram fogo, Patterson filmou o embate mortal – no qual todos os soldados do ELP foram mortos e um khampa ficou gravemente ferido – e zarpou para a fronteira nepalesa, precipitando-se "de forma suicida por aquela encosta vertical movediça da montanha em uma longa, deslizante e vigorosa arremetida para o vale estreito abaixo". Ele e sua equipe contrabandearam de volta para o Nepal sessenta latas de filme através do Desfiladeiro de Khojang, a 6 mil metros. Lá meteram-se em uma tempestade de fogo: o rei do Nepal despediu vários membros do gabinete quando ficou sabendo da missão, a CIA cortou o financiamento dos guerrilheiros tibetanos (um veto que durou seis meses), e Patterson foi colocado sob prisão domiciliar enquanto as autoridades alvoroçavam-se para encontrar – e presumivelmente queimar – o filme trazido do Tibete. Mas Patterson havia previsto isso, e o filme foi contrabandeado com sucesso. *Raid into Tibet*, uma produção de trinta minutos, debutou dois anos depois, "causou sensação na televisão britânica" e foi vendida para quarenta países.

Patterson havia fracassado em salvar o Tibete. Mas transformou o papel do tibetófilo, aquele conjunto de diletantes melancólicos e etnógrafos sérios que olhavam a Terra das Neves em busca de outra visão da vida. Ele ajudou a criar a ideia do ativista do Tibete, os homens e mulheres em San Francisco ou Londres que hoje devotam suas vidas a verdadeiros tibetanos, em vez de lamas em tapetes.

Em Washington, a Força-Tarefa Tibetana celebrou a fuga. "Ficamos exultantes em nossa pequena unidade", diz John Greaney. A reação do Departamento de Estado, como esperado, foi menos positiva – os membros da Força-Tarefa tiveram a nítida impressão de que os diplomatas de lá teriam preferido o *status quo*. Mas para a CIA foi, conforme classificou Ken Knaus, "um grande golpe". "Se fosse preciso planejar uma operação para entrar no Tibete e resgatá-lo", esclarece John Greaney, "teria sido uma coisa extremamente difícil. Teria acarretado uma invasão da soberania chinesa".

Depois da fuga, a Força-Tarefa voltou a atenção para os bandos restantes de guerrilheiros de Mustang. Mas a resistência encarou problemas horríveis: a dificuldade para se lançar comida suficiente a fim de abastecer os homens era tão grande que alguns membros da força de Mustang tiveram que ferver os próprios sapatos e comer o couro macio. E os bandos de guerrilheiros dentro do país com frequência levavam as famílias junto nas campanhas, tornando-se mais vulneráveis e muito menos ágeis para se deslocar. Quando Richard Nixon começou a planejar seu avanço diplomático junto à China, a mensagem da Casa Branca para a CIA foi clara: acabem com a ajuda tibetana. Os norte-americanos sabiam – ou porque Mao disse a eles, ou porque sabiam ler nas folhas de chá – que jamais ocorreria uma aproximação enquanto o governo norte-americano apoiasse os rebeldes. Em 1971, a CIA havia cortado a corda salva-vidas dos guerrilheiros.

Isso foi feito de forma honrosa. Foram alocadas dez mil rúpias para cada um dos 1,5 mil combatentes restantes na região de Mustang para reabilitar os rebeldes, comprar terras para eles e abrir negócios na Índia. Mas os khampas ficaram devastados com a retirada. "Eles ficaram incrivelmente decepcionados com o saldo geral das coisas", diz Knaus. "E é compreensível. Estou certo de que havia aqueles que tinham grandes expectativas em nós e nosso poder."

Fuga da Terra das Neves

Um dos que ficaram atormentados com o fim de jogo no Tibete e com os esforços em favor do diálogo por parte de Sua Santidade foi Athar, o guerrilheiro treinado pela CIA que muito fez para ajudá-lo a escapar. Vivendo em um acampamento de refugiados indiano, perto do final de sua vida ele estava "rabugento", furioso pela forma como as coisas tinham ficado. "Paz, paz, que conversa é essa sobre paz?", ele queria saber. "Os chineses são pacíficos? Eu quero matá-los." Os guerrilheiros haviam esperado retornar ao Tibete em triunfo. Quando os rebeldes de Mustang enfim baixaram as armas de vez em 1974, vários combatentes cometeram suicídio em vez de entregá-las.

Em Lhasa, um monge de Sera que havia se unido aos rebeldes foi condenado a dez anos de prisão, o "inferno na terra", como ele chama, pelo que fez durante a revolta. Como muitos sobreviventes, ele não lamenta ter pego em armas contra os chineses. "Não tenho remorso pelo que fiz", diz ele, fazendo uma pausa para acrescentar: "embora tenha somado mais deméritos em minha conta kármica. Os chineses vieram para o Tibete para capturar nossa terra e destruir o Dharma".

Palden Gyatso, um monge de Drepung que foi detido e passou 33 anos em prisões e campos de trabalho chineses, escreveria aquela que é talvez a memória mais tocante da ocupação chinesa. De certo modo, ele se tornaria o Solzhenitsyn do Tibete. Ao final de suas memórias, *O fogo sob a neve* (*Fire Under the Snow*), ele escreveu:

> Os opressores sempre vão negar que sejam opressores. Tudo que posso fazer é prestar testemunho e tomar nota do que vi e ouvi e do que foi a estranha jornada de minha vida. Hoje o sofrimento está escrito nos vales e montanhas do Tibete. Cada aldeia e mosteiro da Terra das Neves tem suas próprias histórias da crueldade imposta a nosso povo. E esse sofrimento prosseguirá até o dia em que o Tibete seja livre.

Yonten, o manifestante de 16 anos de idade que queria seguir os passos do pai, foi levado para o campo de trabalho de Ngachen. Em seu primeiro dia lá, um oficial chinês fez um discurso no qual chamou os tibetanos de "canibais bárbaros" e "exploradores das pessoas comuns". Ao redor de Yonten estavam os homens e mulheres que haviam desempenhado um grande papel no levante: monges, lamas, as mulheres que marcharam através de Lhasa desafiando o ELP a atirar nelas. Os rostos das pessoas que ele lembrava da manhã de 10 de março, quando teve início a revolta, animados pela ousadia, agora pareciam abatidos pela guerra. Os prisioneiros passavam os dias carregando pedras, escavando e montando cargas de TNT enquanto ajudavam a construir uma represa como parte de uma enorme planta hidrelétrica. Quando os sons das explosões arrefeciam, as vozes dos alto-falantes colocados em pontos estratégicos ao redor do campo podiam ser ouvidas a falar sobre a pátria e sacrifício.

"Sofri um bocado de dor, tortura e estava muito aterrorizado", ele recorda. Os prisioneiros eram forçados a competir uns contra os outros para ver quem conseguia trabalhar mais. Deslizamentos de rocha enterraram diversos operários tibetanos sob toneladas de pedra, e penedos desmoronavam encosta abaixo sobre os grupos de trabalhadores. Muitos prisioneiros estavam perdidos em uma zona cinzenta de depressão. "A caminho do sanitário, víamos os rostos e membros pálidos uns dos outros e indagávamos se havia sobrado uma gota de sangue em nosso corpo", disse Yonten. Os tibetanos sofreram a mesma sina dos dissidentes removidos durante a Revolução Cultural: espancamentos, fome, "sessões de reeducação", tortura (inclusive ser pendurado pelos cabelos), confissões forçadas.

No quarto ano de sua pena, Yonten soube que o pai havia morrido anos antes em um campo de trabalho forçado em Kansu, na China. "Muitos prisioneiros morreram de fadiga extrema e fome", contou a ele um cozinheiro que estivera em Kansu. "Seu pai estava entre o primeiro grupo de prisioneiros que morreram." Pouco depois ele foi informado de que a irmã mais velha também havia perecido em outra prisão longínqua.

Depois da captura, Soepa, o funcionário do Norbulingka que retornou para entregar a carta do Dalai Lama, ficou em um hospital, com a perna ferida infeccionando lenta e gradualmente. Começou a sonhar com um exército de khampas, monges e soldados tibetanos avistado de repente de sua janela, voltando para aniquilar o ELP e libertar os prisioneiros. "Eu refletia que havíamos perdido de momento", ele conta. "Mas, uma vez que o restante de nossas forças estava do outro lado do rio, eu esperava que fosse apoiado por ajuda internacional, inclusive da Índia, e voltasse." Às vezes ele erguia a cabeça e olhava pela janela, que dava para o Rio Kyichu, para ver se conseguia avistar as tropas chegando em massa. O pescoço começou a ter cãibras por causa da vigília constante. Ele não era o único à espera de um retorno milagroso. No sul do Tibete, um jovem tibetano recorda o efeito que um avião sobrevoando sua aldeia durante esse período causava na população local. "Costumávamos nos curvar na mesma hora", escreveu o rapaz, "e rezar para que fosse Sua Santidade voltando para nós".

Os chineses começaram a interrogar Soepa. Ele reconheceu um deles. Soepa o havia considerado um raro amigo chinês, mas então percebeu que o homem provavelmente havia sido um espião, destacado para relatar suas atividades nos últimos cinco anos.

Soepa disse aos interrogadores que não havia feito nada durante a rebelião. Afirmou ser um serviçal de baixo escalão no Norbulingka, "encarregado do chá", e que havia ficado no palácio de verão apenas porque não tivera condições de escapar antes do início do tiroteio. Os interrogadores perguntaram sobre a fuga de Sua Santidade, mas Soepa disse que não sabia nada sobre o assunto. "Se você não cooperar", ameaçaram, "será fácil acabar com você com um tiro". Um dos oficiais sacou a pistola e colocou-a sobre a mesa.

Soepa olhou para a arma. Ele havia perdido o medo da morte dentro do Norbulingka, quando ela esquivou-se dele não obstante sua busca encarniçada. Ele deixou a arma onde estava.

"Vocês podem me matar se quiserem", ele disse, "mas não tenho nada para falar".

Soepa foi levado para o campo de trabalho de Jiuquan. Logo viu vários de seus companheiros combatentes começarem a desintegrar sob as condições severas – trabalho forçado, interrogatórios constantes, e *thamzins* nos quais os prisioneiros eram incitados a bater nos companheiros detentos. Depois de uma sessão terrível, Soepa encontrou o médico pessoal do Dalai Lama no terraço da prisão. Ele fora tão espancado que não conseguia retirar a camisa ensanguentada, que roçava nas feridas abertas e causava dor após dor. Soepa tentou ajudá-lo, mas o tronco do homem havia inchado tanto da surra que foi impossível. Por fim o rapaz simplesmente rasgou a camisa para arrancá-la. Pôde então ver as costas do médico, "azuis, pretas e vermelhas-escuras do espancamento... parecia que iam rebentar em alguns pontos".

A comida com frequência era escassa ou incomível nos campos e prisões. Dos 76 homens transportados com Soepa para Jiuquan, apenas 22 sobreviveram. "Todos com exceção de um, ou seja, 53 homens, morreram de inanição", diz ele. Um médico militar capturado pelos chineses recorda que ele e outros prisioneiros tibetanos catavam excrementos humanos secos para comer, na esperança de que restassem alguns nutrientes. "Comíamos bolinhas de excremento como se estivéssemos comendo aquelas bolinhas de massa que fazemos no Ano-novo", diz ele. "Escolhíamos bosta chinesa em vez de bosta tibetana porque os chineses eram mais bem alimentados!"

Os prisioneiros começaram a colapsar, inclusive um ex-ministro do gabinete que perguntou em segredo a Soepa se ele achava possível escapar. Quando Soepa respondeu que os chineses possuíam pelo menos três níveis de segurança em torno da prisão, o ministro pareceu desapontado – ele esperava ir até o Rio Kyichu, onde poderia se afogar e começar uma reencarnação auspiciosa. Mais adiante o homem fez um corte na própria cabeça com uma garrafa e foi levado embora pelos guardas aos gritos: "O Partido Comunista está mentindo!".

Soepa foi mandado de Lhasa para uma prisão chinesa. Ele lembra do dia de sua partida como o pior de sua vida. Sua família, ao saber da transferência, foi vê-lo partir. Os chineses advertiram os prisioneiros a respeito de dizer qualquer coisa remotamente controversa aos visitantes, de modo que Soepa mal falou com sua gente. A mãe "não conseguiu proferir uma única palavra e chorou, segurando minha mão apertada entre as dela". Na manhã seguinte, os prisioneiros foram embarcados em uma fila de caminhões japoneses em marcha lenta, pintados grotescamente em cores berrantes contra as montanhas em tons pardos de inverno. Foram trinta homens e dois guardas em cada veículo. "Não tínhamos permissão nem para conversar, nem para olhar em redor", recordou Soepa. "Ao partirmos, minha mente ficou totalmente em branco."

Na prisão para onde foram levados, Soepa conheceu um famoso intelectual tibetano que lhe contou que o encarceramento havia provocado uma mudança na maneira de pensar de muitos rebeldes. Eles agora estavam "reconhecendo abertamente seu papel no levante, na esperança de serem perdoados". Era um pensamento tentador. Soepa cedeu, contando aos interrogadores sobre seus esforços na batalha pelo Norbulingka, mas não deu qualquer informação sobre seu papel na fuga. Quanto a isso, fingiu completa ignorância. O interrogador chinês irritou-se com ele, mas Soepa insistiu que não sabia de nenhum único detalhe. Sua lealdade ao Dalai Lama permaneceu, ainda mais forte que o senso de autopreservação.

A confissão não foi uma boa coisa. Soepa foi transferido para uma prisão mais rígida, Chiu-chon, "um lugar desolado e miserável sem outras habitações humanas nas proximidades". Lá ele misturou-se com criminosos, gigolôs, ladrões e assassinos casca-grossa chineses que cumpriam pena de prisão perpétua e foi proibido de conversar com compatriotas tibetanos. Um oficial de alta patente do ELP, notado pelo lábio leporino, fazia inspeções súbitas carregando um fio delgado de metal. Sem aviso, ele açoitava com o chicote caseiro, talhando o rosto e as costas dos prisioneiros, cortando a carne em faixas.

Os chineses certificavam-se de que os tibetanos participassem do próprio sofrimento. Soepa foi forçado a bater em seus companheiros tibetanos durante os *thamzins*, e assistiu outrora bravos combatentes da resistência fazer o mesmo. "Estavam tão cheios de pavor e desconfiança que perderam seus princípios", disse ele. Soepa chegou a deparar com um oficial que, décadas antes, havia viajado através de tempestades de neve e trilhas pedregosas até a longínqua província de Amdo como integrante do grupo de procura do 14º Dalai Lama. Quando Soepa viu um prisioneiro em trajes esfarrapados e o cabelo imundo e emaranhado, sussurrou ao oficial: "Veja, eis aí um modelo de socialismo". O homem olhou para ele em terror. "Cale a boca!", sibilou. Soepa, olhando aquele luminar tibetano agora "desnorteado de pavor", ficou desanimado. A alegria pela descoberta do 14º Dalai Lama anos atrás agora parecia quase ridícula, com Sua Santidade forçado ao exílio, incapaz de oferecer-lhes sequer uma palavra de conforto.

Soepa jamais contou aos interrogadores o papel que desempenhou na fuga. Mas, em segredo, tinha orgulho do que havia feito. "Antes, ninguém sabia da existência do Tibete", diz ele. "Agora, essa cultura singular e pacífica é sentida no mundo."

É impossível determinar o número de mortes sob o domínio chinês. A cifra de 1,2 milhão, geralmente aceita por organizações de auxílio e pelo governo tibetano no exílio, quase que com certeza é elevada demais. O estudioso do Tibete Patrick French afirma que quinhentos mil é provavelmente a melhor estimativa de que se dispõe. Com uma população pré-invasão de 2,5 milhões no Tibete e suas zonas fronteiriças, isso significa uma morte para cada cinco tibetanos.

Enquanto mais e mais refugiados jorravam para a Índia na primavera de 1959, o mundo esperava para conhecer o homem que os guiaria adiante. Nehru também. Da última vez que haviam se encontrado, o primeiro-

-ministro indiano intimidara o jovem tibetano. Mas, quando os dois líderes reuniram-se após a fuga, ficou claro que ocorrera uma mudança no Dalai Lama. Ele foi respeitoso, mas firme na exigência de que o Tibete fosse livre. Quando o Dalai Lama fez a defesa da independência tibetana, Nehru ficou furioso, batendo na mesa e berrando: "Mas como pode uma coisa dessas?". O Dalai Lama não afrouxou. "Segui em frente, a despeito da crescente evidência de que ele podia ser um pouquinho intimidante." Sua Santidade expôs duas metas: a violência no Tibete tinha que parar, e o Tibete tinha que ser livre. Com isso Nehru explodiu. "'Assim não é possível!', disse ele com a voz carregada de emoção... Seu lábio tremia de raiva enquanto ele falava."

Sua Santidade ficou firme. Nehru ainda o considerava ingênuo – de fato, considerava todos os tibetanos ingênuos – e manteve Sua Santidade e seus ministros confinados no acampamento em Mussoorie, sem condições de sequer contatar governos estrangeiros. Mas, quando um jornalista norte-americano comentou que "não havia esperado muita coisa" do Dalai Lama, Nehru disse que ele estava errado. O jovem, falou Nehru, "era extraordinário". Possuía "uma espécie de esplendor".

Muitos observadores de início menosprezaram o Dalai Lama. O homem da *Reader's Digest* "bufou e disse em tom beligerante" que Sua Santidade era "uma criança". A revista *Life* considerou que ele parecia um "bom menino". Ninguém podia prever a figura notável que ele viria a ser para o mundo, a singular influência espiritual que ele se tornaria na vida moderna.

O olhar mais revelador incidiu sobre o monge quando um jovem poeta indiano recebeu uma pauta da revista *Harper's*. Chegando ao hotel do Dalai Lama em Hyderabad meses depois da fuga, ele encontrou "monges soturnos, idosos, em mantos negros" guardando a entrada dos aposentos de Sua Santidade. Os guardiões do Dalai Lama expuseram as regras para a audiência em uma conversa que poderia ter ocorrido em 1750 ou 1850: "Agora, há umas outras coisas. Não toque em Sua Santidade. Isso é sacrilégio. Quando a audiência terminar, não dê as costas a Sua Santidade. Deixe a sala caminhando de ré. Além disso, por favor, não faça perguntas rudes a Sua Santidade".

"O que vocês querem dizer com perguntas rudes?"

"Não pergunte a Sua Santidade se ele acredita que seja um deus."

Era o protocolo da velha corte de Lhasa. O poeta foi conduzido aos aposentos de Sua Santidade e encontrou um rapaz com uma pele bonita e bochechas coradas. A partir do instante em que se encontraram, o Dalai Lama começou a desconsiderar todas as regras que seus guardiões haviam exposto. Ele deu um aperto de mãos antes de os dois sentarem em um sofá comprido para a entrevista. Ignorou os avisos de seu intérprete quando alguns assuntos eram declarados vetados. De fato, foi tão efusivo e caloroso que o poeta horrorizado, convencido de que estava cometendo uma falange de pecados, bateu em retirada pelo sofá. O Dalai Lama foi atrás alegremente, enfatizando suas declarações com um tapinha gentil no joelho do poeta.

As opiniões políticas da entrevista são quase irrelevantes. Sua Santidade expôs a posição tibetana em linguagem forte e clara, e apelou à ajuda internacional para retomar seu país. Mas é em seus gestos que somos apresentados à figura que o mundo viria a conhecer. E ao final da entrevista:

> O Dalai Lama passou seu braço em volta de meus ombros em um gesto amistoso. Lembrei de que haviam me avisado para não virar as costas. Assim sendo, comecei a andar de lado para trás, feito um caranguejo. O Dalai Lama observou por um momento. Então avançou alguns passos de repente, colocou as mãos em meus ombros e me virou de costas, de modo que eu ficasse de frente para a porta. Deu um empurrãozinho para me colocar em marcha.
>
> Ouvi sua risada atrás de mim pela última vez.

Esses gestos humanos singelos podem parecer pequenas coisas, mas para um Dalai Lama eram quase impensáveis, em especial porque envolveram um estrangeiro, alguém que anos antes poderia ter sido morto simplesmente por entrar no Tibete. Sua Santidade daria seguimento a essa mudança no estilo pessoal com alterações mais profundas: uma constituição tibetana em 1961, a sugestão de que os futuros Dalai Lamas sejam apenas figuras religiosas e seu poder político seja dado a um representante eleito, e até mesmo a ideia de que a próxima encarnação pudesse ser uma mulher. Ele sugeriu que o povo tibetano poderia votar pela saída do Dalai Lama do cargo. Do ponto de vista da tradição tibetana, tudo isso era inimaginável. No exílio, o 14º Dalai Lama modernizou a cultura tibetana em termos que o 13º só poderia ter sonhado.

O Dalai Lama de hoje seria irreconhecível para um tibetano de 1930 ou 1850. Para gerações de tibetanos, Chenrizi era uma figura oculta, escondida atrás de monges troncudos, um objeto de extrema reverência. Quando chegou ao Ocidente, o 14º Dalai Lama largou as tradições como quem tira uma roupa. Ele se fez tão comum e abordável quanto possível. Dissipou seus próprios mistérios. Até hoje, uma forma típica de ele abrir uma conferência é dizer, como fez em 2000: "Dada a importância desse evento, gostaria de encorajar a todos, no espaço desses poucos dias, a dispensar a pose aparatosa e as formalidades vazias da cerimônia. Vamos tentar chegar ao âmago da matéria".

Tudo isso aconteceu mais tarde. Enclausurado por Nehru, que não queria publicidade para o assunto tibetano, o Dalai Lama não teve sequer permissão para deixar a Índia até 1967. Haveria anos de intriga política e decepção pela frente. Depois da morte de Mao em 1976, o novo líder chinês Deng Xiaoping ofereceu-se para negociar com o Dalai Lama sobre todos os assuntos, exceto independência, mas desconfiança profunda e manobras políticas estragaram qualquer chance de progresso. A politicagem continuou a frustrar e desconcertar Sua Santidade.

Mas ele estava a caminho de se tornar uma figura mais importante no mundo. E a pessoa que o mundo viria a conhecer estava plenamente presente no gesto de pegar um poeta atarantado pelos ombros e fazê-lo virar-se de costas.

Atualmente o Dalai Lama vive em um complexo no topo das montanhas de Dharamsala, na Índia, um cidade montanhosa que reúne os últimos sobreviventes da escapada. Na estrada, Yonten, que aos 16 anos de idade juntou-se aos protestos diante do palácio de verão, senta-se a uma mesa do departamento de segurança do governo no exílio. Ele agora é um homem bem-vestido de 66 anos, bonito, compacto e de sorriso fácil. Cinquenta anos depois da revolta e quarenta anos após deixar a cela chinesa onde foi mantido por uma década, 1959 ainda está tão vivo para ele quanto o calor da tarde. Quando fala de seu pai, que morreu em um obscuro campo de trabalho chinês, sua cabeça de repente cai entre as mãos, e ele chora incontidamente.

Um monge de Sera que se tornou contrabandista de armas durante a revolta passa os dias em uma cabana de teto baixo no sopé de um morro de Dharamsala, lendo escrituras. Uma mulher velha entra na sala em passos trôpegos e começa a fazer chá. "Hoje em dia, quando recordo aquele tempo, percebo que os chineses unificaram o Tibete", diz o velho monge. "Eles nos despertaram."

O Dalai Lama passa de vez em quando pelos sobreviventes em suas saídas para o mundo, o palanquim dourado agora substituído por um Toyota marrom. Multidões de crentes, bem como monges, mochileiros loiros com os cabelos em *dreadlocks* e comerciantes da Caxemira, aguardam à beira da estrada poeirenta que o levará ao aeroporto para lá pegar um jato para Copenhague, ou Santa Bárbara, ou Sidney. O mundo hoje é sua casa literalmente, e ele viaja em um serviço infindável pelo Dharma. Ao passar no Toyota, ele sorri, aquele sorriso súbito, maravilhosamente espontâneo, e acena. Ele é de fato, ao que tudo indica, um homem muito feliz. Os mochileiros, em busca de um gesto adequado de reverência no último instante, curvam as cabeças de forma desajeitada.

Mas é no contato pessoal que se descobre por que esse monge tornou-se uma figura tão significativa na vida moderna. Ao pegar sua mão, ele parece completamente arrebatado por você naquele momento, interessado além de qualquer motivo em perguntas que ele provavelmente ouviu uma centena de vezes. O Dalai Lama tem um charme que vai mais fundo. Mas ele não é desprovido de defeitos. A velha raiva da infância ainda inflama-se ocasionalmente. Um tibetano recorda que o Dalai Lama ficou completamente furioso quando reuniu-se com um grupo de ex-monges que haviam abandonado os votos no exílio. "Ele disse que os chineses estavam forçando monges a largar o hábito no Tibete", contou o homem, "mas aqui na Índia ninguém estava nos forçando a tirá-lo". O Dalai Lama disciplinou os homens "muito vigorosamente".

Sua Santidade não é senão honesto sobre o quanto a fuga foi afortunada para ele em termos pessoais. "Existe um ditado tibetano", ele menciona. "Onde quer que você encontre a felicidade, ali é a sua casa. Quem quer que mostre bondade para você, esses são seus pais. Assim, quanto a mim, sou uma pessoa sem lar que encontrou um lar feliz." Ele sabe que seria um homem diferente se tivesse ficado no Tibete e sofrido os terrores da Revolução Cultural, como o Panchen Lama foi forçado a encarar. Depois de aceitar a liderança nominal do Tibete após a fuga do Dalai Lama, o Panchen Lama excursionou pelas zonas de fronteira do país e enviou uma carta empolada para Mao em 1962 detalhando os abusos cometidos pelos chineses no Tibete: a destruição premeditada de mosteiros, a fome do povo no campo ("famílias inteiras morrendo") e até mesmo a "eliminação do budismo". Os tibetanos certas vezes foram propensos a exagerar as atrocidades chinesas; para um povo criado com mitos e lendas, números frios e relatório objetivo às vezes dão lugar à alegoria. Mas aquelas eram coisas que o Panchen Lama tinha visto e ouvido por si mesmo. A carta foi um gesto de bravura suicida, e não trouxe nada além de aflição ao Panchen Lama. A missiva foi considerada "O documento de 70 Mil caracteres dos reacionários", e o líder tibetano foi *thamzinado* – espancado e humilhado diante de multidões de guardas vermelhos entusiasmados – e colocado sob detenção por quinze anos. De certo modo, foi a realização do boato que grassara pelas ruas de Lhasa em março de 1959. Os tibetanos viram o que aguardava Sua Santidade se ele tivesse permanecido no Tibete. A vida do Panchen Lama comprovou que a premonição estava certa.

O Dalai Lama ainda tem pesadelos com sua fuga. Eles misturam-se a sonhos mais agradáveis. "Há poucos dias tive um sonho sobre meu retorno a Lhasa, andando por lá...", disse ele em 2003. Quando indagado sobre qual foi o momento mais feliz de sua vida, ele recorda o segundo dia fora de Lhasa, ao descer voando pela encosta do lado oposto de Che-La, sabendo que estava livre dos chineses. E o mais triste? Dizer adeus a seus guardas khampas na fronteira indiana quando eles voltaram para o Tibete.

A fuga mudou o Dalai Lama. "A condição de refugiado traz um monte de oportunidades positivas", diz o Dalai Lama. "Conhecer várias pessoas diferentes, de diferentes níveis de vida. Realmente, sinto que, se eu permanecesse no Potala, no trono, o Dalai Lama seria uma pessoa mais sagrada. Mas teria menos chances de conversar, menos experiência. Realmente sinto que, em termos pessoais, estar fora tem sido uma boa oportunidade."

Ficar famoso – e famoso sendo ele mesmo, não como um ícone anticomunista ou um guru ocidentalizado – tem sido sua única arma verdadeira contra a ocupação chinesa. Ele é um Tibete móvel. Ele é uma prova contra as ficções chinesas.

Ao deixar o Tibete, o Dalai Lama obteve uma liberdade pessoal sem precedentes. Daquele momento em diante, liberdade – que não é um objeto tradicional de contemplação budista – tornou-se um assunto ao qual ele voltou repetidas vezes. E suas palavras adquiriram peso por meio das pessoas que ele deixou para trás. "Força bruta [...] jamais consegue subjugar o desejo de liberdade", ele escreveria anos depois. "Não basta, como os sistemas comunistas presumiram, fornecer comida, abrigo e vestimentas ao povo. Se temos essas coisas, mas carecemos do precioso ar da liberdade para sustentar nossa natureza mais profunda, permanecemos apenas semi-humanos."

A fuga também forçou o Dalai Lama a pensar além do budismo. "O exílio foi algo tremendo em sua vida", diz Paul Jeffrey Hopkins, um erudito tibetano e ex-intérprete de Sua Santidade. "Sem isso, seria muito difícil ele desenvolver uma mensagem aplicável ao mundo inteiro. Em vez de se tornar alguém que tentasse impulsionar o budismo, ele está pretendendo conclamar todo mundo na sociedade e assim abordar a necessidade de bondade e compaixão. Caso ele tivesse permanecido no Tibete, não haveria como isso se desenvolver."

O Dalai Lama não escapou das verdades amargas de sua fé. A todo refugiado que chega em Dharamsala é concedida uma entrevista com Sua Santidade; trata-se de uma política que não mudou desde 1959. Isso significa que Sua Santidade consolou milhares de homens e mulheres, gente aturdida, ferida, com histórias de perseguição e perdas. Uma história entre milhares: o pai de Norbu Dhondup, que castrou a si mesmo depois de ser humilhado em um *thamzin*, passou vinte anos em uma prisão chinesa antes de ser solto e ter permissão de viajar para Lhasa. Norbu, com 65 anos de idade, pouco dinheiro e sem conexões, viajou da Índia para vê-lo. Quando entrou na velha casa da família onde o pai estava, os dois não se reconheceram. "Fazia tantos anos", diz Norbu. "Ele me abraçou, e eu chorei." O pai de Norbu foi para as questões práticas, perguntando: "Como você vive na Índia? Que tipo de casa você tem? Você tem vacas?". A mente do velho fora claramente afetada pelas décadas em uma prisão chinesa, de modo que ele parecia ter apagado, ou era incapaz de recordar, os anos passados lá. E Norbu não conseguia encontrar palavras para perguntar a ele.

Pai e filho partiram de ônibus para o Nepal, por onde era mais fácil de sair do Tibete, para um lugar chamado Dam, perto da fronteira. As estradas eram ruins e não havia veículos que os levassem, de modo que Norbu foi forçado a carregar o pai idoso nas costas. Do Nepal pegaram um ônibus para a Índia. O pai de Norbu tinha um desejo que queria realizar antes de morrer: ver Sua Santidade. A fé no Dalai Lama havia lhe sustentado durante os longos anos na prisão. Depois de semanas de tentativas, um encontro enfim foi arranjado. Norbu ficou do lado de fora enquanto o pai foi falar com o Dalai Lama. "Quando ele saiu", recorda-se Norbu, "ele chorava tanto que não conseguia falar".

As reuniões são privadas, mas influenciam tudo que Sua Santidade faz. Os encontros com sofrimento e morte animam a mensagem de Sua Santidade para o mundo: compaixão, no fim, é força. "Quando, em algum ponto de nossas vidas, deparamos com uma grande dose de tragédia", diz ele, "coisa que pode acontecer com qualquer um de nós, podemos reagir de duas maneiras. Obviamente, podemos perder a esperança, nos deixar levar para o desânimo, álcool, drogas, tristeza sem fim. Ou então podemos nos acordar, descobrir em nós uma energia que estava escondida e agir com mais clareza, mais força".

Os budistas acreditam que o Dalai Lama aperfeiçoou seu dom para a compaixão através de muitas encarnações. Aqueles que não acreditam podem questionar isso. Mas, pelo menos nessa vida, ele tem sido um exemplo da virtude.

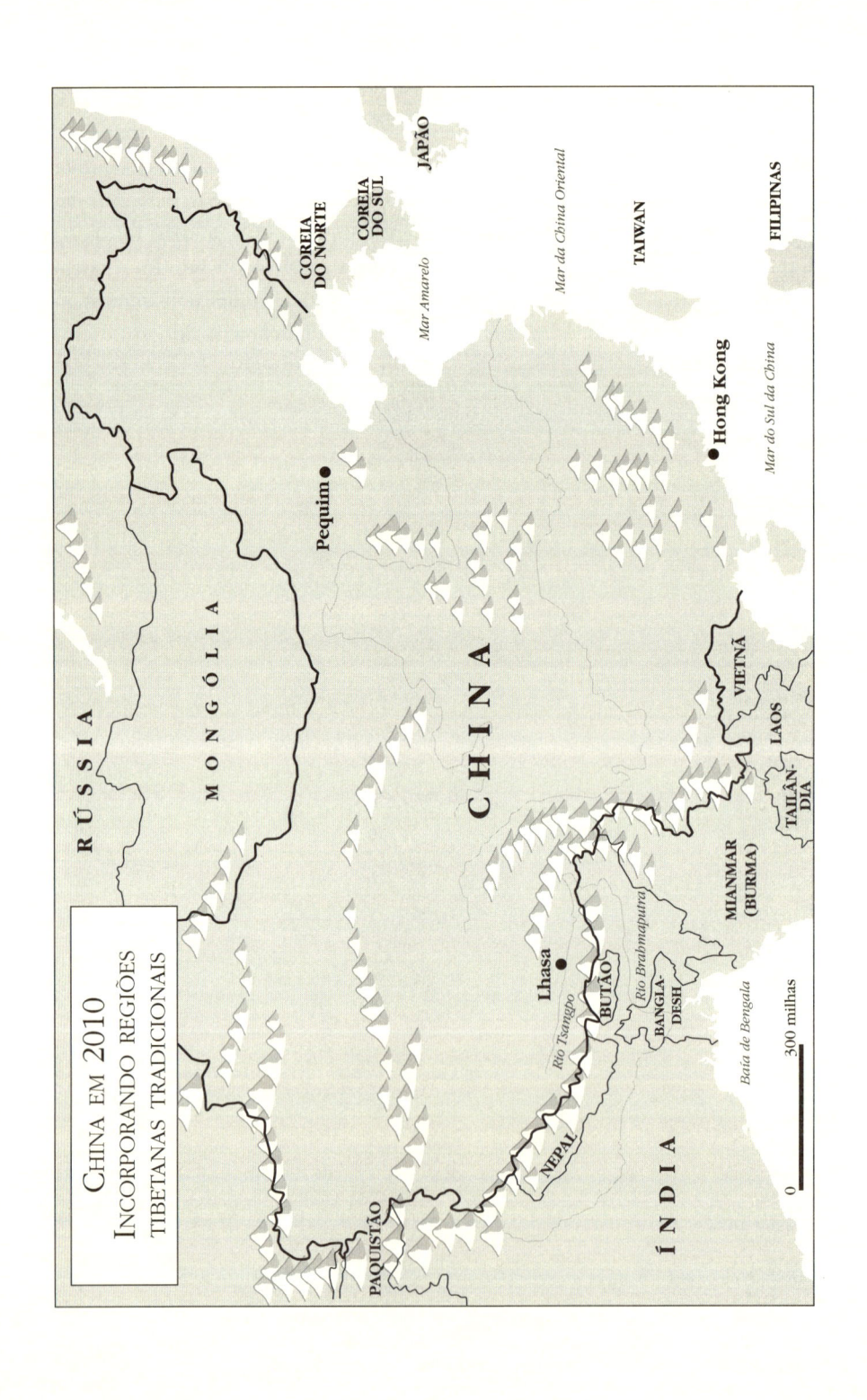

China em 2010
Incorporando regiões
tibetanas tradicionais

EPÍLOGO

Fogueiras

A primeira coisa em que reparei foram as espingardas. Espingardas esguias, de bocal grosso, carregadas pelos soldados do ELP enquanto pavoneavam-se pelas ruas de Lhasa. As armas pareciam enguias negras mortíferas aninhadas nos ombros dos jovens soldados. O armamento parecia deslocado em meio às vielas cheias de mercadores e peregrinos budistas.

Era fevereiro de 2009. Eu estava no Tibete cinquenta anos depois de o Dalai Lama ter escapado pelo Kyichu, um regato límpido e gelado, abastecido de neve derretida, que sobe à altura dos joelhos. A cidade em si havia mudado bastante. Os locais dos acontecimentos de 1959 ainda estavam lá: o Norbulingka, agora aberto para turistas mediante uma pequena taxa de ingresso; o Jokhang; as ruas com calçamento de pedra da cidade velha onde os rebeldes tibetanos tombaram. Mas sobre eles foi disposta uma metrópole do século XXI, uma cidade chinesa que agora domina a centenária cidade tibetana. E, à medida que o aniversário do levante aproximava-se, a cidade ficava sob algo próximo à lei marcial.

Mas por que *espingardas*?

Nas grandes praças públicas, onde as distâncias são maiores e os ângulos de tiro mais abertos, os soldados do ELP carregavam rifles automáticos, que eram quase confortantes de ver. No mundo pós 11 de setembro, eles estão por toda parte, carregados por soldados americanos na Penn Station e pelos fuzileiros britânicos em Heathrow. Hoje em dia, um rifle automático em lugar público não é tanto uma arma, mas mais um acessório em um ritual. As armas mais ameaçadoras e de aspecto mais eficiente do mundo são exibidas pelas praças das cidades, de modo que as pessoas possam sentir-se seguras. Em Lhasa não era diferente.

Mas que mensagem os chineses estavam enviando com as espingardas, que são muito menos ameaçadoras, ferramentas menos reconhecíveis para intimidar terroristas do que Uzis ou M16s? Levei uns dois dias para perceber que eu estava sendo asbtrato demais. Aquilo não era teatro. Espingardas eram a melhor arma para atirar em tibetanos nas vielas estreitas da cidade velha caso se desencadeasse outro levante cinquenta anos depois do último. A mensagem era essa.

Passei semanas organizando a viagem, enquanto os chineses emitiam uma saraivada de restrições à medida que se aproximava o aniversário. Não foi permitida a entrada de jornalistas. Dois repórteres foram expulsos semanas antes de eu chegar. (Eu me registrei como "vendedor" no visto chinês para evitar a mesma sina.) Nada de visitas individuais – todos os visitantes tinham que fazer parte de uma excursão. Nada de viagens para as províncias do oeste do Tibete.

As autoridades tentavam desesperadamente evitar a repetição dos protestos de 2008, quando 239 pessoas foram mortas (19 chineses e 220 tibetanos, segundo o governo tibetano no exílio), 1,3 mil ficaram feridas e quase 7 mil foram colocadas sob custódia ou jogadas na cadeia. Para os chineses, o surpreendente da onda de protestos foi que se centralizou nas regiões rurais, entre nômades e fazendeiros que atacaram postos policiais e hastearam a bandeira tibetana. A China havia injetado dinheiro nas cidades regionais que pontilham o planalto tibetano e criado uma nova classe média nativa. Os chineses sentiram que haviam conquistado corações e mentes naqueles locais. Mas camponeses, fazendeiros e monges na grande maioria ficaram de fora do influxo de dinheiro e lamentavam as leis que baniram bandeiras tibetanas e até mesmo as mais inocentes manifestações de orgulho cultural. "Até os membros do alto escalão tibetano no Partido Comunista ficaram *furiosos* com Beijing", diz o professor Gray Tuttle. "São nacionalistas ferrenhos, ainda que recebam salários do nível de Xangai. E o grau de respeito pelo Dalai Lama é incrível."

O vagalhão de ira assombrou os chineses. E os recentes movimentos de independência em lugares como Ucrânia e Geórgia chocaram o Partido Comunista dentro de uma visão de novo paranoica de sentimentos nacionalistas.

Mas Lhasa sempre seria o ponto focal durante o aniversário do levante de 1959. Aniversários de acontecimentos políticos essenciais sempre foram importantes na história chinesa. Os ressentimentos transbordavam. No Tibete, março de 2009 foi o maior aniversário de todos.

Eu estava em Chengdu quando os chineses emitiram outro decreto: nada de *injis* ("estrangeiros" em tibetano) depois de 28 de fevereiro. Eu seria um dos últimos a entrar.

A exigência final era ter um guia que falasse inglês. Quando finalmente cheguei ao Tibete, conheci Sharma, um tibetano esguio, baixinho e de olhar triste que era guia há vários anos. Sharma ficou mudo como uma pedra no trajeto de uma hora desde o aeroporto, evitando a conversa fiada em que a maior parte dos guias engrena para aumentar a gorjeta. Foi um pouco perturbador.

Quando me largou no hotel, Sharma me deixou com um aviso.

"Você não pode fotografar a polícia ou o exército na cidade", ele anunciou.

"Por quê?", perguntei.

Os olhos dele arregalaram-se, como se a dizer: *"Que espécie de pergunta é essa?"*.

"É proibido."

Eu já sabia que era insalubre conversar com tibetanos – para eles, não para mim. Os burocratas chineses que administravam o Tibete – o Departamento da Frente Unida do Partido Comunista Chinês – estavam nervosos desde os protestos de 2008. Qualquer tibetano que fosse para uma rua de Lhasa agitando uma bandeira tibetana seria morto na hora. (Uma das tragédias das políticas agressivas vindas de Beijing desde meados da década de 1990 foi que toda exibição de orgulho no Tibete foi tomada como sinal de dissidência, o que podia ser ou não ser o caso.) E os nativos que falavam sobre a situação política com ocidentais podiam acabar na prisão. Ouvi rumores de que havia câmeras e microfones escondidos por toda parte nas principais zonas turísticas de Lhasa. "Você tem que fingir que tem uma doença contagiosa", um ativista tibetano me disse. "E qualquer um que converse com você vai pegá-la na mesma hora."

Mas no primeiro dia, enquanto eu andava pelas ruas onde os manifestantes haviam dado "duas voltas" naquela primeira noite em março de 1959, percebi que era fácil travar conversa com os tibetanos. Os comerciantes me chamavam para suas carroças e tentavam vender colares de jade a preços exorbitantes. Um mercador caiu de seu tamborete e, quando o ajudei a levantar, agarrou minhas mãos e me agradeceu num inglês truncado. Havia lacunas minúsculas na vigilância que – caso eu ficasse longe dos microfones e mantivesse conversas breves – podiam me dar uma chance de falar com os tibetanos.

A cidade parecia próspera e limpa, ainda que militarizada a um nível quase absurdo – uma mistura de Pyongyang e Xangai. Havia lojas vendendo Nikes e TVs de tela plana, uma concessionária Audi perto da que comercializava BMWs. Tem gente ficando muito rica com a ocupação, e alguns são tibetanos.

Os chineses sem dúvida fizeram coisas boas no Tibete. Injetaram bilhões no país, construíram infraestrutura que pode sustentar o crescimento, em especial na extração de minérios e agricultura, por anos. Coibiram os piores abusos do sistema monástico (os mosteiros agora sobrevivem apenas de doações privadas). "Estamos ajudando o Tibete a alcançar o Ocidente", escreveu o erudito chinês Ma Lihua, que viveu no Tibete e viajou extensivamente por lá. "Não se trata de 'hanização', mas de globalização. Não digo isso simplesmente porque aceito a propaganda do governo, mas porque vi melhorias no Tibete com meus olhos." Os chineses de hoje simplesmente não são os vilões monolíticos pintados por alguns do movimento pró-independência, nem pretendem liquidar a cultura tibetana por decreto. Mas a luta política que se travava em 1950 entre os que preferiam cativar os tibetanos e os que queriam reprimi-los de forma violenta ainda se desenrola em Beijing, e existem panelinhas rivais, cada uma com suas personalidades, burocratas e considerações de carreira. Por mais de uma década, a linha-dura esteve vencendo, e Lhasa mostra isso. Ver a capital no quinquagésimo aniversário da fuga do Dalai Lama era ver a administração chinesa no máximo de sua paranoia e hostilidade, tão desmedida que quase parecia uma paródia de um estado policial. Era o estilo linha-dura em pleno florescimento sombrio: as botas negras reluzentes do ELP por toda parte que se olhasse, como ervas daninhas.

A paisagem me empurrava para março de 1959. Assim como cinquenta anos antes, a cidade estava repleta de peregrinos, nômades e fazendeiros que tinham ido a Lhasa para o equivalente budista de fazer o *hajj* a Meca. Nômades de olhos negros pareciam chegados do século XIV, com suas crianças de cabelos revoltos enfileiradas atrás deles e rostos queimados de vento que remetiam ao vasto e rude interior do Tibete. Mas também havia adolescentes usando jeans justos da última moda e bonés com *slogans* estranhos (meu favorito foi "EU AMO PALCO", usado ao que parece por um amante do teatro). A modernidade – e a depravação moderna – está em Lhasa, ainda que espertamente disfarçada. A cidade possui, por exemplo, um número inacreditável de salões de cabeleireiro, o que não faz sentido até você perceber que muitos na verdade são prostíbulos, atendidos na maioria por moças nativas que atendem os milhares de soldados chineses estacionados na capital tibetana.

Na primeira tarde, Sharma e eu fomos a pé ver o Templo de Jokhang, o lugar de onde Narkyid, o jovem monge encarregado do templo, observou soldados chineses de aspecto inocente antes de o tiroteio começar. Enquanto passeávamos pelos pátios, Sharma foi conversar com outro guia e puxou um maço de cigarros. Notei que a maior parte dos guias era tibetana, uma jogada muito esperta dos chineses. Se um ocidental fizesse algo estúpido, o guia seria penalizado ou até jogado na cadeia. Ao chegar, cada *inji* recebia seu refém pessoal.

Fiquei no lugar de onde Narkyid tinha observado os chineses polir seus rifles. Havia seis soldados à vista.

Depois de olhar o interior do templo, fui até Sharma. O outro guia me viu chegando e foi embora às pressas. Sharma voltou-se para mim com um olhar preocupado.

"Tenho novidades", disse ele. "Devo ficar no hotel com você. E você não pode sair sem mim."

"Do que você está falando?", perguntei, olhando para ele em horror. A última coisa que eu queria era Sharma enrabichado em mim o tempo inteiro.

"É uma nova regra", ele respondeu. "Está ficando muito restrito."

Protestei, mas Sharma garantiu que era a mais nova ordem do governo chinês. Abrangia todos os ocidentais em Lhasa.

"Por favor, não saia do hotel sem mim", ele repetiu. "Vou me meter em encrenca."

Voltamos depressa para o hotel, de onde mandei um e-mail para a agente de Chengdu que havia organizado minha viagem. "Lamento muito", ela escreveu. "Isso nunca havia acontecido antes."

Eu estava grudado a Sharma em tempo integral.

Ouvi uma cantoria do lado de fora. Olhei pela janela e vi que havia um acampamento do exército ao lado, montado em um velho ginásio esportivo. Os recrutas corriam em volta da pista carregando sacas pesadas nos ombros. Provavelmente estavam praticando o carregamento de companheiros feridos para um local seguro.

No dia seguinte, a segurança foi reforçada na cidade velha. Soldados postaram-se nos telhados dos prédios de dois andares com *walkie-talkies*, armas de gás lacrimogêneo e rifles. Alguns tinham binóculos – olhei para cima e vi um soldado olhando diretamente para mim com um par.

Calculando que seria perigoso demais conversar com um tibetano tendo Sharma em volta, disse a ele para perguntar a um de nossos motoristas de táxi chineses o que ele achava de Lhasa.

"O quê? O que ele acha de Lhasa?"

"Sim", eu disse. "Pergunte ao motorista."

"Ele?", disse Sharma. "Não, você não entende. Ele não é daqui. Eles vêm para cá em contratos de dez meses e depois vão embora."

Aquilo era interessante. Eu sabia que muitos nativos de Lhasa ressentiam-se profundamente dos migrantes hans que haviam chegado na cidade desde que Beijing adotara uma política de rápido desenvolvimento econômico focada em reanimar a economia tibetana sem, na opinião de muitos tibetanos, investir em coisas como a educação do povo local. Mas não tinha ouvido falar de que alguns daqueles empreendedores estavam lá apenas por dez meses. "Por favor, pergunte mesmo assim", insisti.

Sharma virou-se do banco de passageiro da frente para me encarar. Então deu as costas e olhou fixo pelo vidro dianteiro. Ele recusou-se a falar comigo pelo resto da corrida.

Agora eu não só não podia conversar com tibetanos, como chineses também estavam vetados. Estávamos atingindo níveis norte-coreanos de irracionalidade. Em breve o silêncio tornou-se a forma de Sharma lidar comigo. Se eu fazia uma pergunta inconveniente, ele simplesmente cortava o diálogo.

Comecei a me ressentir. Sharma era um fantoche, concluí. Meu guia estava aplicando proibições *que nem mesmo existiam*.

Ainda assim, eu tinha que usá-lo para ver Lhasa. Na manhã seguinte, saímos em jornada para o Mosteiro de Drepung.

Em 1959, os três mosteiros que circundam o perímetro de Lhasa desempenharam papel de destaque no levante. Desde então, os monges têm sido os líderes de protestos antichineses esporádicos que rebentam no Tibete. Três dias depois de eu deixar o Tibete, um monge do Mosteiro de Kirti atearia fogo a si mesmo – e em seguida seria abatido a tiros por soldados chineses. Eu quis ver como os monges estavam se saindo à medida que o aperto era intensificado.

Pegamos um táxi para o mosteiro no sopé do Monte Gephel, uma das montanhas baixas que circundam Lhasa. Em certa ocasião Drepung abrigou até dez mil monges. Foi um dos grandes centros de ensino budista, a Harvard do Tibete. Devia estar fervilhado de jovens sérios.

Mas o lugar parecia deserto. Um punhado de turistas chineses e peregrinos tibetanos vagava em redor, empurrando-se em câmaras minúsculas enquanto os guias falavam em tom monótono.

Sharma esclareceu o mistério. "Desde 1959", disse ele, "é permitido que apenas quinhentos monges permaneçam aqui". Muitos outros, talvez centenas, fiquei sabendo depois, eram mantidos em campos militares de detenção na província vizinha de Qinghai.

Os chineses haviam drenado o pântano, destituindo Drepung e os outros mosteiros de tudo a não ser um número insignificante de monges. Essa ação fez parte de um arrocho religioso que incluiu a proibição da prática do budismo nas cidades, em vigor desde meados da década de 1990. A proibição foi decidida em uma reunião do Partido Comunista Chinês sobre a política tibetana na qual a linha-dura dentro do partido, que sempre favoreceu uma abordagem agressiva de arrochos e proibições religiosas, reforçou seus ataques ao Dalai Lama e ao próprio budismo.

Os mosteiros haviam sido transformados em museus tristes. Notei que até as capelas haviam sido equipadas com câmaras de vigilância.

Na capela principal, reparei em uma coisa peculiar pendurada em um dos pilares vermelhos.

"O que é aquilo?", perguntei.

Sharma olhou para cima. "Oh", disse ele, "é uma armadura".

Era pequena, feita de pedaços quadrados de metal delgado. Um escudo pendia ao lado, com uma aljava cheia de flechas de um lado e um arco do outro.

"Depois de matar muitos inimigos, os guerreiros vinham aqui", explicou Sharma, "e pediam perdão pelos pecados". Os combatentes vinham aos monges arrepender-se do sangue que haviam derramado. Era chamado de "seguir o caminho branco da paz".

O ato de renúncia dos guerreiros parecia ilustrar o dilema do Tibete. De uma terra de guerreiros, ao longo dos séculos o Tibete havia se tornado um enorme mosteiro ao ar livre. Os tibetanos simplesmente não pareciam aparelhados para a depravação do mundo em que viviam.

Sharma, pelo menos, era hábil em operações psicológicas. Eu estudei cada movimento dele no mais mínimo detalhe. Um ponto alto ocorreu quando estávamos jantando e ele recebeu uma chamada no telefone celular. Sharma correu para a rua para falar fora do alcance de meus ouvidos.

"Para que ele está fazendo isso?", perguntei para o assento vazio. "Eu nem falo chinês." Comecei a compartilhar, na mais ínfima miudeza, a paranoia de um tibetano vivendo sob domínio chinês. Indaguei o que eu tinha feito para alertar os militares. Teria sido fazer anotações no Templo de Jokhang? Ou aquele e-mail que eu havia mandado para um amigo?

Voltamos para a Praça Barkhor. Eu queria tentar tirar algumas fotos dos soldados com minha câmera digital. Andamos pelas ruas, e fiquei para trás de Sharma. Quando uma patrulha passou, segurei a câmera a meu lado e fiz algumas fotos.

Olhei a tela. Imagens de pernas em lã verde. Eu teria que achar um jeito melhor.

Sentamos na cerca que se estende pelo limite da praça, e esperei. Reparei em um esquadrão do ELP patrulhando a praça. Coloquei a câmera na coxa e fingi olhar a multidão.

Pelo canto do olho, vi os soldados se aproximando. Fiquei pronto para clicar.

Mas bem na hora três meninos tibetanos chegaram em alvoroço na praça, rindo ruidosamente. O garoto da frente deu um encontrão na patrulha. Num segundo o líder dos soldados estava em cima dele, gritando em chinês e puxando a criança aterrorizada pelo suéter até seus pés quase saírem do chão.

Foi horrível, a ocupação em miniatura. O líder soltou o menino e este correu embora, o rosto contorcido pelo pavor.

Eu estava prestes a virar a câmera para pegar a patrulha se reorganizando quando três policiais em uniformes azuis vieram até Sharma e eu. O mais velho, com rosto marcado pela varíola, rosnou alguma coisa para Sharma, e no mesmo instante ele levantou-se da cerca com um pulo. "Temos que ir", disse ele baixinho.

Será que os observadores do ELP nos telhados tinham reparado em mim? Concluí que a vigilância em Lhasa era muito, muito boa.

Na cidade, a presença do exército havia se tornado quase claustrofóbica. Havia patrulhas em cada quadra. Algumas tropas agora usavam capacetes e trajes à prova de balas, e vi duas caminhonetes cinza convertidas em veículos blindados, com luzes azuis e vermelhas na capota e três aberturas para armas de cada lado. Pelo que vi, elas circulavam pela cidade sem parar.

Ao tomarmos o rumo de volta para o hotel, tirei a câmera do bolso sorrateiramente e apontei para as vans cinza. Um dos motoristas chineses – que depois percebi que deveria estar me observando pelo espelho retrovisor – fez uma curva violenta e quase jogou o carro sobre o trânsito em sentido oposto. Enfiei a câmera no bolso outra vez.

Fogueiras

No dia seguinte rumamos para o Potala, o assombroso palácio de inverno do Dalai Lama. Defronte dele, as autoridades haviam construído um parque lindamente planejado, com uma daquelas estátuas que se vê por toda parte na China, de trabalhadores, martelos e feixes de trigo alçando-se aos céus. Junto ao espelho d'água do parque, as mulheres limpavam as mãos e o rosto e depois prostravam-se. Juntavam as mãos e iam ao solo, de frente para o palácio vazio.

Sharma estava distraído fumando um cigarro. Cheguei de lado em um tibetano de meia-idade com um casaco marrom, cumprimentei-o com um aceno de cabeça e perguntei o que as mulheres estavam fazendo.

"Estão rezando ao Dalai Lama", disse ele.

Foi estranhamente emocionante ouvir o nome do inimigo público proferido em público.

"Então não o esqueceram?", perguntei.

Ele virou-se para mim. "Não, não esqueceram." E depois afastou-se, nervoso.

Tudo que vi ao meu redor confirmou o que o homem disse. Em Lhasa, rapazes faziam a volta em torno do Templo de Jokhang, lançando-se ao chão em devoção. Tibetanos de todas as idades aglomeravam-se nos lugares sagrados, velhas nômades curvadas esticavam-se para ver onde o Dalai Lama havia dormido. Havia ali uma devoção palpável que falta nos países ocidentais há tanto tempo que é quase um choque físico testemunhá-la. Filmes contrabandeados para fora do Tibete pelo empresário que virou documentarista Dhondup Wangchen (mais tarde detido e hoje cumprindo pena de seis anos) mostram nômades chorando em um vídeo de Sua Santidade, com um dizendo à câmera: "Meu maior desejo e sonho é que o Dalai Lama volte. [...] Basta eu ouvir seu nome para ficar tomado de fé, devoção e uma profunda, profunda tristeza".

"Não há dúvida de que sua legenda é tremenda dentro do Tibete", diz Paul Jeffrey Hopkins, erudito tibetano. "Lá muita gente tem apenas um desejo: ver Sua Santidade antes de morrer."

Lhasa existe em torno de uma ausência. Os chineses proibiram qualquer coisa ligada ao 14º Dalai Lama – livros, fotografias, tudo. Mas, para onde quer que eu olhasse, homens e mulheres curvavam-se e rezavam para ele como se ele jamais tivesse ido embora. A ironia é que por séculos o Tibete foi mantido em segredo pelos tibetanos. Agora está de novo vetado, isolado por seus ocupadores de uma forma nova e mais ameaçadora.

E, passando mais tempo com Sharma, comecei a vê-lo de modo diferente. Andar por Lhasa com ele era, de certa forma, como andar por Tuscaloosa, no Alabama, com um negro em 1954. Quando ele conversava com outros tibetanos, sua voz era normal. Ele até foi rude com nosso motorista local por ter esquecido a carteira de motorista – ao que parece, ninguém quer ser um tibetano pego nas estradas sem o documento adequado. Mas quando ele falava com um chinês, qualquer pessoa chinesa, sua voz e atitude passavam por uma transformação nauseante. O rosto assumia um ar preocupado, quase suplicante. Ele parecia encolher dentro de si. A voz ficava hesitante e suave, pontos de interrogação flutuavam ao final de todas as frases. As terminações nervosas do rosto pareciam amortecidas, como se o seu eu não ensaiado fosse perigoso demais para ser exibido.

E os chineses com frequência o tratavam como se fosse um fato desagradável ele viver no Tibete. Empresários furavam a fila na frente dele. Funcionários despachavam-no irritados quando ele tentava fazer uma pergunta, apenas para dar atenção ao próximo cliente chinês. Sharma aceitava tudo isso mansamente, como um cordeiro. *Em seu próprio país,* eu pensei.

Eu estava chegando ao final de minha viagem, mas precisava ver o Norbulingka. Ao irmos para o local, lembrei do que havia acontecido naquela estrada cinquenta anos antes, o adolescente Yonten e as massas de tibetanos correndo para o palácio e tudo que se seguiu àquele momento louco e improvisado. Aquele ciclo – opressão, protesto, arrocho, vítimas – havia se repetido infindavelmente desde então.

Quando viu as planícies fora de Lhasa pela primeira vez, o jovem Choegyal ficou chocado com a paisagem porque era muito parecida com a Palestina, "árida e plana". E logo depois da fuga o Tibete foi agrupado com o Oriente Médio como uma das enrascadas insolúveis da Terra. Mas o que os tibetanos querem – autonomia, a volta do Dalai Lama, respeito e apoio à religião e cultura tibetanas – não é particularmente exótico em termos chineses. A maioria do povo da Mongólia ou de Xangai já tem bastante do mesmo, não uma liberdade abstrata, mas prática, contanto que não desafiem o Partido Comunista. Liberdade religiosa consta na constituição chinesa, não é um conceito estranho de modo algum.

Os tibetanos contam piadas sobre sua situação. Uma é a seguinte: o Dalai Lama faz campanha para "um país, dois sistemas" – para o Tibete continuar dentro da China, mas com um governo diferente –, enquanto os tibetanos comuns querem "um país, um sistema". Isto é, querem apenas o que todos os outros na China possuem. E ver o Dalai Lama, é claro.

Quando chegamos ao Norbulingka, fiquei pasmo ao ver que a praça aberta diante do palácio onde os protestos de 1959 começaram é hoje um parque recortado em um intrincado esquema de colinas e lagos. O parque foi elaborado com requinte, mas é óbvio que um comício de massa seria impossível ali. O que parece uma dádiva para o povo tibetano tem como bônus impedi-lo de se rebelar.

Caminhamos ao longo dos muros amarelos e vermelhos onde muitos rebeldes tibetanos haviam morrido. Ao passarmos por pequenos bosques de álamos e bambus que propiciam sombra aos pátios do Norbulingka, vi um jovem tibetano magrela caminhando à nossa esquerda. Sharma estava de novo no telefone. Deixei-o caminhar à frente e acertei o passo com o tibetano. Não pude ver nenhuma câmera ou microfone no bosque de álamos que nos cercava.

Cumprimentei-o com a cabeça. "Olá", disse o homem. "Inglês?"

Fingi olhar para as árvores e fazer perguntas sobre elas. Mas falamos sobre a situação em Lhasa. Enquanto andava ao lado do rapaz, mencionei os soldados em Lhasa, a tensão crescente. O homem concordou. "Estão preocupados com que haja problemas", ele admitiu. "Está pior que nunca."

Concordei. "E quanto ao Dalai Lama?"

"Queremos que o Dalai Lama volte", disse o homem, sorrindo de leve, a voz entrecortada pela emoção. "Mas às vezes parece não haver esperança." Muitos fazendeiros e nômades idosos não podiam pagar o visto que lhes possibilitaria viajar para a Índia, ele contou; seu último desejo era ver o Dalai Lama, mas morreriam sem olhar para o rosto dele. Um ocidental deve imaginar o espírito de Cristo vivo em alguma parte do mundo e um cristão sem condições de ir vê-lo e ser tocado por ele para ter uma noção real do que os tibetanos sentem, a dor quase física que a separação causa neles. Não ver o rosto de seu Protetor Precioso é como passar pela vida como um fantasma sem sossego.

Olhei à nossa frente. Sharma havia guardado o telefone no bolso e esperava. Acenei para o homem com a cabeça e acelerei para alcançar meu guia.

Naquela noite, Sharma e eu fomos às ruas para ver o Losar, o Ano-novo tibetano. Parecia que os habitantes de Lhasa pretendiam anunciar o Ano da Vaca de Terra queimando a cidade inteira. Havia fogo por toda parte. Garotas corriam com tochas de chama intensa, emitindo uma fugaz onda de calor por nosso rosto ao passar ventando pelas ruelas. Fogos de artifício queimavam em esquinas onde as pessoas, reduzidas a silhuetas esguias na escuridão, postavam-se ao lado de caixas apinhadas daquilo que parecia ser todos os fogos conhecidos pelo homem. Fogueiras enormes ardiam no meio das ruas, rapazes corriam até elas e lançavam nas chamas punhados de fogos de artifício que explodiam em um estrondo ensurdecedor enquanto os homens dançavam na direção das labaredas e depois se afastavam.

Cintilando sob a abóbada escura do céu, a cidade parecia encantadora, incendiária, livre. As pessoas sorriam, e ambulantes vendiam doces. Mas era uma festa, não uma insurreição. Soldados chineses, alguns usando máscaras antipó brancas, fantasmagóricos na obscuridade, seguiam atrás dos jovens que atiçavam as labaredas, apagando chamas zelosamente com vassouras e pás enquanto o relógio avançava para a meia-noite, como pais conscienciosos assegurando que a casa não pegasse fogo.

Tibetanos com rostos felizes e extasiados, observavam as chamas cor de laranja que lambiam o ar da noite e se extinguiam. Sharma e eu andamos por Barkhor, circundando o Jokhang às escuras. Por umas poucas horas Lhasa pareceu transformada. Por um momento não foi a capital ocupada com um trono vazio em seu coração.

Sharma e eu caminhamos em silêncio. Não havia nada a dizer que pudesse ser dito.

Glossário

amban: representante do imperador chinês.

bodhisattva: pessoa que atingiu a iluminação completa, mas adia o Nirvana a fim de ajudar os outros a obter a liberação do sofrimento.

Chenrizi: o *bodhisattva* da Compaixão Infinita, a deidade que todo Dalai Lama manifesta em forma humana.

choe-ra: área comum em um mosteiro tibetano onde com frequência eram dados os ensinamentos.

chuba: casaco comprido feito de lã de ovelha; vestimenta externa comum usada pelos tibetanos.

Dharma: o conjunto dos ensinamentos expostos pelo Buda; as doutrinas e práticas essenciais do Budismo.

dob-dob: guarda-costas do Dalai Lama.

dzo: híbrido tibetano de iaque e vaca.

geshe: graduação avançada obtida por um monge tibetano.

kalön: membro do *Kashag*, ministro do gabinete.

Kashag: o gabinete tibetano, ou junta de conselheiros.

kata: echarpe branca cerimonial de saudação.

khampa: tibetano da região leste de Kham.

kora: peregrinação a pé, com frequência em torno de um lugar sagrado tibetano, como um templo ou uma *stupa*.

lama: professor budista.

miser: dependendo do contexto, um servo tibetano ou um cidadão do Tibete. Usado aqui no primeiro sentido.

Mönlam: Mönlam Chemmo, o Grande Festival de Preces, realizado anualmente em Lhasa no começo do primeiro mês lunar tibetano.

palanquim: cadeirinha coberta carregada por grupos de homens.

stupa: estrutura contendo relíquias budistas ou despojos de um *bodhisattva* ou outra pessoa reverenciada; tumba fúnebre.

tendra: inimigo da fé budista.

thamzin: "sessão de luta" orquestrada pelas autoridades chinesas, planejada para humilhar e perseguir aqueles considerados "direitistas" e "separatistas".

Três Grandes Centros: os três mosteiros mais importantes do Tibete – Ganden, Sera e Drepung.

tsampa: a refeição básica tibetana, uma massa feita de farinha de cevada tostada.

BIBLIOGRAFIA

AVEDON, John F. *In Exile from the Land of Snows*. New York: Vintage, 1986.

BARBER, Noel. *The Flight of the Dalai Lama*. London: Hodder & Stoughton, 1960.

_____. *From the Land of Lost Content*. Boston: Houghton Mifflin, 1969.

CHANG, Jung; HALLIDAY, Jon. *Mao:* The Unknown Story. New York: Knopf, 2005.

CHHAYA, Mayank. *Dalai Lama:* Man, Monk, Mystic. New York: Doubleday, 2007.

CRAIG, Mary. *Kundun:* A Biography of the Family of the Dalai Lama. Washington, D.C.: Counterpoint, 1997.

DALAI LAMA. *Essential Writings*. Maryknoll, N.Y.: Orbis Books, 2008.

_____. *Freedom in Exile*. San Francisco: HarperSanFrancisco, 1990.

_____. *In My Own Words:* An Introduction to My Teachings and Philosophy. Carlsbad, Calif.: Hay House, 2008.

_____. *My Land and My People*. New York: Potala Corporation, 1985.

_____; CARRIÈRE, Jean-Claude. *Violence and Compassion:* Dialogues on Life Today. New York: Doubleday, 1995.

DEWATSHANG, Kunga Samten. *Flight at the Cuckoo's Behest*. New Delhi: Paljor Publications, 1997.

DUNHAM, Mikel. *Buddha's Warriors:* The Story of the CIA-Backed Tibetan Freedom Fighters, the Chinese Invasion, and the Ultimate Fall of Tibet. New York: Jeremy P. Tarcher/Penguin, 2004.

EDWARDS, Ruth Dudley. *Newspapermen:* Hugh Cudlipp, Cecil Harmsworth King and the Glory Days of Fleet Street. London: Secker & Warburg, 2003.

FEIGON, Lee. *Demystifying Tibet*. Chicago: Ivan R. Dee, 1996.

FRENCH, Patrick. *Tibet, Tibet:* A Personal History of a Lost Land. New York: Knopf, 2003.

GOLDSTEIN, Melvyn C. *A History of Modern Tibet*: The Demise of the Lamaist State, 1913-1951. v. 1. The Calm Before the Storm, 1951-1955. v. 2. Berkeley: University of California Press, 1989, 2009.

GOODMAN, Michael Harris. *The Last Dalai Lama:* A Biography. Boston: Shambala, 1987.

GYATSO, Palden. *Fire Under the Snow*. London: Harvill Press, 1998.

HARRER, Heinrich. *Seven Years in Tibet*. New York: Jeremy P. Tarcher/Putnam, 1996.

HOPKIRK, Peter. *Trespassers on the Roof of the World*. New York: Kodansha International, 1995.

HUTHEESING, Raja. *Tibet Fights for Freedom*. Bombaim: Orient Longmans, 1960.

IYER, Pico. *The Open Road:* The Global Journey of the Fourteenth Dalai Lama. New York: Knopf, 2008.

KHETSUN, Tubten. *Memories of Life in Lhasa Under Chinese Rule*. New York: Columbia University Press, 2008.

KNAUS, John Kenneth. *Orphans of the Cold War:* America and the Tibetan Struggle for Survival. New York: PublicAffairs, 1999.

LAIRD, Thomas. *The Story of Tibet:* Conversations with the Dalai Lama. New York: Groove Press, 2006.

LEVENSON, Claude. *The Dalai Lama*. London: Unwin Hyman, 1988.

_____. *Tenzin Gyatso:* The Early Life of the Dalai Lama. Berkeley, C.A.: North Atlantic Books, 2002.

LING, Nai-Min. *Tibet 1950-1967*. Hong Kong: Union Research Institute, 1968.

MACFARQUHAR, Roderick; WU, Eugene; CHEEK, Timothy Cheek (Ed). *The Secret Speeches of Chairman Mao*. Cambridge, M.A.: Harvard University Asia Center, 1989.

MCCARTHY, Roger. *Tears of the Lotus:* Accounts of Tibetan Resistance to the Chinese Invasion, 1950-1962. Jefferson, N.C.: McFarland, 1997.

NORBU, Dawa. *China's Tibet Policy*. New York: Routledge, 2001.

_____. *Red Star over Tibet*. New York: Envoy Press, 1987.

_____. *Tibet:* The Road Ahead. London: Rider, 1997.

NORBU, Thubten Jigme; HARRER, Heinrich. *Tibet is My Country*. London: Rupert Hart-Davis, 1960.

_____; TURNBULL, Colin. *Tibet*. New York: Simon & Schuster, 1968.

PATT, David. *A Strange Liberation:* Tibetan Lives in Chinese Hands. Ithaca, N.Y.: Snow Lion Publications, 1992.

PATTERSON, George. *Journey with Loshay*. New York: W.W. Norton & Company, 1954.

_____. *Patterson of Tibet*. San Diego, C.A.: ProMotion Publishing, 1998.

_____. *Requiem for Tibet*. London: Aurum Press, 1990.

_____. *Tibet in Revolt*. London: Faber & Faber, 1960.

PEISSEL, Michel. *Cavaliers of Kham:* The Secret War in Tibet. London: Heinemann, 1972.

PETECH, Luciano. *China and Tibet in the Early Eighteenth Century:* History of the Establishment of the Chinese Protectorate in Tibet. 2 ed. Leiden: Brill, 1972.

POWERS, John. *Introduction to Tibetan Buddhism*. ed. rev. Ithaca, N.Y.: Snow Lion Publications, 2007.

PRADOS, John. *President's Secret Wars*. New York: William Morrow, 1986.

ROBERTS, John B., II; ROBERTS, Elizabeth A. *Freeing Tibet*. New York: AMACOM, 2009.

SHAKYA, Tsering. *The Dragon in the Land of Snows:* A History of Modern Tibet Since 1947. New York: Columbia University Press, 1999.

SMITH JR., Warren W. *Tibetan Nation:* A History of Tibetan Nationalism and Sino-Tibetan Relations. New York: HarperCollins, 1997.

SOEPA, Tenpa. *20 Years of My Life in China's Death Camp.* Bloomington, I.N.: AuthorHouse, 2008.

STOBER, Deborah Hart; STOBER, Gerald S. *His Holiness the Dalai Lama:* The Oral Biography. Hoboken, N.J.: John Wiley & Sons, 2005.

STRONG, Anna Louise. *Tibetan Interviews.* Peking: New World Press, 1959.

_____. *When Serfs Stood Up in Tibet.* Peking: New World Press, 1965.

TARING, Rinchen Dolma. *Daughter of Tibet.* London: John Murray, 1970.

THOMAS, Evan. *The Very Best Men:* The Daring Early Years of the CIA. New York: Simon & Schuster, 2006.

THURMAN, Robert A. F. *Essential Tibetan Buddhism.* San Francisco: HarperSanFrancisco, 1995.

TSERING, Diki. *Dalai Lama, My Son.* London: Penguin, 2001.

YONTEN, Lobsang. *The Fire of Hell.* Kathmandu: Pilgrim Books, 2008.

YONGHUSBAND, Sir Francis. *India and Tibet.* London: John Murray, 1910.

Notas

Introdução

p. 16, "borrão estonteante, amedrontador": Dalai Lama, *Freedom*, p.135.

p. 16, "entre dois vulcões": Dalai Lama, *My Land*, p. 172.

p. 16, "Era quase": Dalai Lama, *Freedom*, p. 124.

p. 17, "Temi uma represália maciça, violenta": ibid., p. 117.

p. 17, "Havia um aroma inesquecível": Dalai Lama, *My Land*, p. 33.

p. 17, "levados à barbárie": ibid., p. 137.

p. 18, Uns 40 mil soldados chineses": Dunham, p. 264.

Um
Um exame de memórias anteriores

p. 19, Os detalhes sobre a morte do 13º Dalai Lama e da procura pelo 14º foram retirados das duas memórias do Dalai Lama, de Goodman e de Avedon.

p. 20, "todos os outros lugares eram de se temer": Gyatso, p. 13.

p. 24, "Em 1950": os números da população são de French, p. 278-9.

p. 26, "'Bom', disse ele": citado em Avedon, p. 9

p. 26 "Fontes de água cristalina": Dalai Lama, *My Land*, p. 16.

p. 27, "Eu costumava torturar": perguntas e respostas com o Dalai Lama, Universidade da Califórnia, Santa Bárbara, 24 de fevereiro de 2009.

p. 27, "Lembro-me": citado em Chhaya, p. 52.

p. 29, "Estou fazendo as malas": citado em Goodman, p. 13.

p. 30, "Agora que testemunhamos": ibid., p. 14.

Dois
Rumo a Lhasa

p. 32, "O que o Dalai Lama lembra em especial": Dalai Lama, *Freedom*, p. 14.

p. 32, "montanhas gigantescas": ibid., p. 13.

p. 33, "como se eu estivesse em um grande parque": Dalai Lama, *My Land*, p. 33.

p. 33, "enorme mosteiro": citado em Hopkirk, p. 13.

p. 33, "ócio organizado": revista *Life*, 6 de abril de 1959.

p. 33, E um jovem monge: referência às memórias de Tashi Tsering, *The Struggle for Modern Tibet*. Armonk (NY): East Gate Books, 2000.

p. 34, "a última liberdade temporal": Dalai Lama, *Freedom*, p. 15.

p. 35, "robusto, solene": citado em Goodman, p. 64.

p. 36, "Era tão forte": Dalai Lama, *Freedom*, p. 19.

p. 36, "Sentia uma falta terrível": citado em Craig, p. 176.

p. 37, "Era deploravelmente frio e mal iluminado": Dalai Lama, *Freedom*, p. 21.

p. 38, "Meu único interesse era brincar": perguntas e respostas com o Dalai Lama, Universidade da Califórnia, Santa Bárbara, 24 de abril de 2009.

p. 39, "Quando ele ia embora depois de cada visita": Dalai Lama, *Freedom*, p. 20.

p. 39, "Aquelas crianças": citado em Craig, p. 54.

p. 40, "Me enervavam": Dalai Lama, *My Land*, p. 40.

p. 40, "Ele riu entusiasticamente": Harrer, p. 250.

p. 40, "Do primeiro ao último": Dalai Lama e Carrièrre, p. 162.

p. 41, "ainda não humano": Smith, p. 21.

p. 42, "um mero marionete": Petech, p. 285.

p. 42, "muito frequentemente": Lixiong, Wang, "Reflections on Tibet". *New Left Review*, março-abril de 2002, p. 81.

p. 43, "Muitos deles": Laird, p. 280.

Três
Através do Rio Fantasma

p. 45, "[Eles] eram vistos como açougueiros": Dalai Lama, *Freedom*, p. 52.

NOTAS

p. 46, "libertar nossos compatriotas": citado em Knaus, p. 47.

p. 46, "O que se quer dizer": Norbu, Dawa, "The 1959 Tibetan Rebellion: An Interpretation". *China Quarterly*, nº 77 (março de 1979), p. 90.

p. 47, "O relacionamento": citado em Shakya, p. 70.

p. 48, "Quando Grandes Heróis": citado em Chang, p. 14.

p. 48, *Assista-nos matar*: ibid., 54.

p. 48, "Os nobres estavam recebendo enormes quantidades": entrevista com Gray Tuttle.

p. 49, "O desafiou me encheu": citado em Levenson, *Tenzin Gyatso*, p. 78.

p. 49, "Se você não faz": citado em Goldstein, vol. 1, p. 705.

p. 49, "Tive que deixar": citado em Craig, p.78.

p. 49, "Comecei a perceber": ibid., p. 127.

p. 50, "Não pude acreditar": Dalai Lama, *Freedom*, p. 63.

p. 51, "Alguns de seus conselheiros": citado em Shakya, p. 81.

p. 51, "Ele estava isolado": citado em Strober, p. 107.

p. 51-2, "Para o Tibete ser salvo": citado em Knaus, p. 97.

p. 52, "O Tibete irá de novo": citado em Shakya, p. 80.

p. 52, "em parte convencido": Dalai Lama, *Freedom*, p. 66.

p. 52, "A despeito de toda a desconfiança": ibid., p. 67.

p. 53, "O que vem naturalmente": citado em Goldstein, vol. 2, p. 199.

p. 53, "Eu ainda não possuía treinamento teórico": Dalai Lama, *My Land*, p. 97.

p. 53, "Sua Santidade é muito humilde": citado em Laird, p. 322.

p. 53, "Ele pensava que as pessoas eram muito boas": entrevista com Tendzin Choegyal.

p. 53, "Egoísmo e irresponsabilidade absolutos": Chang, p. 14.

p. 53, "Claro que existem pessoas": ibid., p. 13.

p. 54, "respeitar sinceramente": citado em Goldstein, vol. 2, p. 180.

p. 54, "Quando os chineses chegaram pela primeira vez": Projeto de História Oral do Tibete, testemunho de Thupten Chonphel, entrevista #26.

p. 54, "Tínhamos um ditado": entrevista com Topgay, refugado tibetano e ex-funcionário de segurança do governo tibetano no exílio. Dharamsala, Índia, janeiro de 2009.

p. 54, "Façam todo esforço possível": citado em Shakya, p. 93.

p. 55, "Quanto mais eu olhava": Dalai Lama, *Freedom*, p. 93.

p. 55, "Se você for": entrevista com Gray Tuttle.

p. 55, "Existe em toda parte": citado em Shakya, p. 117.

p. 55, "velhas e estragadas": entrevista do Dalai Lama em *Welt Online*, 10 de julho de 2009.

p. 55, "Senti": Dalai Lama, *Freedom*, p. 88.

p. 56, "o ritmo da reforma": ibid., p. 89.

p. 56, "Como pôde ele", ibid., p. 99.

QUATRO
FOGUEIRAS A LESTE

p. 57, "Não podíamos nem olhar": Projeto de História Oral do Tibete, testemunho de Dorji Damdul (nome fictício), entrevista #16.

p. 57, "Eles diziam": ibid.

p. 58, "Os chineses capturaram": ibid.

p. 58, "foram trazidos em iaques": ibid.

p. 58, "o bem mais precioso": citado em Feigon, p. 32.

p. 58, "Você jamais ouvia o nome ser mencionado": Harrer, p. 93.

p. 58, Um refugiado khampa: Projeto de História Oral do Tibete.

p. 59, Quando os corneteiros: citado em Dunham, p. 255.

p. 60, "Tínhamos visto a morte": ibid., p. 207.

p. 60, "Gyalo disse": memórias não publicadas de Athar, sem numeração de página.

p. 60, "A certa altura": ibid.

p. 61, "Pude ver": ibid.

p. 61, "Sacamos nossos": ibid.

p. 62, "Uma palavra do Dalai Lama": Peissel, p. 70.

p. 62, "Quando você tem um pedaço": citado em Craig, p. 210.

p. 62, "Se eu fosse reconhecido": memórias não publicadas de Athar, sem numeração de página.

p. 62, "Enviávamos uma mensagem": entrevista com John Greaney.

p. 63, Phala recordou-se: volume 2 de uma história não publicada sobre o movimento de resistência tibetana, de Lhamo Tsering, traduzida por Warren Smith, Jr. Um rascunho da passagem relevante foi publicado em mikeldunham.blogs.com.

p. 63-4, "Do jeito que as coisas estão": *Indian Express*, 15 de dezembro de 1958.

p. 64, "um míssil desgovernado": entrevista com Ken Knaus.

p. 64, "uma fonte constante": citado em Craig, p. 180.

p. 64, "Todos os meus colegas falavam": entrevista com Tendzin Choegyal.

p. 64, "O que poderia acontecer?": citado em Goddman, p. 274.

CINCO
UM BOATO

p. 67-8, Essa cidade: *Journal of the American Geographical Society of New York*, 1905, vol. 37, p. 184.

p. 69, "Salve a liberação": citado em Dunham, p.119.

p. 69, Vocês são pessoas que ficaram para trás: Projeto de História Oral do Tibete, testemunho de Sonam Dorje, entrevista #86.

p. 69, "Ninguém podia falar o que pensava": citado em Goodman, p. 274.

p. 69, "A vida em Lhasa": citado em Tsering, p. 168.

p. 70, "Eu sacrificaria": A citação e os detalhes da manhã de 10 de março são de uma entrevista com Lobsang Yonten.

p. 71, "Nossa dolorosa experiência": Dalai Lama, *My Land*, p. 165.

p. 71, "Em 1959": entrevista com Narkyid.

p. 71, "Os tibetanos estavam fora de si": Khetsun, p. 23.

p. 72, "Está na hora": citado em Shakya, p. 187.

p. 72, "Você se responsabilizará": Dalai Lama, *My Land*, p. 167.

p. 73, "O que você está fazendo?!": citado em Goodman, p. 295.

p. 73, "Eu não sabia": entrevista com Tendzin Choegyal.

p. 74, "baforadas de vapor": Gyatso, p. 49.

p. 74, "Todas as pessoas": entrevista com Lobsang Yonten.

p. 74, "Fiquei surpreso": entrevista com Narkyid.

p. 75, "Chamdo desapareceu": Gyatso, p. 50.

p. 75, "Alguns da multidão": entrevista com Tenpa Soepa.

p. 76, "Os tibetanos estavam irados": entrevista com Pusang, ex-médico do exército tibetano e refugiado. Dharamsala, Índia, janeiro de 2009.

p. 77, "Lembro-me de dizer": citado em Craig, p. 215.

p. 77, "O povo de Lhasa": Dalai Lama, *My Land*, p. 173.

p. 77, "Com a ajuda de binóculos": Shan Chao, *Peking Review*, vol. 18, 5 de maio de 1959.

p. 77, E secretamente admirava: Dalai Lama, *My Land*, p. 160.

p. 77, O agente da CIA Ken Knaus: entrevista com Ken Knaus.

p. 77, "Eu podia sentir a tensão": Dalai Lama, *My Land*, p. 172.

p. 79, "Estão promovendo": Shan Chao, *Peking Review*, vol. 18, 5 de maio de 1959.

p. 79, "Estavam ficando": entrevista com Tendzin Choegyal.

p. 79, Sua mãe estava cada vez mais frenética: para o relato de Diki Tsering sobre esse dia, ver suas memórias, *Dalai Lama, My Son*, p. 168-72.

p. 80, "Muitos funcionários": Shakya, p. 197.

p. 80, "Elementos reacionários": citado em Goodman, p. 296.

p. 81, "Você é jovem demais": entrevista com Lobsang Yonten.

p. 81, Um médico tibetano: entrevista com Pusang.

p. 81, "O maior medo": citado em Patt, p. 145.

p. 82, "Ela ficou muito feliz": entrevista com Tendzin Choegyal.

p. 82, "Os funcionários diziam": entrevista com Lobsang Yonten.

p. 83, "Você é jovem demais": ibid.

p. 84, "Os alto-falantes diziam": entrevista com Lobsang Norbu.

p. 84, "Eu era um sujeito durão": ibid.

p. 85, "Ele suplicou aos que": entrevista com Lobsang Khunchok.

p. 85, "Meus companheiros espirituais": ibid.

p. 86, mas havia basicamente desistido: Dunham, p. 201.

Seis
Irmãos estrangeiros

p. 89, "Eu tinha um atlas": Dalai Lama, *My Land*, p. 57.

p. 93, "Eu queria ser como Moisés": a história de Patterson foi extraída de suas memórias, *Patterson of Tibet*.

p. 94, "George", finalmente interrompeu o alto comissário britânico: ibid., p. 324.

p. 94-5, Entre eles estava: o resumo da carreira de Barber foi retirado de seus obituários no *Times*, *Daily Mail* e outros jornais de Londres.

p. 96, "Publicidade", ele observa: entrevista com John Greaney.

p. 96, "Fui até": entrevista com Ken Knaus.

p. 96, "Des era muito bem-apessoado": o perfil de FitzGerald foi extraído em boa parte de *The Very Best Men*, de Thomas.

p. 97, Devo dizer: citado em Thomas, p. 198.

p. 98, "Os tibetanos eram um povo lutando": entrevista com Ken Knaus.

p. 98, "Eles eram muito reverentes": ibid.

p. 98, "coração pulsante de todo tibetano": memórias não publicadas de Athar, sem numeração de página.

p. 98-9, "Todo mundo queria estar na Força-Tarefa": entrevista com John Greaney.

p. 99, "Um dos mais românticos programas": Thomas, p. 276.

p. 99, Quando Greaney foi chamado: entrevista com John Greaney.

p. 100, "Era uma pulga mordendo um elefante": Thomas, p. 278.

p. 100, Os khampas, que guardavam uma foto: de *The Shadow Circus: The CIA in Tibet*, documentário da White Crane Film Productions para a BBC, 1998.

p. 100, "Realmente sentíamos": memórias não publicadas de Athar, sem numeração de página.

Sete
Através do Kyichu

p. 101, "É como se fosse": Shan Chao, *Peking Review*, vol. 18, 5 de maio de 1959.

p. 101, "O país independente": Norbu, *China's Tibet Policy*, p. 225.

p. 103, "como um magnífico": Dalai Lama, *Freedom*, p. 214.

p. 103, "até a última": ibid., p. 136.

p. 104, "franca e gritante invenção": citado em Barber, *From the Land*, p. 110.

p. 104, "Dentro do palácio": Dalai Lama, *My Land*, p. 194.

p. 104, "as probabilidades contrárias: Dalai Lama, *Freedom*, p. 136.

p. 104, "Perambulei por toda parte": entrevista com Tendzin Choegyal.

p. 104-5, "Ele deve ter obtido-a": ibid.

p. 105, "Todo mundo estava ansioso": ibid.

p. 106, "alinhavando sacos": ibid.

p. 107, "Comecei a me despedir": ibid.

p. 108, "Não tenho medo": Dalai Lama, *My Land*, p. 171.

p. 109, "Ao sair": ibid., p. 198.

p. 109, "a cena mais triste": Barber, *From the Land*, p. 120.

p. 110, "Senti como se fosse apagar": entrevista com Mingyur, de Lobsang Wangyal, Agência France-Presse, 17 de março de 2004.

p. 110, "Vocês são como formigas": citado em Craig, p. 216.
p. 110, "Precisei tomar muito cuidado": citado em Laird, p. 335.
p. 110, "Eu estava certo": Dalai Lama, *Freedom*, p. 139.
p. 111, "Não sei o que": entrevista com Tendzin Choegyal.
p. 111, "De repente": ibid.
p. 111, "Ele era jovem": citado em "Tibetan Officer Remembers 1959 Escape with Dalai Lama", de Matthias Williams. Reuters, 12 de março de 2009.

Oito
Escapada

p. 113, "Meus pés ficaram dormentes": entrevista com Tendzin Choegyal.
p. 113, Mais tarde, ele foi obrigado: Goodman, p. 308.
p. 114, "Tudo bem": de *La Fuite du Dalaï Lama*, documentário, France 2, 1999, dirigido por Marie Louville.
p. 114, "acidentada e fatigante": Dalai Lama, *My Land*, p. 203.
p. 114, "Sua sela estava escorregando": entrevista com Tendzin Choegyal.
p. 114, "A antiga cidade": Dalai Lama, *Freedom*, p. 140.
p. 114, "Eu ria": entrevista com Tendzin Choegyal.
p. 115, "Um dia depois": Dalai Lama, *Freedom*, p. 99.
p. 116, "Tendzin", ele falou: citado em Craig, p. 221.
p. 116, "Era tudo novo": entrevista com Tendzin Choegyal.
p. 117, "Eles sabiam de antemão": Dewatshang, p. 128.
p. 117, "Se vamos usar essa bazuca": *La Fuite du Dalaï Lama*.
p. 118, "Fiquei surpreso por ver": ibid.
p. 118, "Uma grande sensação": a história de Tenpa Soepa foi retirada de uma entrevista e de suas memórias, *20 Years of My Life in China's Death Camp*.

Nove
O Norbulingka

p. 119, "Disse a eles": entrevista com Soepa.
p. 119, "Senti que, uma vez que": ibid.
p. 120, "A situação parecia delicada": ibid.

Notas

p. 120, "Não é preciso perguntar": Shan Chao, *Peking Review*, vol. 18, 5 de maio de 1959.

p. 121-2, "Não tive medo": entrevista com Lobsang Choenyi.

p. 123, "Um punhado volumoso": entrevista com Lobsang Yonten.

p. 124, "Permanecendo dentro": Khetsun, p. 35.

p. 124, "Ficamos lá deitados": entrevista com Lobsang Yonten.

p. 125, "A menos que os tibetanos rendam-se": citado em Yonten, p. 26.

p. 125, "Fiquei extremamente preocupado": ibid., p. 25.

p. 126, Havia um homem: Soepa, p. 32.

p. 127, "A colina era muito íngreme": citado em Strong, *When Serfs Stood Up*, p. 74.

p. 128-9, "Você deve ficar": a história de Narkyid foi retirada de uma entrevista com o autor.

p. 131, "Não serão levados em conta": a declaração está contida em Hutheesing, sem numeração de página.

p. 132-3, "Realmente não posso começar": a história de Ugyen está contida em *Tibet, Tibet*, de Patrick French, p. 177-85.

Dez
Operação imediata

p. 135, "Ele disse": a história de Ratuk Ngawang foi retirada de uma entrevista com o autor.

p. 136, "Não brinque": citado em Goodman, p. 309.

p. 137, "como gerenciar": o relato de John Greaney foi retirado de uma entrevista com o autor.

p. 139, "Ele queria ver especialmente": French, p. 253.

p. 139, "Deu para ver": memórias não publicadas de Athar, sem numeração de página.

Onze
"Vermelhos ateus *versus* um deus vivo"

p. 141, Enquanto o Dalai Lama: o relato de Patterson foi retirado de suas memórias, *Patterson of Tibet*, e de uma entrevista por e-mail com o autor.

p. 142, "sacerdotes brandindo espadas": *Daily News* de Nova York, 22 de março de 1959.

p. 142, "De acordo com fontes tibetanas bem informadas": *Daily Telegraph*, 15 de abril de 1959.

p. 142, "Esqueci da sopa": a história de Norbu foi retirada de suas memórias, *Tibet Is My Country*, começando na p. 259.

p. 144, "Uma mensagem inspiradora": *Herald Tribune Magazine* de Nova York, 22 de março de 1959.

p. 144, Do lado de fora das Nações Unidas: o relato dos kalmuks foi retirado de um artigo do *Herald Tribune* de Nova York, de 28 de março de 1959.

p. 144-5, brutalidade indescritível": citado em Hutheesing, sem numeração de página.

p. 145, "Esses rebeldes": ibid.

p. 145, "O espírito desses reacionários": ibid.

p. 145, "Voltei no tempo": o relato de Barber foi retirado de seus dois livros sobre o Tibete, *The Flight of the Dalai Lama* e *From the Land of Lost Content*.

p. 146, "Muito atencioso da parte deles": Barber, *The Flight of*, p.102.

p. 146, "Foi uma das jornadas mais desgraçadas": ibid.

p. 147, "inquietação na cidade": Barber, *From the Land*, p. 151.

p. 148, "Meus piores temores": Dalai Lama, *Freedom*, p. 141.

p. 148, "Os chineses teriam me considerado": citado em Craig, p. 219.

p. 148, "Por que os chineses": Dalai Lama, *My Land*, p. 207.

DOZE
O JOKHANG

p. 151, "Os chineses sempre estiveram prontos": o relato de Narkyid sobre sua fuga foi retirado de uma entrevista com o autor.

p. 152, No palácio de verão: o relato de Soepa sobre a batalha pelo Norbulingka foi retirado de suas memórias, *20 Years in China's Death Camps*, e de uma entrevista com o autor.

p. 152-3, "Quando os bandidos rebeldes": Shan Chao, *Peking Review*, vol. 18, 5 de maio de 1959.

p. 153, "Ao amanhecer": Gyatso, p. 52.

p. 154, Um grupo de monges de Sera: esse relato foi retirado de uma entrevista com Lobsang Norbu.

p. 155, "Depois que três ou quatro balas": entrevista com Narkyid.
p. 155, Outro jovem monge: *La Fuite du Dalaï Lama*.
p. 158, "A fim de encorajar": entrevista com Lobsang Yonten.
p. 159, "Fui atingido": entrevista com Pusang.
p. 159, "Me senti realizado": entrevista com Lobsang Norbu.
p. 159, "Tivemos que deixá-la": entrevista com Lobsang Yonten.
p. 160, "Ao passarmos": Yonten, p. 29.
p. 161, "Lembro": citado em Chhaya, p. 116.
p. 161, "Ele realizou um milagre": entrevista com Lobsang Kunchok.
p. 162, "devastadas": Norbu, *Red Star*, p. 155.

Treze
Lhuntse Dzong

p. 163, "É melhor nascer": citado em Goodman, p. 310.
p. 163, "Comecei": Dalai Lama, Freedom, p. 141.
p. 164, Os crimes da turma reacionária: do compêndio *Concerning the Question of Tibet*. Pequim: Foreign Language Press, 1959.
p. 164, "Temos profunda afeição": citado em Barber, *From the Land*, p. 193.
p. 165, "Por meio de várias interceptações": citado em Dunham, p. 301.
p. 165, "Nao seria preciso": entrevista com John Greaney.
p. 165, "Disseram que tínhamos que bloquear": Projeto de História Oral do Tibete, testemunho de Tashi (nome fictício), entrevista #11.
p. 166, "Eisenhower estava encantado": entrevista com Ken Knaus.
p. 167, "Então eu cheguei lá": entrevista com John Greaney.
p. 168, "Éramos indigentes": entrevista com Tendzin Choegyal.
p. 169, "Tivemos dificuldades": Dalai Lama, entrevista na CNN, 2 de abril de 2009.
p. 170, "bimotor voando baixo": Levenson, *Tenzin Gyatso*, p. 4.
p. 170, "Se fosse chinês": Dalai Lama, Freedom, p. 142.
p. 170, "Fiquem quietos": *La Fuite du Dalaï Lama*.
p. 170-1, "A antiga cidade": citado em Barber, *From the Land*, p. 213.

CATORZE
NAS PRISÕES TIBETANAS

p. 173, Uma tibetana grávida: entrevista com Choekyi Namseling.

p. 173, "Ficávamos muito apavoradas": ibid.

p. 174, "Fomos mantidas em uma cela pequena": entrevista com Lobsang Choenyi.

p. 174, Em uma divisão do exército tibetano: entrevista com Pusang.

p. 174, "A cidade inteira": ibid.

p. 174, "Quando a bala": entrevista com Lobsang Norbu.

p. 175, Quem vivia: os relatos das fugas foram tirados de entrevistas do Projeto de História Oral do Tibete.

p. 175, "Não é necessário": do relato de Ani Pachen em *Women at War*, ed. Daniela Giosefi. Nova York: Feminist Press, CUNY, 2 ed., 2003.

p. 175, "Os chineses estavam": Projeto de História Oral do Tibete, testemunho de Thupten Chonphel, entrevista #26.

p. 175, Na aldeia pedregosa: Projeto de História Oral do Tibete, testemunho de Cho Lhamo, entrevista #92.

p. 176, No sul do Tibete: Projeto de História Oral do Tibete, testemunho de Norbu Dhondup, entrevista #6.

p. 178, Quando Lhasa caiu: o relato de Soepa a seguir foi tirado de suas memórias e de uma entrevista com o autor.

QUINZE
A ÚLTIMA FRONTEIRA

p. 179, "Havia pouquíssimas casas": entrevista com Tendzin Choegyal.

p. 180, "em um atordoamento de doença": citado em Craig, p. 224.

p. 180, "Aquele foi um momento poderoso": citado em Strober, p. 113.

p. 180, "Não tínhamos que puxar": entrevista com Tendzin Choegyal.

p. 181, "Foi um teste de realidade": ibid.

p. 181, "Ele adquiriu experiência": entrevista com Narkyid.

p. 181, "Você descobre uma brutalidade cínica": Dalai Lama e Carrière, p. 162.

p. 182, "Aquilo me forçou": entrevista com Tendzin Choegyal.

Notas

p. 183, A corrida em busca da história: o relato de George Patterson a seguir foi extraído de suas memórias, *Patterson of Tibet*, e de uma entrevista por e-mail com o autor.

p. 184, "a capital mundial da notícia por um breve período": *New Yorker*, 10 de dezembro de 1960.

p. 184, "O que eles querem é ficção": Donald S. Connery, "Waiting for the God King", *Atlantic*, março de 1960, p. 61-4.

p. 186, "Acho que ele nunca mais": entrevista por e-mail com Jeffrey Blyth.

p. 187, "o povo da Índia": citado em Craig, p. 227.

p. 187, "estava muito preocupado": citado em Hutheesing, sem numeração de página.

p. 188, "Ele parecia": citado em Strober, p. 132.

p. 188, "os tibetanos, em especial os khampas": citado em Roberts, p. 61.

p. 189, "Não se pode ter": citado em Shakya, p. 153.

p. 189, "Mesmo que": ibid., p. 155.

p. 224-5, "Os acontecimentos no Tibete": de "Memorandum of Conversation of N.S. Khrushchev and Mao Zedong". The Cold War International History Project, Virtual Archive, Woodrow Wilson International Center for Scholars.

Dezesseis
Encontro com um poeta

p. 191, "Eu ouvi": de Patterson, *Patterson of Tibet*, epígrafe.

p. 192, "eram um aliado bem mais valioso": Patterson, *Requiem for Tibet*, p. 191.

p. 192, "de forma suicida": ibid., p. 202.

p. 193, "Ficamos exultantes": entrevista com John Greaney.

p. 193, "Eles ficaram incrivelmente decepcionados": entrevista com Ken Knaus.

p. 194, "Paz, paz": citado em French, p. 253.

p. 194, "Não tenho remorso": entrevista com Lobsang Norbu.

p. 195, "Sofri": entrevista com Lobsang Yonten.

p. 195, "A caminho do sanitário": Yonten, p. 41.

p. 195-6, Depois da captura: a história de Soepa foi extraída de suas memórias e de uma entrevista com o autor.

p. 196-7, Um médico militar: entrevista com Pusang.

p. 198, O estudioso do Tibete: French, p. 282.

p. 199, "Segui em frente": Dalai Lama, *Freedom*, p. 147.

p. 199, O olhar mais revelador: Dom Moraes, "Curious Conversations with the Dalai Lama", *Harper's*, julho de 1960, p. 65-8.

p. 201, "Dada a importância": discurso do Dalai Lama na Segunda Conferência Gelugpa, 6 de dezembro de 2000, Dharamsala, Índia.

p. 201, "Hoje em dia, quando": entrevista com Lobsang Norbu.

p. 202, "Ele disse que os chineses": entrevista com Topgay.

p. 202-3, "Existe um ditado tibetano": perguntas e respostas com o Dalai Lama, Boston, 2 de maio de 2009.

p. 203, "Há poucos dias": entrevista, BBC da China, 4 de fevereiro de 2003.

p. 203, "A condição de refugiado": perguntas e respostas com o Dalai Lama, Boston, 2 de maio de 2009.

p. 203, "Força bruta": Dalai Lama, *In My Own Words*, p. 174.

p. 204, "O exílio foi algo tremendo": entrevista com Paul Hopkins.

p. 204, "Fazia tantos anos": Projeto de História Oral do Tibete, testemunho de Norbu Dhondup, entrevista #6.

p. 204-5, "Quando, em algum ponto": Dalai Lama, *Essential Writings*, p. 76.

Epílogo
Fogueiras

p. 208, "Até os membros do alto escalão": entrevista com Gray Tuttle.

p. 209, Sharma: nota do autor: "Sharma" é um pseudônimo.

p. 209, "Você tem que fingir": entrevista com Robert Barnett, *Foreign Policy*, 3 de abril de 2008.

p. 210, "Estamos ajudando": citado em Laird, p. 350.

p. 213, Muitos outros, talvez centenas: Jane Macarthey, "Tibetan Monasteries Empty as China Jails Monks to Silence Olympic Protests", *The Times* (Grã-Bretanha), 7 de julho de 2008.

p. 213, Os chineses haviam drenado: ibid.

Agradecimentos

Pelos conselhos e acesso a materiais essenciais, obrigado a Lisa Cathey, do projeto "CIA no Tibete"; Marie Louville; Marcella Adamski, do Projeto de História Oral do Tibete; ao Gabinete Particular do Dalai Lama em Dharamsala; e à equipe da Biblioteca de Obras e Arquivos Tibetanos. Doma Norbu gentilmente permitiu-me fazer citações das memórias não publicadas de seu pai, Athar Norbu. Rebecca e Ronny Novick, da thetibetconnection.org, foram inabalavelmente generosos e prestativos em minha visita a Dharamsala. Meus tradutores Cosme J. Navarro, Phurbu Thinley e o inestimável Chempa ajudaram-me a entender as histórias dos tibetanos que entrevistei. Meus editores na Crown, Julian Pavia e Rick Horgan, poliram o manuscrito até um belo acabamento final. Meu agente, Scott Waxman, identificou o potencial da história desde o início. E Jim e Mary Beth Talty proporcionaram encorajamento, risos e refeições nutritivas quando extremamente necessário.

Gostaria de agradecer em especial à contribuição dos muitos sobreviventes tibetanos do levante que me convidaram às suas casas. Seus relatos foram uma janela aberta para um passado muitas vezes abrasador.

E, como sempre, Mariekarl, Asher e Delphine foram a recompensa ao final do dia.

ÍNDICE REMISSIVO

A

A Casa Vazia 9
A Terceira Visão (T Lobsang Rampa) 92
abades e o Acordo de 17 Pontos 51
abomináveis homens da neve 91
Acordo de 17 Pontos para a Liberação Pacífica do Tibete 50
Agência Central de Inteligência (CIA) 61, 63, 157. *Ver também* Força-Tarefa Tibetana
    apoia os guerrilheiros de Mustang 192
    corta a corda salva-vidas dos guerrilheiros 230
    crítica ao pacifismo do Dalai Lama 138
    fica sabendo que chineses estão no encalço do grupo de fuga 142
    planeja mais lançamentos de paraquedas para os rebeldes 139
    treina a resistência 61
agressividade militar, falta de 46

alianças com a dinastia Qing 42
Alphabetum Tibetanum 91
ambans 22
Amdo
    alheado-se de Lhasa 62
    histórias inquietantes 58
    levante 60
Andrade, António de
    As Novas Descobertas do Grande Catai ou do Reino Tibetano 90
Ano Novo tibetano 68, 217
ar intoxicante 24
Arenoso, Desfiladeiro 114
aristocracia 48, 55
arrocho religioso 213
Assembleia Nacional 23
Associação de Pedreiros, Carpinteiros e Construtores 101
Athar Norbu, Lithang
    ativo na resistência tibetana 59, 60, 61, 62

crença no apoio norte-americano 100
encontra-se com o Dalai Lama 139
furioso com a retirada da CIA 194
impedido de se reunir com o Dalai
Lama 63
une-se aos fugitivos 136

B

bandeiras de oração 27
bandidos de Chiang Kai-shek 145
Barber, Noel
  carreira prévia 95
  cobre a história da Índia 183, 184
  corre para cobrir história 145
  descreve Tan Guansan 80
  From the Land of Lost
  Content 186
  inventa história 184
  The Flight of the Dalai Lama 186
  volta-se para a redação de livros 186
Barshi Ngawang Tenkyong 71
boatos e intrigas 40, 63, 175, 181, 184, 188
bodhisattva 22, 34
bön (religião sem nome) 37
Budismo
  ciência da mente 37
  instituição central da vida 33
  lótus como símbolo do 34
  sitiado 149

C

camareiro-mor
  "guardião dos segredos" 63
  ansioso pra ouvir os planos da CIA 136
  citado como conspirador-chave 164
  manda avisar a CIA sobre o levante 85
caminha no trajeto da fuga 113
Camp David 91
Camp Hale (Colorado) 60
campos de trabalho 195, 197
canções de rua como protesto 48
cavalos 117
cerimônia de "convidar as roupas" 19
Chakpori 127, 130
Chamdo 75
Chang, Jung 53
changthang (planícies do norte) 23
Che-La, desfiladeiro de 111, 114
Chenrizi
  como figura oculta 200
  como o bodhisattva mais reverenciado 34
Chiang Kai-Shek 145
China. *Ver também* Mao Zedong; Exército de Libertação Popular (ELP)
  Mao Zedong
  descobre ajuda norte-americana ao Tibete 86
  ataca o Norbulingka 140-142
  enfraquecimento da dinastia Qing 38
  estratégia da invasão 55
  interpretação da história com o Tibete 47

Índice Remissivo

invade o Tibete 42, 47
mapa de 2010 206
nega ataque ao palácio de verão 104
reação à opinião mundial 168, 169
rede de inteligência 117
Cho Lhamo 176
Choegyal, Tendzin
    monge noviço no Mosteiro de Drepung 64
Choegyal, Tendzin (irmão)
    assiste apresentação de dança 73, 74, 79
    chega em casa a salvo 82
    forçado a crescer durante a fuga 182
    prepara-se para escapar do Norbulingka 107
Choegyal Thondup 30
Chushi Gangdrug (grupo de resistência) 61
cobertura jornalística 95, 142, 147, 181, 188, 200
Comitê Americano de Emergência para Refugiados Tibetanos 186
Comitê Preparatório para a Região Autônoma do Tibete (CPRAT) 75
compaixão 205
compromisso China-Tibete 42
comunidade no exílio 182
comunistas vermelhos 21
constituição tibetana 200
costume 149
CPRAT 79

D

Dalai Lama. *Ver também* 14º Dalai Lama
    abandona patrimônio tibetano 120
    alianças com a dinastia Qing 37
    aspectos ocultos da busca pelo 15
    exilado por ideologia rival 174
    história fatal e perturbadora do 11
    idade tradicional da ascensão ao trono 45-46
    marcas físicas associadas ao, 10-11
transição decorrente da morte do décimo Dalai Lama 11
11º Dalai Lama 11
14º Dalai Lama. *Ver também* Lhamo Thondup
    aprendizado e lições 28-29, 32
    ascensão ao trono 46-47
    assina o Acordo de 17 Pontos 50, 51
    busca orientação divina 47, 50, 51, 120-121
    caminha no trajeto da fuga 128
    como herói da resistência da Guerra Fria 109
    conforme apresentado pelos jornalistas 100-104, 164-165, 171, 213-214, 216-222, 237-238
    conhece Heinrich Harrer 35
    considerado brando demais 51-52
    defeitos 241
    desafia os chineses 84
    descrito por Harrer 36

disfarçado com uniforme de soldado tibetano 113
é informado da ajuda da Força-Tarefa Tibetana 160-161
e Mao Zedong 54-55, 172
encontra-se com Nehru 237
estuda o testamento do 13º Dalai Lama 10
figura importante na vida moderna 214
filosofia política 51, 54
forma novo governo tibetano 198
fuga do Norbulingka 113-115, 119 125, 155-157, 171, 191-192, 211-215
impressionado com visita à China 54
jogando o antigo jogo com os ocupantes 83-84
liberta prisioneiros 38
moderniza a cultura tibetana 238-239, 239
muda de atitude em relação aos chineses 214-215
muda o estilo pessoal 238-239
no exílio 50, 240-245
noção de liberdade 130, 243
ouve China anunciar a invasão de Lhasa 46
pego desprevenido pelos protestos 89-90
"permissão para partir" 223-224
preparando-se para o *Geshe Lharampa* 69-70
primeiros anos 29, 33, 46-47, 172-173
procura pelo 14-21
reação dos aldeões à fuga 130
revela os verdadeiros sentimentos sobre a rebelião 156
sente-se despreparado para liderar 46
sofre de disenteria durante a fuga 212
sofre três choques severos 171-174, 192-193
suspeito de apoio secreto 63-64
temor pela segurança do 112-113
12º Dalai Lama 11
13º Dalai Lama 8-11
Deng Xiaoping 240
devoção atual ao Dalai Lama 257-258
Dhondup Wangchen 258
Dhungku Pang 58
diferenças culturais entre Tibete e China 43-44
DL 107
Diretiva 5412/2 do Conselho de Segurança Nacional 106
disenteria 212
Do-Sing Chesa 112
"Documento de 70 Mil Caracteres dos Reacionários" 242
Dorje Drak-den 75, 114
Douglas, William O. 220
Drepung, Mosteiro de 254
drombos (parceiros homossexuais) 26
Dulles, Allen 108, 195, 222
Dulles, John Foster 108

E

E-Chhudhogang 163

Índice Remissivo

economia monástica 33
"efeito antichuva" 13
Eisenhower, Dwight D. 98, 166, 188
El Salvador, invasão condenada por 51
ELP. *Ver também* Exército de Libertação Popular
"entusiasta do momento" 105
espingardas, ELP carregando 208
Estados Unidos 51. *Ver também* Agência Central de Inteligência (CIA); Força-Tarefa Tibetana
Exército de Libertação Popular (ELP). *Ver também* Mao Zedong
    bandeira hasteada 56
    características físicas 69
    carregando espingardas 247-248
    chega ao Tibete 41
    liquida a resistência do Kuomintang 46
    tenta fazer Diki Tsering de refém 79
exilados tibetanos 186
exílio 52, 189, 204

F

Fire Under the Snow (Palden Gyatso) 194
FitzGerald, Desmond 96, 97, 167
Força-Tarefa Tibetana 99. *Ver também* Agência Central de Inteligência (CIA)
    ar de irrealidade 108
    celebra a fuga 229-230
    sem saber do levante 157-158
    unidade obscura de cinco homens 97

French, Patrick 132, 198
From the Land of Lost Content (Barber) 186
fuga do Norbulingka
    "a Fuga que Balançou os Vermelhos" 220
    avistada por avião 170
    carnificina subsequente à 125
    chegada em Drachima 136
    chegada na Índia 182
    despreparo para jornada até a Índia 168
    liderança chinesa desconfia 121
    reação mundial à 145
    rota para a Índia 117
    vista como um milagre por alguns 161

G

Gadong, Oráculo de 49
Gampo, Songtsen 36
Genghis Khan 41, 145
Gompo Tashi 59, 100, 191
Gould, sir Basil 35
grande espião branco 99
Grande Festival de Preces 67
Grande Líder. *Ver também* Mao Zedong
"Grande Pavão" 25
Grande Quinto, gênio político do 42
Greaney, John. Ver também Agência Central de Inteligência (CIA); Força-Tarefa Tibetana
    celebra a fuga 229-230
    coordena Athar e Lhotse 62, 139, 166
    percebe a urgência da mensagem codificada 196

primeiros anos na CIA 104
grupo de busca de Amdo 30, 33
Guerra Fria, desdobramentos da 97, 144
guerrilheiros. *Ver também* Força-Tarefa Tibetana
Gusri Khan 42
Gyalo Thondup (irmão)
    apoia rejeição do Acordo de 17 Pontos 51
    integrante da Força-Tarefa Tibetana 60
    personalidade de 64
    prevê genocídio 144
Gyatso, Palden
    Fire under the Snow 194

H

Halliday, John 52
Halpern, Frank 100
Harrer, Heinrich
    declara T. Lobsang Rampa uma fraude 92
    descreve o 14º Dalai Lama 41
    Sete Anos no Tibete 40
    sobre os khampas 58
Hilton, James
    Horizonte Perdido 91
Hopkins, Paul Jeffrey 204
horário tibetano 98

Horizonte Perdido (Hilton) 91
Hoskins, Cyril Henry 92
Hunt, E. Howard 97

I

ignorância, na filosofia budista 37
"Ilha dos mortos" 61
Índia. *Ver também* Nehru, Jawaharlal
    falha em apoiar o Tibete 48
    jornalistas na 184
    pedido de asilo 167
    rota de fuga para a 28
Inglaterra
    imperialismo 42
    Tibete sem apoio da 51
inimigos do povo 57
intocáveis 133
"irmão estrangeiro", síndrome do 97, 108, 167

J

Jiang Zemin 189
Jokhang, Templo de
    atacado pelo ELP 130, 155
    em 2009 207
    quartel-general dos rebeldes e posto de refugiados 128

Índice Remissivo

K

kalmuks, demonstração dos 145
Karpo-La, dificuldade para atravessar 169
Kashag (gabinete tibetano) 45
Kerensky, Alexander 190
Ketsing Rinpoche 28
Kham
    alienado de Lhasa 62
    condições sob os chineses 102
    histórias perturbadoras de 57
    levante 60
khampas
    bandidos implacáveis 58
    como guerrilheiros perfeitos 98
    devastados pela retirada da CIA 193
    personalidade dos 59
    preparando-se para a fuga do Dalai Lama 103
    relatam histórias de tortura 57, 58
    resistem à invasão chinesa 45
Khrushchev, Nikita 190
Knaus, Ken 64, 77
Kumbum, Mosteiro de 25
Kyichu, Rio 156
Kyishong (Vale Feliz) 113

L

Landon, Perceval 67
Lang Darma 149
Largo-La, dificuldade para atravessar 199
Leão, Trono do 34
levante. *Ver também* rebelião
Lhamo Latso (lago místico) 22
Lhamo Thondup. *Ver também* 14º Dalai Lama
    assoberbado pela atenção 24
    entronado 35
    impressiona Ketsing Rimpoche 18
    infância 27
    passa nos testes investigativos e físicos 30
    reação à busca 20
    recebe novo nome 24
    recomendado pelo Panchen Lama 17
Lhasa
    em 2009 209
    parecendo um acampamento militar 65
    rebela-se 76
    sede do poder tibetano 62
    situação após a fuga do Dalai Lama 174
    última visão do Dalai Lama de 114
Lhotse
    ativo na resistência ajudada pela CIA 61
    encontra-se com o Dalai Lama 140
    une-se aos fugitivos 136
Lhuntse Dzong (forte) 105, 166
liberdade de religião 216
Linn, Robert 52
Lobsang Thondup (irmão) 40, 51, 64
Lobsang Tsewang 28
Lodge, Henry Cabot 144
Losar 68, 217
lung-pa (homens do vento) 34

M

Ma Lihua 210
Ma Pu-feng, general 31
Mahayana, Budismo 34
mantra de purificação 61
Mao Zedong
    aparência e modos 56
    deidade em alguns lares de Lhasa 161
    desconhecido pelo mundo 48
    e a reunificação da pátria 47, 49
    e tortura 48
    implementa reformas democráticas 58
    propagandista talentoso 189
    sobre o Budismo 53
    tentativas de persuadir, não de aterrorizar 53
Mar de Tétis 24
marxismo 54, 55
McCarthy, Roger 165
meditação, prática da 38
"menino de pedra" 45
migrantes hans 212
misers (escravos) 24
mitos 39
monges
    como rebeldes 85, 101, 123, 154
    torturados e mortos 58
morte, forma ideal de 132
mortes, contagem de, na rebelião 198
mosteiros
    como universidades 33
    contribuem com monges combatentes 84
    em 2009 210
    homossexualidade dentro dos 33
    militarizados para proteger o palácio 85
    política de frivolidade nos 67
    resistentes à modernização 20
mulheres tibetanas 84, 122, 155, 174
    marcha da associação de 122
Mustang, guerrilheiros de 192

N

Nações Unidas 186
não violência 77, 138
Narkyid, Ngawang Thondup 71, 129, 152, 155
Nechung, Oráculo de
    aprova planos de fuga 103
    consultado pela Assembleia Nacional 23
    e Dorje Drak-den 71
    evasivo sobre preparo do 14º Dalai Lama para liderar 49
Nehru, Jawaharlal 167. *Ver também* Índia
    concede asilo ao Dalai Lama 197
    irado pela resistência do Dalai Lama 237
    isola o Dalai Lama 223
    nega violência no Tibete 163
    promete o respeito tradicional 221
    quer boas relações com a China 94
New Statesman, revista 188
New York Times, editorial do 144

Índice Remissivo

Ngabö 125, 158, 164
Ngawang, Ratuk 135, 140
Nixon, Richard
Nobre Caminho Óctuplo 37
nono Dalai Lama 11
Norbu (irmão)
    apoia rejeição do Acordo de 17 Pontos 51
    morando em Nova York 142
    ouve notícias sobre a rebelião 143
    personalidade de 64
Norbu Dhondrup 177
Norbulingka (palácio de verão)
    em 2009 207, 216
    investida chinesa sobre o 124
    juventude do 14º Dalai Lama no 40
    rebeldes resistindo ao ataque ELP 177
Normas e Regulamentações Gerais 119
Nyimo, Rio, batalha no 59

O

ocidentais como *Tendra* 20
ocupação, estratégia chinesa de 55
oficiais do governo
    apoiam ratificação do Acordo de 17 Pontos 52
    como inimigos do povo 57
oitavo Dalai Lama 43
Om Mani Padme Hum! (mantra) 34
operação imediata 139
"ossos impuros" 42

P

Padmasambhava 37
Palden Lhamo 109
Paljor Dorje (monge) 149
Panchen Lama
    aceita pagamento para apoiar a ocupação 48
    cabograma para Mao 164
    cogitado como substituto para o Dalai Lama 64
    informado da fuga 118
    nomeado presidente 164
    sugere candidatos 25
    vida depois da revolução 203
"papa dos budistas" 109
"pastilha L (cianureto)" 61
patrimônio tibetano abandonado 108
Patterson, George
    ameaçado de expulsão da Índia 141
    atrás do Dalai Lama em fuga 147
    cobre história da Índia 184
    detido por filmar documentário 193
    encontra-se com o Dalai Lama 191
    publica reportagens sobre abusos chineses 94
pecado, na filosofia budista 37
pedido de asilo 166, 167
Peissel, Michel 62
percepção extraordinária 161
percepção ordinária 161
Phala 63. *Ver também* camareiro-mor
planalto tibetano 116

planos para a fuga 102
Ponpo ("o chefão") 32
posto de refugiados 128
Potala, Palácio 36, 159, 215
presságios 28, 123
prisioneiros de guerra 195
propinas públicas 76
protestos, chineses pegos desprevenidos pelos 79
protocolo 38

Q

Qing, dinastia 42
quartel-general dos rebeldes 128
Quatro Nobres Verdades 37
quinto Dalai Lama 42, 43

R

Ragyabas (intocáveis) 132, 133
Raid into Tibet (documentário) 192
reação dos aldeões à fuga 115
rearmamento espiritual 46
rebeldes
    acusados de atrocidades 145
    atacam localização chinesa 153
    superados pelas tropas do ELP 165
rebelião
    chineses preparados para 124
    de budistas bem como de tibetanos 133

derrota destroça crenças 162
dias finais 191
invisível para o mundo 90
resultados de assembleia democrática 81
recursos naturais 47
"reformas democráticas" 57-58
refugiados
    entrevistas com o Dalai Lama 205
    histórias de 177
    regentes, história de envenenamento de Dalai Lamas por 22
rendição 158
resistência à invasão 59
Reting Rinpoche 22, 38
"rumores de bazar" 101

S

Saipan 60
Samplhe-Lang, mosteiro de 59
Samye, Mosteiro de 61
"separatistas" 43
Sera, monges de 154, 174, 194
Sete Anos no Tibete (Harrer) 40
sexto Dalai Lama 43
Shakya, Tsering (historiador) 80
Shan Chao 77, 120, 152
Shangri-lá 98
Sharma 216
Sherlock Holmes 91
Shudup Rinpoche 135
Soepa, Tenpa

Índice Remissivo

    capturado pelo ELP e aprisionado 158, 198
    continua a lutar 130
    entrega carta no palácio de verão 118, 121
    ferido em tiroteio 132
    interrogado pelos chineses 196
    observa o protesto 75
    rechaça ataque chinês 123
    sobrevive a tiroteio 127
    tentativa de suicídio 132, 153
    tratado por médicos militares chineses 178
sofre de disenteria durante a fuga 179
soldados tibetanos 46
Strong, Anna Louise 145
suicídio budista 132

T

T Lobsang Rampa 98
Tan Guansan 62, 82, 158
Templo da Árvore Dourada 25
Tendra 20
Tenzin Gyatso 42. *Ver também* 14º Dalai Lama
Tenzing Norgay 187
Thomas, Lowell 186
Thurman, Robert 51, 188
Tibet Mirror 52
tibetanos
    apreciadores de intriga 20
    divididos entre si 51
    e nomes infantis andróginos 25
    fervor revolucionário dos 101
    fúria contra seu próprio governo 76
    jamais um monólito político 128
    paixão pela liberdade 102
    sonhando com a vitória improvável 89
Tibete
    antes da chegada chinesa 90
    ar intoxicante 24
    cobertura jornalística do 95, 142, 147, 181, 186
    comentários de estrangeiros sobre 91
    como assunto nas notícias internacionais 144
    como baluarte contra o comunismo 100
    como posto penoso para o ELP 69
    como "um enorme mosteiro" 26
    considera-se nação plenamente independente 42
    descrição geográfica 24
    guardião do Dharma 20
    história política do 42
    insignificância no cenário mundial 100
    interpretação da história com a China 47
    invasão chinesa do 42, 47, 50, 52, 55
    invisível após a invasão chinesa 90
    local de origem do *Homo sapiens* 91
    mapa de 2010
    mortes sob o domínio chinês 198
    perdas militares 174
    população 24, 198
    protestos de 2008 208
    reação à invasão chinesa 46, 56
    relacionamento com a China 43

subsequente à fuga do Dalai Lama 173
tentativas de recrutar aliados 50
Terra das Neves 93
unificado pelos chineses 201
trabalho forçado 57, 195
tradição
    cartas insinceras para a China 83
    companheirismo nas viagens 32
    tradições
    mudanças inimagináveis nas 201
traidores e vira-casacas 116, 122, 131, 154
"três escaravelhos vermelhos" 91-92
Trisong Detsen 149
Trotsky, Leon 190
truque diplomático 83
Tsangyan Gyatso (sexto Dalai Lama) 22
Tsering, Choekyong (pai) 26, 40
Tsering, Diki (mãe) 26, 64
    desejando escapar de Lhasa 69
    prepara-se para fugir do Norbulingka 106
    sofre durante a fuga 116
Tsering, Shakya (historiador)
Tsongkhapa 25
Tucci, Giuseppe 39
Tuttle, Gray 48, 55, 208

U

Ugyen 133

V

Vale de Lhasa 115
Vale Feliz 113
vitimação chinesa 46
vítimas civis 174

W

Wangye, Geshe 138

Y

yeti 91
Yonten
    capturado ao tentar fugir 160
    exílio na Índia 201
    no campo de trabalho de Ngachen 195
    torna-se contrabandista de armas 125
    torna-se guarda voluntário do palácio 81

Z

Zhou Enlai 164, 189

CTP • Impressão • Acabamento
Com arquivos fornecidos pelo Editor

EDITORA e GRÁFICA
VIDA & CONSCIÊNCIA

R. Agostinho Gomes, 2312 • Ipiranga • SP
Fone/fax: (11) 3577-3200 / 3577-3201
e-mail:grafica@vidaeconsciencia.com.br
site: www.vidaeconsciencia.com.br